Start speaking languages immediately using essential phrases.

국가대표 독일어 회화능력자

꼭 필요한 만큼, 지금 당장
'나의 독일어 회화 능력'을
장착할 수 있는 방법이 있습니다!

Pattern German

국가대표 독일어 회화능력자

저자_ 서우석

1판 1쇄 인쇄_ 2017. 01. 05.
1판 1쇄 발행_ 2017. 01. 10.

발행처_ 북커스베르겐
발행인_ 신은영

등록번호_ 제313-2009-217호
등록일자_ 2009. 10. 6.

주소_ 경기도 고양시 일산동구 장항동 742-1 한라밀라트 B동 215호
전화_ 02) 722-6826 **팩스**_ 031) 911-6486

값은 표지에 있습니다.
ISBN 978-89-97343-21-8 14700
978-89-963283-5-3 (세트) 14700

「이 도서의 국립중앙도서관 출판시도서목록(CIP)은 서지정보유통지원시스템 홈페이지
(http://seoji.nl.go.kr)와 국가자료공동목록시스템(http://www.nl.go.kr/kolisnet)에서
이용하실 수 있습니다. (CIP제어번호: CIP2016030758」

이메일_ bookersbg@naver.com

북커스베르겐은 **옥당**의 외국어 출판브랜드입니다.

start speaking languages immediately using essential phrases.

국가대표 독일어 회화능력자

독일어 회화능력, 얼마큼 필요하십니까?

취업용 면접, 자기소개 등에 필요한 필수 핵심 회화 표현들이 있습니다!

국가대표 독일어 회화능력자는 여러분의 회화능력을 완벽하게 지원합니다.

독일어 회화능력, 이 정도면 어떻습니까?

안녕하십니까?

인사표현

저는 이미노라고 합니다. 저의 장점은 조직능력입니다.

현재의 나 자신을 설명하는 표현

저는 한국인/서울 출신/대학생/미혼/채식주의자/천주교인/비흡연가입니다.
저는 창조적/협업능력/책임감/소통능력이 있습니다.
저의 장점은 정확성/유연성/분석적 사고입니다.

저는 마케팅과 경제정보 복수학위가 있습니다. 저는 고객관리 분야에 경험이 있습니다.

내가 가진 모든 것을 설명하는 표현

저는 시장조사/소프트웨어 개발/회계 분야에 경험이 많습니다.
저는 SQL / JAVA / MS 운용에 능합니다.

저는 3개 국어를 할 수 있습니다. 저는 저의 지식을 넓혀 갈 것입니다.

내가 하고 있는 것, 내가 할 수 있는 것을 설명하는 표현

항상 역사 공부를 합니다./독서를 통해 외국어를 배우고 있습니다./
저는 페이스북을 자주 사용합니다./저는 행동하기 전에 두 번 생각합니다./
한계는 없습니다./결과에 달려 있습니다./저는 이것을 귀사에 약속합니다./
저는 귀사에 지원하고자 합니다.

그리고 저는 저의 최선을 다할 것입니다. 귀사에서 저의 능력을 발전시키고 싶습니다.

미래의 나, 희망과 포부, 의지의 표현

저는 인턴십을 통해 많은 경험을 쌓았습니다./
저는 주로 이 분야에서 일했습니다./이 분야에 대한 충분한 정보를 모았습니다./
저는 저의 능력을 확장하고 싶습니다./저는 귀사에서 프로그래머로서 일하고 싶습니다.

감사합니다.

감사표현

영어로 하면 I am ~, I can ~, I will ~ 까지
지금의 나와, 나의 능력, 그리고 앞으로의 나의 의지까지
자유자재로 표현할 수 있는 정도! 이 정도면 훌륭한 자기소개가 됩니다!

그래서 준비했습니다!
국가대표 회화능력자!

꼭 필요한 만큼, 바로 당장 '나의 회화 능력을 키울 수 있는 방법'이 있습니다!

국가대표 독일어 회화능력자는 전체 5개 섹션으로 이루어져 있습니다.

초강력 회화능력을 위해 꼼꼼하게 구성하였습니다!

1st Section 워밍업 섹션 : 인사표현 패턴

S1

1st Section 은 최소의 단어로 이루어진 초간단 표현입니다.
인사 표현/감사 표현/부탁/부정 표현 등을 정리했습니다.

2nd Section I am 섹션 : 핵심동사 패턴

S2

2nd Section 은 양대 핵심동사입니다.
(영어의 be 동사와 have 동사에 해당합니다.)

3rd Section I can 섹션 : 중요동사 패턴

S3

3rd Section 은 대표적인 중요동사를 테마별로 정리했습니다.
행위/감각/학습/계획/생각 등을 표현하는 동사 모음입니다.

4th Section I can 섹션 : 핵심문법 패턴

S4

4th Section 은 핵심문법을 정리했습니다.
비인칭문, 재귀동사, 의문문, 조동사 등 문법의 핵심요소입니다.

5th Section I will 섹션 : 중요문법 패턴

S5

5th Section 은 중요문법 패턴을 정리하였습니다.
명령문, 시제, 접속법 등 매우 자주 사용하는 표현입니다.

영어로 하면 I am ~, I can ~, I will ~ 까지
지금의 나와, 나의 능력, 그리고 앞으로의 나의 의지까지
자유자재로 표현할 수 있는 정도! 훌륭한 자기소개 능력이 될 수 있습니다!

It focuses on conversation with fluency and confidence.

이렇게 공부하면 핵-효과!
국가대표 회화능력자!

여러분의 회화능력을 탄탄하게 만들어 줄 최적의 방법이 딱 있습니다!

국가대표 회화능력자가
바로 그 해결책입니다.

여러분이 당장 하고 싶은 표현부터 체크하고 시작하십시오!

국가대표 회화능력자는
어떤 페이지에서
시작해도 됩니다!

처음으로 시작하는 완전초보 여러분은 부록 1의 알파벳과 발음법부터 시작하세요!

국가대표 회화능력자가
알파벳과 발음법을
30분 만에 끝냅니다!

궁금한 문법사항! 조금 더 문법이 필요하시면 부록 2를 참고하시면 됩니다!

국가대표 회화능력자가
문법 핵심을
한눈에 파악할 수 있도록
요약정리했습니다!

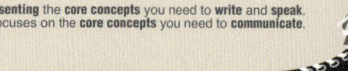

학습효과를 극대화하는 방법을 활용하십시오!

1.
본인에게 가장 먼저 필요한 **섹션**을 **선택**합니다.
어느 섹션을 먼저 시작해도 학습이 가능할 수 있도록
최대한 고려하여 구성했습니다.
(매 단락마다 중복으로 단어를 정리하였습니다.)

2.
선택한 섹션의 각각의 패턴으로 가서,
먼저 **'기본패턴의 핵심'**을 **이해**합니다.

3.
'기본패턴의 연습' 8문장 중 본인에게 필요가 느껴지는
문장 3~4개를 **체크**하고, **MP3 일련번호**를 이용하여
듣기연습을 반복합니다.

4.
체크한 패턴, 필요한 섹션 파트를 **짧은 시간 내에 일독**하시고,
다음 **반복 시에는 문장을 늘려** 갑니다.
이때 확장 패턴이나 응용 대화문을 함께 공부하는 것이 좋습니다.

5.
학습을 시작하기 전에 제일 먼저 **QR 코드**를 **스캔**하여,
학습 가이드 You Tube 영상 튜토리얼을 **감상**합니다.

QR 코드를 **핸드폰 스캔**하시면
You Tube 영상 튜토리얼이
곧바로 **재생**됩니다.

The focus is on **conversation** and **communication**.

Start **speaking languages** immediately using **essential phrases**.

The **basics** of grammar and **sentence construction**!

The most useful **phrases** and **expressions**!

1st Section
S1 워밍업 섹션 :

2nd Section
S2 핵심동사 섹션 :

contents

The focus is on **conversation** and **communication**.

Start **speaking languages** immediately using **essential phrases**.

The basics of grammar and sentence construction!

The most useful phrases and expressions!

3rd Section
S3 중요동사 섹션 :

contents

4th Section

S4 핵심문법 섹션 :

The basics of **grammar** and **sentence construction**!
The most useful **phrases** and **expressions**!

contents

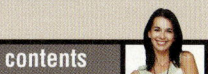

The basics of grammar and sentence construction!

The most useful phrases and expressions!

5th Section
S5 중요문법 섹션 :

contents

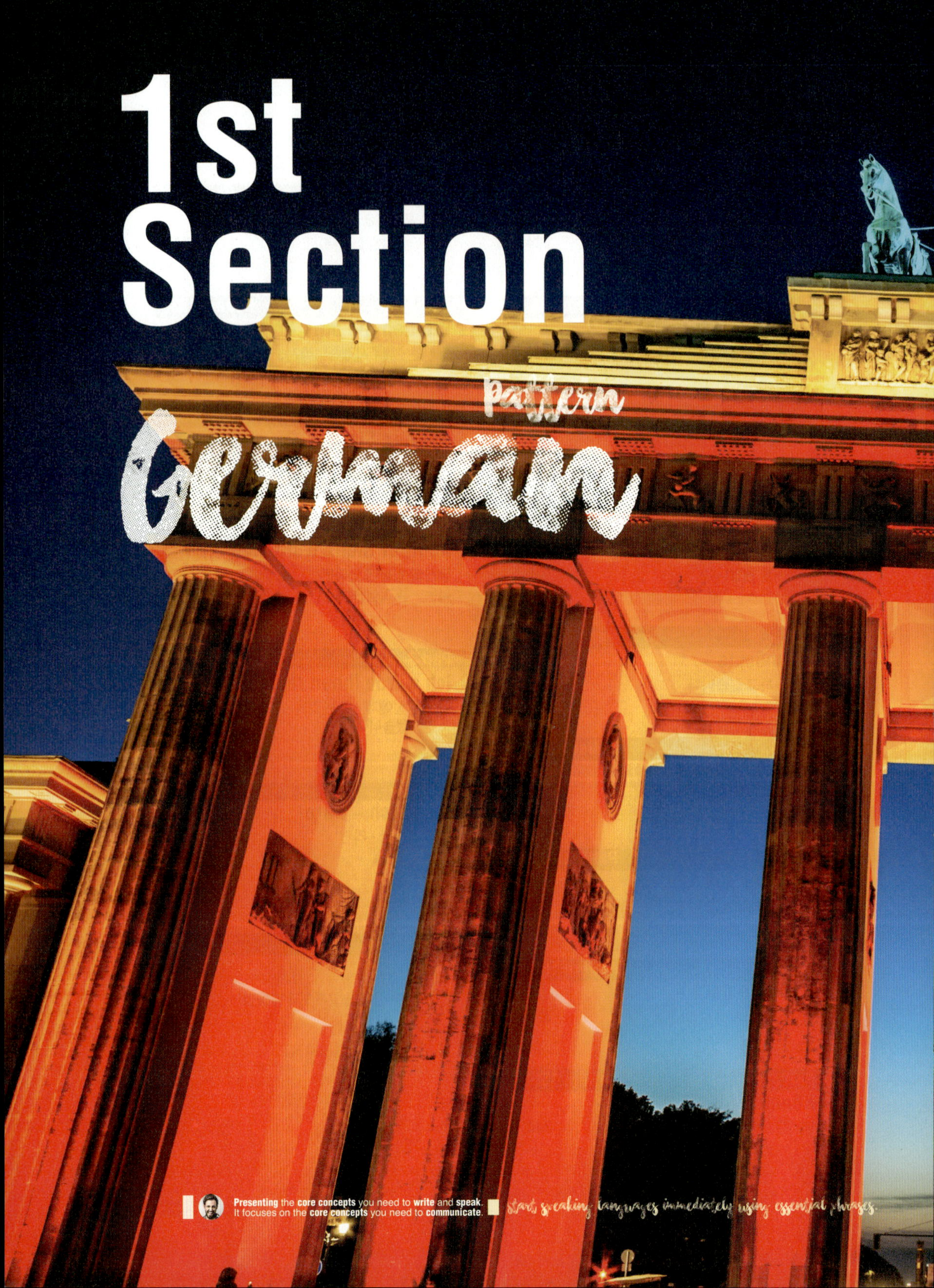

1st Section

pattern German

Presenting the **core concepts** you need to **write** and **speak**.
It focuses on the **core concepts** you need to **communicate**.

Start speaking languages immediately using essential phrases.

It focuses on conversation with fluency and confidence.
With this book you will **learn languages** with thousands **of customizable phrases**.

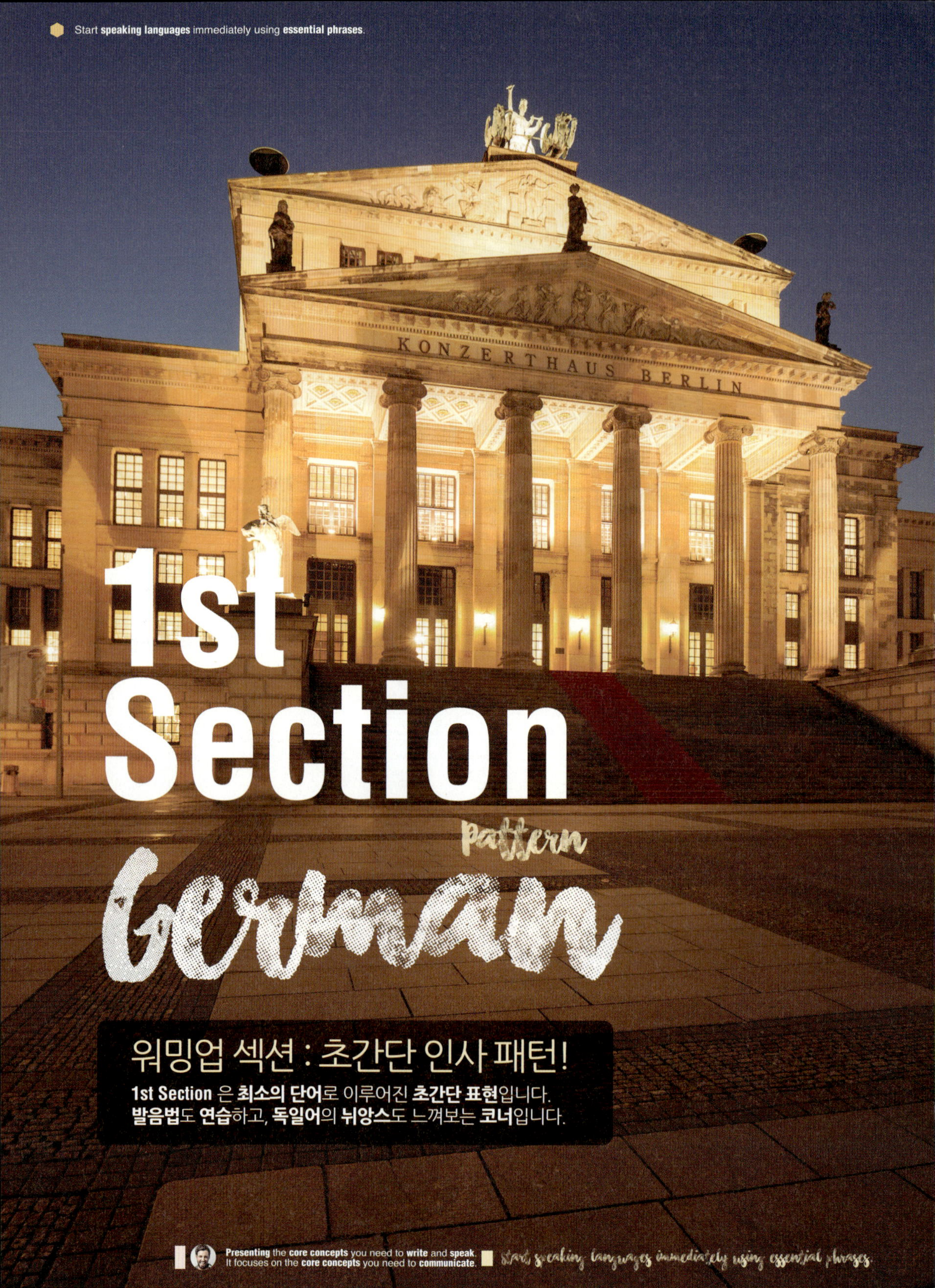

1st Section

pattern German

워밍업 섹션 : 초간단 인사 패턴!

1st Section 은 **최소의 단어**로 이루어진 **초간단 표현**입니다.
발음법도 **연습**하고, **독일어**의 **뉘앙스**도 느껴보는 **코너**입니다.

start speaking languages immediately using essential phrases

1st Section
워밍업 섹션 :

1st Section 은 최소의 단어로 이루어진 초간단 표현입니다.
발음법도 연습하고, 독일어의 뉘앙스도 느껴보는 코너입니다.
(본격적인 문장에 도전하고 싶은 분은 바로 **2nd Section** 으로 이동하십시오!)

다음 섹션부터 충분한 문법내용이 소개됩니다.
이번 섹션의 단어정리 파트는 스킵하면서 진행하셔도 됩니다.

Part 01. 인사표현, 2줄요약!

❶ **Guten ~!** (좋은 ~!) / **Schönen ~!** (멋진 ~!)의 모든 인사표현을 정리했습니다.
❷ **Danke ~!** (~ 감사합니다!)의 감사표현을 정리했습니다.

Part 02. 부탁/부정 표현, 2줄요약!

❶ **~, bitte! / Bitte, ~!** (~ 부탁합니다!)의 부탁표현을 정리했습니다.
❷ **Kein ~.** (~ 아닙니다/없습니다.)로 말하는 부정표현을 정리했습니다.

Learn foreign language!
GERMAN

Part 1. It's a completely new way to learn foreign language! | Pattern 001

Guten ~! [구텐 ~!]
좋은 ~입니다.

❶ 기본패턴의 핵심!

❶ **Guten Morgen!** 은 영어의 **Good morning!** 과 같은 구조의 인사표현입니다.
❷ 독일어는 시간대별 인사표현이 따로 있으며, 이밖에도 대부분의 인사표현이 **Gute(n) ~!** 의 형태입니다.
❸ 이때 ~ 는 명사이며, 독일어 명사는 첫글자를 항상 대문자로 표기합니다.
❹ **Guten Morgen!** 은 **gut** (좋은 : 형용사) + **en** (형용사변화어미) + **Morgen** (아침 : 남성명사)입니다만, 인사표현이기 때문에 따질 필요 없이 그냥 통째 익히는 것이 중요합니다.

❷ 기본패턴의 연습!

p001-01	**Guten Tag!**	좋은 하루입니다! (안녕하세요!)
p001-02	**Guten Morgen!**	좋은 아침입니다!
p001-03	**Guten Abend!**	좋은 저녁입니다!
p001-04	**Guten Appetit!**	맛있게 드세요!
p001-05	**Gute Nacht!**	좋은 밤입니다!
p001-06	**Gute Reise!**	좋은 여행하세요!
p001-07	**Gute Idee!**	좋은 아이디어입니다!
p001-08	**Gute Besserung!**	쾌차하십시오!

● **Gute Nacht!** 는 **Nacht** 가 여성명사이기 때문에 **Gute** 입니다.
(명사, 관사 그리고 형용사에 대해서는 다음 섹션에서 설명드립니다.)
● **der Tag** (날/일/낮), **der Morgen** (아침), **der Abend** (저녁), **der Appetit** (식욕), **die Nacht** (밤), **die Reise** (여행), **die Idee** (아이디어/생각), **die Besserung** (회복/개선)

The basics of grammar and sentence construction!
The most useful phrases and expressions!

워밍업 섹션 : 초간단 인사 패턴!

1st Section 은 **최소의 단어**로 이루어진 **초간단 표현**입니다.
발음법도 **연습**하고, **독일어**의 **뉘앙스**도 느껴보는 **코너**입니다.

P 001

❸ 기본패턴의 확장!

p001-09	**Alles Gute!**	만사형통하세요!
p001-10	**Alles Gute zum Geburtstag!**	생일에 만사형통하세요!

- 이번에는 명사 **Gute** (좋은 일)을 활용한 인사표현입니다.
- **Alles Gute!** 역시 '형용사 + 형용사변화어미 + 명사'의 구조입니다.
- **Alles Gute zum Geburtstag!** 생일 축하용 인사표현입니다.
- **all** (모든), **das Gute** (선한 것/좋은 일), **der Geburtstag** (생일), **zum Geburtstag** (생일날에/생일을 맞아)

❹ 기본패턴의 응용!

p001-11	**A) Guten Tag, Herr Kim!**	김 씨, 안녕하세요!
p001-12	**B) Guten Tag, Frau Müller!**	뮐러 부인, 안녕하세요!

---

p001-13	**A) Guten Tag, Herr Professor!**	교수님, 안녕하세요?
p001-14	**B) Guten Tag, Herr Kim!**	김 군, 안녕하세요!

- **Herr Kim** (김 씨), **Frau Kim** (김 여사). 남녀의 호칭입니다.
- 직업적인 호칭의 경우, '성별 + 직업명'으로 표시합니다.
Herr Professor (남자 교수님), **Frau Professorin** (여자 교수님)
(다음 섹션 '직업명' 부분에서 보충 설명드립니다.)
- **der Herr** (씨/님), **die Frau** (부인/여사), **der Professor** (남교수), **die Professorin** (여교수)

Learn foreign language!
GERMAN

Part 1. It's a completely new way to learn foreign language! | Pattern 002

Schönen ~! [쉐넨 ~!]
멋진/아름다운 ~입니다.

❶ 기본패턴의 핵심!

❶ **Schönes Wochenende!** 는 영어의 **Nice weekend!** 와 같은 구조의 인사표현입니다.
❷ **Schönes ~!** 이때 ~ 는 명사입니다. 독일어 명사는 첫글자를 항상 대문자로 표기합니다.
❸ **Schönes Wochenende!** 는 **schön** (멋진 : 형용사) + **es** (형용사변화어미) + **Wochenende** (주말 : 중성명사)입니다만 그냥 통째 기억하시면 좋겠습니다.
❹ 형용사 **schön** 은 '멋진/훌륭한/아름다운/예쁜' 등의 다양한 뜻을 가지고 있습니다.

❷ 기본패턴의 연습!

p002-01	**Schönes Wochenende!**	멋진 주말입니다!
p002-02	**Schönen Feiertag!**	멋진 경축일입니다!
p002-03	**Schönen Urlaub!**	멋진 휴가입니다!
p002-04	**Schönen Muttertag!**	멋진 어머니날입니다!
p002-05	**Schöne Ferien!**	멋진 방학입니다!
p002-06	**Schöne Sommerferien!**	멋진 여름방학입니다!
p002-07	**Schöne Winterferien!**	멋진 겨울방학입니다!
p002-08	**Schöne Weihnachten!**	멋진 크리스마스입니다!

● '멋진 주말입니다!'는 '좋은 주말되세요!'와 같은 의미입니다.
● 독일의 **Muttertag** (어머니날)은 5월 두 번째 주 일요일입니다.
● **das Wochenende** (주말), **der Feiertag** (경축일/축제일), **der Urlaub** (휴가), **der Muttertag** (어머니날), **die Ferien** (방학), **die Sommerferien** (여름방학), **die Winterferien** (겨울방학), **die Weihnachten** (크리스마스/성탄절)

The basics of grammar and sentence construction!
The most useful phrases and expressions!

워밍업 섹션 : 초간단 인사 패턴!

1st Section 은 **최소의 단어**로 이루어진 **초간단 표현**입니다.
발음법도 **연습**하고, **독일어**의 **뉘앙스**도 느껴보는 **코너**입니다.

P 002

❸ 기본패턴의 확장!

p002-09	**Frohe Weihnachten!**	즐거운 성탄절입니다!
p002-10	**Frohe Ostern!**	즐거운 부활절입니다!

- **schön** 대신에 형용사 **froh** (즐거운/기쁜)을 사용할 수도 있습니다.
Frohes neues Jahr! (기쁜 새해입니다!)
- **froh** (즐거운/기쁜), **das Ostern** (부활절), **neu** (새로운), **das Jahr** (해/년/나이/세)

❹ 기본패턴의 응용!

p002-11	**A) Schönes Wochenende!**	멋진 주말입니다!
p002-12	**B) Danke, gleichfalls.**	감사합니다, (당신도) 마찬가지로요.
p002-13	**A) Schöne Sommerferien!**	좋은 여름방학돼라!
p002-14	**B) Danke, gleichfalls.**	고마워, (너도) 마찬가지.

- **danken** (감사하다), **gleichfalls** (마찬가지로)

The focus is on **conversation** and **communication**.

Start **speaking languages** immediately using **essential phrases**.

Learn foreign language!
GERMAN

Part 1. | Pattern 003

It's a completely new way to learn foreign language!

Danke ~. [당케 ~.]
~ 감사합니다.

❶ 기본패턴의 핵심!

❶ **Danke.** 는 동사 **danken** (감사하다)의 1인칭형태에서 비롯된 인사표현입니다.
❷ 감사하는 정도, 대상 (~에게/~에 대해) 등을 함께 표현할 수 있습니다.

❷ 기본패턴의 연습!

p003-01	**Danke.**	감사합니다.
p003-02	**Danke sehr.**	매우 감사합니다.
p003-03	**Danke schön.**	참 고맙습니다.
p003-04	**Danke dafür.**	그것에 대해 감사합니다.
p003-05	**Danke, gut.**	감사합니다, 좋습니다.
p003-06	**Danke, gleichfalls.**	감사합니다, 마찬가지입니다.
p003-07	**Nein, danke.**	아니오, 감사합니다. (아니오, 됐습니다.)
p003-08	**Ich danke Ihnen.**	나는 당신에게 감사합니다.

- **Nein, danke.** (아니오, 감사합니다.)는 즉, '아니오, 됐습니다.'로 정중한 거절의 뜻입니다.
- **sehr** (매우), **schön** (훌륭한/참), **dafür** (그것에 대해), **gut** (좋은), **gleichfalls** (마찬가지로/같게), **nein** (아니오), **ja** (네), **Ihnen** (당신에게)

The basics of grammar and sentence construction!

The most useful phrases and expressions!

워밍업 섹션 : 초간단 인사 패턴!

1st Section 은 **최소의 단어**로 이루어진 **초간단 표현**입니다.
발음법도 **연습**하고, **독일어**의 **뉘앙스**도 느껴보는 **코너**입니다.

P 003

❸ 기본패턴의 확장!

p003-09	**Vielen Dank.**	**매우 감사합니다.**
p003-10	**Herzlichen Dank.**	**진심으로 감사합니다.**

- **Vielen Dank.** (많이/매우 감사합니다.)는 **Guten Morgen!** 과 같은 구조입니다.
viel (많은 : 형용사) + **en** (형용사변화어미) + **Dank** (감사 : 중성명사)입니다만,
그냥 통째 기억하시면 좋겠습니다.
- **viel** (많은), **der Dank** (감사), **herzlich** (진심의)

❹ 기본패딘의 응용!

p003-11	**A) Dankeschön.**	**참 고맙습니다.**
p003-12	**B) Bitteschön.**	**별말씀을요.**

p003-13	**A) Vielen Dank.**	**참 고맙습니다.**
p003-14	**B) Nichts zu danken.**	**천만에요.**

- **Dankeschön.** 은 **Danke schön.** 이 한 단어로 합쳐진 표현입니다.
- **Bitte.** 는 **Danke.** 에 대한 대답입니다. **Bitteschön.** 역시 **Bitte schön.** 이 합쳐진 형태입니다.
- **Nichts zu danken.** 을 직역하면 '감사할 것 아무것도 없습니다.'가 됩니다.
- **zu danken** (감사하는 것)은 **zu** + 동사원형의 구조로 영어의 **to** 부정사와 같습니다.
- **bitte** (제발/부디), **nichts** (아무것도 아니다)

Learn foreign language!
GERMAN

Part 2. It's a completely new way to learn foreign language! | Pattern 004

~, bitte! [~, 비테!]
~, 부탁합니다!

❶ 기본패턴의 핵심!

❶ **bitte** 는 영어의 **please** 와 같습니다. '부탁'할 때 사용하는 만능표현입니다.
❷ 원하시는 것을 ~ (명사), + **bitte**! (~, 부탁합니다!)의 구조로 말씀하시면 됩니다.
❸ 짧지만 정중한 표현이기 때문에 여러모로 사용이 가능합니다.

❷ 기본패턴의 연습!

p004-01	**Rotwein, bitte!**	레드와인, 부탁합니다!
p004-02	**Nur Wasser, bitte!**	물만, 부탁합니다!
p004-03	**Die Speisekarte, bitte!**	메뉴판, 부탁합니다!
p004-04	**Die Rechnung, bitte!**	계산서, 부탁합니다!
p004-05	**Einen Apfel, bitte!**	사과 하나, 부탁합니다!
p004-06	**Eine Tageskarte, bitte!**	1일권 한 장, 부탁합니다!
p004-07	**Einen Schweinebraten, bitte!**	제육구이 하나, 부탁합니다!
p004-08	**Einen Augenblick, bitte!**	잠시만요!

● **Augenblick** 은 **Augen** (눈) + **blick** (깜빡임)의 합성명사로 '눈 깜빡할 순간'이라는 뜻입니다. '아주 잠시만'의 의미로 사용됩니다.
● **der Rotwein** (레드와인), **nur** (오로지/단/만), **das Wasser** (물), **die Speisekarte** (메뉴판), **die Rechnung** (계산서), **ein** (어떤/하나의), **der Apfel** (사과), **die Tageskarte** (1일권), **der Schweinebraten** (제육구이), **der Augenblick** (순간)

The basics of grammar and sentence construction!
The most useful phrases and expressions!

워밍업 섹션 : 초간단 인사 패턴!

1st Section 은 **최소의 단어**로 이루어진 **초간단 표현**입니다.
발음법도 **연습**하고, **독일어**의 **뉘앙스**도 느껴보는 **코너**입니다.

P 004

❸ 기본패턴의 확장!

p004-09	**Ein Glas Bier, bitte!**	맥주 한 잔, 부탁합니다!
p004-10	**Eine Tasse Kaffee, bitte!**	커피 한 잔, 부탁합니다!

● 수량을 나타낼 때는 수량사와 함께 표현합니다.
ein Glas Mineralwasser (탄산수 한 잔), **eine Dose Cola** (콜라 한 캔), **eine Flasche Wein** (와인 한 병)
● **das Glas** (잔/컵), **das Bier** (맥주), **die Tasse** (잔), **der Kaffee** (커피), **das Mineralwasser** (탄산수), **die Dose** (캔/깡통), **die Cola** (콜라), **die Flasche** (병), **der Wein** (와인)

❹ 기본패딘의 응용!

p004-11	**A) Was kann ich Ihnen anbieten?**	무엇을 도와드릴까요?
p004-12	**B) Die Speisekarte, bitte!**	메뉴판, 부탁합니다!
p004-13	**A) Was möchten Sie noch?**	무엇을 더 원하십니까?
p004-14	**B) Noch eine Cola, bitte!**	콜라 하나 더, 부탁합니다!

● **Was kann ich Ihnen anbieten?** 직역하면 '내가 당신에게 무엇을 제공할 수 있을까요?'입니다만, 식당, 상점 등에서 '무엇을 도와드릴까요?'의 의미로 사용합니다.
● **können** (할 수 있다)는 화법조동사로 동사의 원형과 함께 사용됩니다.
이때 동사원형은 문미에 위치합니다.
● **was** (무엇), **können** (할 수 있다 : 화법조동사), **das Ihnen** (당신에게), **anbieten** (제공하다), **möchten** (원하다), **Sie** (당신/당신들 : 대문자로 씁니다.), **noch** (더)

Learn foreign language!
GERMAN

Part 2. It's a completely new way to learn foreign language! | Pattern 005

Bitte ~! [비테 ~!]
~ 하세요!

❶ 기본패턴의 핵심!

❶ **bitte** 는 영어의 **please** 와 같습니다. '부탁'할 때 사용하는 만능표현입니다.
❷ 원하시는 것을 **Bitte** + 동사! (~하세요!)의 구조로 말씀하시면 됩니다.
❸ **Bitte** + 동사원형 + **Sie**! (당신은 ~하세요!)에서 **Sie** (당신)이 생략되었다고 보시면 됩니다.

❷ 기본패턴의 연습!

p005-01	**Bitte kommen!**	오세요!
p005-02	**Bitte vortreten!**	앞으로 나오세요!
p005-03	**Bitte zurücktreten!**	뒤로 물러나세요!
p005-04	**Bitte anschnallen!**	(안전띠) 착용하세요!
p005-05	**Bitte volltanken!**	가득 채워주세요!
p005-06	**Bitte einsteigen!**	승차하세요!
p005-07	**Bitte aussteigen!**	하차하세요!
p005-08	**Bitte umsteigen!**	환승하세요!

● **kommen** (오다), **vortreten** (앞으로 나서다), **zurücktreten** (뒤로 물러서다), **anschnallen** (안전띠를 매다/착용하다), **volltanken** (가득 채우다), **einsteigen** (올라타다/승차하다), **aussteigen** (내리다/하차하다), **umsteigen** (갈아타다/환승하다)

워밍업 섹션 : 초간단 인사 패턴!

1st Section 은 **최소의 단어**로 이루어진 **초간단 표현**입니다.
발음법도 **연습**하고, **독일어**의 **뉘앙스**도 느껴보는 **코너**입니다.

P 005

❸ 기본패턴의 확장!

p005-09 **Bitte warten Sie einen Augenblick!** (당신은) 잠시만 기다려 주십시오!

p005-10 **Bitte nehmen Sie Platz!** 착석하여 주십시오!

- **Sie** (당신)을 넣어 정중함을 더할 수 있습니다.
- **Augenblick warten** (잠시 기다리다), **Platz nehmen** (자리잡다/앉다)는 자주 사용하는 숙어 표현입니다.
- **warten** (기다리다), **der Augenblick** (순간), **einen Augenblick** (잠시만요), **nehmen** (취하다), **der Platz** (좌석/광장)

❹ 기본패턴의 응용!

p005-11 **A) Ich möchte eine Cola.** 나는 콜라를 원합니다.

p005-12 **B) Bitte warten Sie einen Augenblick!** 잠시만 기다려 주십시오!

---

p005-13 **A) Guten Tag!** 안녕하세요!

p005-14 **B) Bitte nehmen Sie Platz!** 착석하여 주십시오!

- **möchten** (원하다), **die Cola** (콜라)

The focus is on **conversation** and **communication**.

Start **speaking languages** immediately using **essential phrases**.

Part 2. It's a completely new way to learn foreign language! | Pattern 006

Kein ~. [카인 ~.]
~ 아닙니다/없습니다/않습니다.

❶ 기본패턴의 핵심!

❶ **kein** 은 부정(아니다)를 나타내는 관사입니다.
❷ **Kein** + 명사.의 구조로 '부정/거부'를 표현할 수 있습니다.
❸ 이때 **kein** 은 다음에 오는 명사의 성에 따라 어미가 변화합니다.
(이번 섹션에서는 문법사항을 고려하지 마시고, 일단 '통표현'으로 기억하시면 좋겠습니다.)

❷ 기본패턴의 연습!

p006-01	**Kein Problem.**	문제 없습니다.
p006-02	**Kein Kommentar.**	노코멘트입니다.
p006-03	**Kein Thema.**	주제가 아닙니다.
p006-04	**Kein Bedarf.**	필요 없습니다.
p006-05	**Kein Wunder.**	놀랄 일 아닙니다.
p006-06	**Kein Scherz.**	농담 아닙니다.
p006-07	**Keine Ahnung.**	전혀 모릅니다.
p006-08	**Keine Ursache.**	천만에요.

● **Ahnung** 은 '예견'의 뜻이며, **kein** 과 결합하여 '전혀 모릅니다.'가 되고, **Ursache** (이유)는 **kein** 과 결합하여 '(감사해야 할) 아무 이유 없다. > 천만에요.'의 뜻이 됩니다.
● **das Problem** (문제), **das Kommentar** (코멘트/주석/논평), **das Thema** (주제/테마), **der Bedarf** (필요/수요), **das Wunder** (놀라움/기적), **der Scherz** (농담/장난), **die Ahnung** (예상/예견), **die Ursache** (이유/원인)

워밍업 섹션 : 초간단 인사 패턴!

1st Section 은 **최소의 단어**로 이루어진 **초간단 표현**입니다.
발음법도 **연습**하고, **독일어**의 **뉘앙스**도 느껴보는 **코너**입니다.

P 006

❸ 기본패턴의 확장!

p006-09	**Keine Sorge!**	걱정하지 마!
p006-10	**Keine Angst!**	겁내지 마!

- 느낌표와 함께 명령문이 되는 표현들입니다.
- **die Sorge** (걱정), **die Angst** (공포)

❹ 기본패턴의 응용!

p006-11	**A) Können Sie das?**	당신은 그것을 할 수 있습니까?
p006-12	**B) Kein Problem.**	문제 없습니다.
p006-13	**A) Da ist ein seltsamer Schatten!**	저기 어떤 이상한 그림자가 있어요!
p006-14	**B) Keine Angst!**	겁내지 마!

- **können** (할 수 있다), **Sie** (당신), **das** (그것), **da** (저기), **ist** (~이다/있다), **ein** (어떤/하나의), **seltsam** (기이한/이상한), **der Schatten** (그림자)

ential phrases.
2nd
Section
pattern
german
Presenting the core concepts you need to write and speak.
It focuses on the core concepts you need to communicate.
start speaking languages immediately

It focuses on conversation
MUSEUM
with fluency and confidence.
With this book you will learn languages
with thousands of customizable phrases.

2nd Section

Pattern German

두 번째 섹션 : 핵심동사 패턴!

2nd Section 은 **독일어**의 양대 **핵심 동사**인,
sein 동사와 **haben** 동사의 패턴을 **정리**했습니다.
(영어의 **be** 동사와 **have** 동사)

2nd Section
핵심동사 섹션 :

2nd Section 은 독일어의 양대 핵심 동사인, **sein** 동사와 **haben** 동사의 패턴을 정리했습니다.
(영어의 **be** 동사와 **have** 동사)
(**sein** 과 **haben** 동사의 문법설명은 부록편을 참고하여 주십시오!)

sein 동사와 **haben** 동사만으로도 엄청나게 많은 표현이 가능합니다.
sein 과 **haben** 동사를 가장 먼저 소개해 드리는 이유이기도 합니다.

Part 01. sein 동사, 2줄요약!

❶ **Ich bin ~.** (나는 ~이다.)로 나의 모든 것을 말할 수 있습니다.
❷ 이름/국적/직업/종교/취향/신분/상태/체형/외모/건강/기분/능력/특징 등입니다.

Part 02. haben 동사, 2줄요약!

❶ **Ich habe ~.** (나는 ~ 가지고 있다.)로 나의 모든 소유를 말할 수 있습니다.
❷ 사람/사물/시간/ 증상/통증/생각/희망/학위/지식/경험/능력/무소유 등입니다.

Learn foreign language!
GERMAN

Part 1. It's a completely new way to learn foreign language! | Pattern 007

Ich bin ~. [이히 빈 ~.]
나는 ~입니다. (이름/국적)

① 기본패턴의 핵심!

❶ **Ich bin ~.** (나는 ~입니다. : 영어의 **I am ~.**)
❷ **Ich bin** + 명사. 로 '나의 이름/국적'을 말할 수 있습니다.
❸ 이름/국적/출신지 등을 말할 때 독일어는 별도의 관사가 필요 없습니다.
❹ **Ich bin ~.** 은 상대에 따라 '나는 ~입니다.' 또는 '저는 ~입니다'지만 편의상 '나는'으로 표기합니다.
❺ **sein** 동사의 인칭변화형은 **Ich bin, Du bist, Er/Sie/Es ist, Wir sind, Ihr seid, Sie sind** 등입니다.)

② 기본패턴의 연습!

p007-01	Ich bin	Mino Kim.	나는 김미노입니다.
p007-02	Ich bin	Kim.	나는 김입니다.
p007-03	Ich bin	Mino.	나는 미노입니다.
p007-04	Ich bin	Koreaner.	나는 한국 남자입니다.
p007-05	Ich bin	Koreanerin.	나는 한국 여자입니다.
p007-06	Ich bin	Deutsche.	나는 독일 여자입니다.
p007-07	Ich bin	Deutsche.	나는 독일 남자입니다.
p007-08	Ich bin	Chinesin.	나는 중국 여자입니다.

● 국적은 일반적으로 '국가명+(**n**)**er**' (남자), '국가명+(**n**)**erin**' (여자)입니다.
● **China** (중국), **Chinese** (중국 남자), **Chinesin** (중국 여자)처럼 모양이 살짝 다른 경우도 있습니다.
● **Koreaner** (한국 남자), **Koreanerin** (한국 여자), **Deutsche** (독일 여자), **Deutscher** (독일 남자)

pattern 009

두 번째 섹션 : 핵심동사 패턴!

2nd Section 은 **독일어**의 양대 **핵심 동사**인,
sein 동사와 **haben** 동사의 패턴을 **정리**했습니다.
(영어의 **be** 동사와 **have** 동사)

P 007

③ 기본패턴의 확장!

p007-09 **Ich bin Mino Kim und bin 20 (Jahre alt).** 나는 김미노이고 20(세)입니다.

p007-10 **Ich bin Mino aus Seoul.** 나는 서울 출신 미노입니다.

- **Ich bin** + 숫자.는 나이를 표현합니다. **Jahre alt** 는 생략해도 됩니다. (영어의 **I'm 20 years old.**)
- 전치사 **aus** (~로 부터)와 함께 출신을 표현할 수 있습니다.
- 출신은 **kommen** (오다) 동사를 사용해서 **Ich komme aus Seoul.** 이라고도 합니다.
(나는 서울에서 왔습니다.) (영어의 **I'm from Seoul.**)
- **und** (그리고), **zwanzig** (20), **das Jahr** (년/해/세), **alt** (나이든/늙은/오래된), **aus** (~에서/로부터)

④ 기본패턴의 응용!

p007-11 **A) Sind Sie Herr Cho?** 당신이 조 선생님입니까?

p007-12 **B) Ja. Ich bin Herr Cho.** 네. 나는 조입니다.

p007-13 **A) Sind Sie Frau Cho?** 당신이 조 여사님입니까?

p007-14 **B) Nein. Ich bin Frau Kim.** 아니오. 나는 김입니다.

- **Sie sind ~.** (당신은 ~입니다.) (**sein** 동사의 활용표를 참고해 주세요.)
- 의문사가 없는 의문문의 답은 **Ja.** (네.), **Nein.** (아니오.)로 시작합니다.
(의문문에 대해서는 섹션 3, 어순에 대해서는 부록편을 참고하세요.)
- **Herr** 와 **Frau** 는 각각 영어의 **Mr., Ms.** (~씨)이며, 존대의 의미로 해석합니다.
- **Sie** (당신/당신들), **der Herr** (남자/씨), **ja** (네), **die Frau** (부인/여사), **nein** (아니오)

The focus is on **conversation** and **communication**.

Start **speaking languages** immediately using **essential phrases**.

Learn foreign language!
GERMAN

Part 1. It's a completely new way to learn foreign language! | Pattern 008

Ich bin ~. [이히 빈 ~.]
나는 ~입니다. (직업/종교/취향)

① 기본패턴의 핵심!

❶ **Ich bin** + 명사.로 '나의 직업/종교/기호/취향' 등을 말할 수 있습니다.
❷ 나의 직업/종교/기호/취향 등을 말할 때, 별도의 관사는 필요 없습니다.
❸ 직업명 등의 남성명사를 여성명사로 만드는 방법은 일반적으로 **–in** 을 붙입니다.
❹ **–in** 대신에 약간의 변형된 형태도 있고, 남성형과 여성형이 따로 있는 경우도 있습니다.
❺ **sein** 동사의 인칭변화형은 **Ich bin, Du bist, Er/Sie/Es ist, Wir sind, Ihr seid, Sie sind** 등입니다.)

② 기본패턴의 연습!

p008-01	Ich bin	Student / Studentin.	나는 남학생/여학생입니다.
p008-02	Ich bin	Angestellter / Angestellte.	나는 남/녀 회사원입니다.
p008-03	Ich bin	Hausmann / Hausfrau.	나는 남/녀 주부입니다.
p008-04	Ich bin	Vegetarier / Vegetarierin.	나는 남/녀 채식가입니다.
p008-05	Ich bin	Tourist / Touristin.	나는 남/녀 여행자입니다.
p008-06	Ich bin	Nichtraucher / Nichtraucherin.	나는 남/녀 비흡연가입니다.
p008-07	Ich bin	Protestant / Katholik.	나는 기독교인/천주교인입니다.
p008-08	Ich bin	Buddhist / Buddhistin.	나는 불교인(남/녀)입니다.

● **Hausmann / Hausfrau** 는 **Haus** (집) + **Mann** (남자) / **Frau** (여자) (명사+명사)의 합성어입니다.
● '남/녀 흡연자'는 **nicht** (영어의 **not**)을 뺀 **Raucher / Raucherin** 입니다.
● **der Student** (남학생), **die Studentin** (여학생), **der Angestellter** (남 회사원), **die Angestellte** (여 회사원), **der Hausmann** (남자 주부), **die Hausfrau** (주부), **der Vegetarier** (채식남), **die Vegetarierin** (채식녀), **der Tourist** (여행남), **die Touristin** (여행녀), **der Protestant** (기독교도), **der Katholik** (천주교도), **der Buddhist** (불교도 남), **die Buddhistin** (불교도 녀), **der Muslim** (무슬림교도)

두 번째 섹션 : 핵심동사 패턴!

2nd Section 은 **독일어**의 양대 **핵심 동사**인,
sein 동사와 **haben** 동사의 패턴을 **정리**했습니다.
(영어의 **be** 동사와 **have** 동사)

P 008

③ 기본패턴의 확장!

p008-09	**Ich bin Student an der Universität Berlin.**	나는 베를린 대학교 (남)학생입니다.
p008-10	**Ich bin nicht mehr Vegetarier.**	나는 더 이상 채식주의자가 아닙니다.

- '어느 대학교의 학생'은 **Student an der Universität ~**라고 말하면 됩니다.
- **nicht mehr** 는 '더 이상 아니다'입니다. **Ich bin nicht mehr Raucher.** (나는 더 이상 흡연자가 아닙니다.)
- **an** (~에/옆에), **die Universität** (대학교), **nicht** (아니다), **mehr** (좀 더/이상으로)

④ 기본패턴의 응용!

p008-11	**A) Was sind Sie von Beruf?**	당신은 직업이 무엇입니까?
p008-12	**B) Ich bin Angestellter bei Adidas.**	나는 아디다스 직원입니다.

p008-13	**A) Sind Sie Vegetarier oder Fleischesser?**	당신은 채식가 혹은 육식가입니까?
p008-14	**B) Nein. Ich bin Halb-Vegetarier.**	아니오. 나는 준채식가입니다.

- **Was sind Sie von Beruf?** (직역 : 당신은 직업과 관련하여 무엇입니까?)
- 전치사 **bei** + 회사명은 '~회사에/회사에서'의 뜻이 됩니다.
- **Ovolacto-Vegetarier** 는 달걀과 유제품을 먹는 채식주의자입니다.
- **von** (~에 대해), **der Beruf** (직업), **bei** (곁에/근처에), **oder** (또는/혹은 : 접속사),
der Fleischesser (육식가), **der Halb-Vegetarier** (준채식가)

The focus is on **conversation** and **communication**.

Start **speaking languages** immediately using **essential phrases**.

Learn foreign language!
GERMAN

Part 1. It's a completely new way to learn foreign language! | Pattern 009

Ich bin ~. [이히 빈 ~.]
나는 ~합니다. (신분/상태)

German

The basics of grammar and sentence construction!

① 기본패턴의 핵심!

❶ **Ich bin** + 형용사.로 '나의 신분/상태'를 표현할 수 있습니다.
❷ **Ich bin** + 형용사.는 '나는 ~합니다/입니다.'입니다.
❸ 독일어 형용사는 술어적, 부가어적 용법이 있습니다.
(독일어 형용사에 대한 문법요약은 부록편을 참고하십시오.)
❹ **sein** 동사의 인칭변화형은 **Ich bin, Du bist, Er/Sie/Es ist, Wir sind, Ihr seid, Sie sind** 등입니다.)

② 기본패턴의 연습!

The most useful phrases and expressions!

p009-01	Ich bin	ledig.	나는 미혼(의 상태)입니다.
p009-02	Ich bin	verheiratet.	나는 기혼입니다.
p009-03	Ich bin	unverheiratet.	나는 미혼입니다.
p009-04	Ich bin	geschieden.	나는 이혼한 상태입니다.
p009-05	Ich bin	schwanger.	나는 임신 중입니다.
p009-06	Ich bin	arbeitslos.	나는 무직입니다.
p009-07	Ich bin	berufstätig.	나는 직업활동을 합니다.
p009-08	Ich bin	sehr beschäftigt.	나는 매우 바쁩니다.

● **ledig** (미혼의)는 영어로 **Single** (독신의)라고도 합니다. **Ich bin Single.** (나는 싱글입니다.)
● **verheiratet** 의 반대어는 **unverheiratet** (결혼하지 않은)이며, 부정의 접두어 **un-** 이 붙습니다.
● **arbeitslos = arbeit + s + los** 의 구조이며, 접미어 **los** 는 '~이 없는'의 뜻입니다. (무직의)
● **ledig** (미혼의), **verheiratet** (기혼의), **unverheiratet** (미혼의), **geschieden** (이혼한), **schwanger** (임신한), **arbeitslos** (무직의), **berufstätig** (직업활동을 하는), **beschäftigt** (바쁜)

pattern 009

두 번째 섹션 : 핵심동사 패턴!

2nd Section 은 **독일어**의 양대 **핵심 동사**인,
sein 동사와 **haben** 동사의 패턴을 **정리**했습니다.
(영어의 **be** 동사와 **have** 동사)

P 009

③ 기본패턴의 확장!

p009-09	**Ich bin immer noch arbeitslos.**	나는 여전히 무직입니다.
p009-10	**Ich bin derzeit arbeitslos.**	나는 현재 무직입니다.

- **immer noch** (여전히/아직도)처럼, 좀 더 구체적으로 설명할 수도 있습니다.
- 강조를 위해 부사/형용사를 문두에 말할 수 있습니다.
- 강조를 하더라도 동사의 위치는 변하지 않습니다.
- **derzeit** (현재)

④ 기본패턴의 응용!

p009-11	**A) Sind Sie noch ledig?**	당신은 아직 독신입니까?
p009-12	**B) Nein. Ich bin schon verheiratet.**	아니오. 나는 이미 결혼했습니다.

p009-13	**A) Sind Sie gerade frei?**	지금 한가합니까?
p009-14	**B) Nein. Ich bin sehr beschäftigt.**	아니오. 나는 매우 바쁩니다.

- **noch** (아직), **nein** (아니오), **schon** (이미), **gerade** (바로 지금), **frei** (자유로운/한가한), **sehr** (매우)

The focus is on **conversation** and **communication**.

Start **speaking languages** immediately using **essential phrases**.

Learn foreign language!
GERMAN

Part 1. It's a completely new way to learn foreign language! | Pattern 010

Ich bin ~. [이히 빈 ~.]
나는 ~합니다. (체형/외모)

Germ

The **basics** of **grammar** and **sentence construction**!

① 기본패턴의 핵심!

❶ **Ich bin** + 형용사.로 '나의 체형/외모'를 표현할 수 있습니다.
❷ 독일어 형용사는 술어적, 부가어적 용법이 있습니다.
(독일어 형용사에 대한 문법요약은 부록편을 참고하십시오.)
❸ **sein** 동사의 인칭변화형은 **Ich bin, Du bist, Er/Sie/Es ist, Wir sind, Ihr seid, Sie sind** 등입니다.)

② 기본패턴의 연습!

The most useful **phrases** and **expressions**!

p010-01	Ich bin	schlank.	나는 날씬합니다.
p010-02	Ich bin	dick.	나는 뚱뚱합니다.
p010-03	Ich bin	groß.	나는 큽니다.
p010-04	Ich bin	klein.	나는 작습니다.
p010-05	Ich bin	nicht klein.	나는 작지 않습니다.
p010-06	Ich bin	schön.	나는 예쁩니다.
p010-07	Ich bin	hübsch.	나는 귀엽습니다.
p010-08	Ich bin	schick.	나는 멋집니다.

● **schlank** 는 **dünn** (날씬한)으로 말할 수도 있습니다.
● 부정을 할 때는 형용사 앞에 부정사 **nicht** (아니다)를 넣어 말하면 됩니다.
(**Ich bin nicht klein.** 나는 작지 않습니다.)
● **schlank** (날씬한), **dick** (뚱뚱한), **groß** (큰), **klein** (작은),
nicht (아니다), **schön** (예쁜), **hübsch** (귀여운), **schick** (멋진)

pattern 409

두 번째 섹션 : 핵심동사 패턴!

2nd Section 은 **독일어**의 양대 **핵심 동사**인,
sein 동사와 **haben** 동사의 패턴을 **정리**했습니다.
(영어의 **be** 동사와 **have** 동사)

P 010

③ 기본패턴의 확장!

p010-09	**Ich bin 1 Meter 80 groß.**	나는 1m 80입니다.
p010-10	**Ich bin so groß wie Sie.**	나는 당신만큼 큽니다.

● 신장은 **Zentimeter** (센티미터)로 표시합니다.
● **so A wie B** 는 'B 만큼 A 하다'라는 뜻입니다.
A 자리에 형용사를 넣고, **B** 자리에 비교대상을 넣으면 됩니다.
● **1** (**eins**), **80** (**achtzig**), **das Meter** (미터), **so** (그렇게/그 정도로), **groß** (큰),
wie (~와 같이/~처럼), **Sie** (당신/당신들)

④ 기본패턴의 응용!

p010-11	**A) Passt Ihnen meine Hose?**	당신에게 내 바지가 맞습니까?
p010-12	**B) Nein. Ich bin nicht so schlank wie Sie.**	아니오. 나는 당신만큼 날씬하지 않습니다.

p010-13	**A) Wie groß sind Sie?**	당신은 (키가) 얼마나 큽니까?
p010-14	**B) Ich bin 1 Meter 70 groß.**	나는 1 m 70입니다.

● **Ich bin nicht A wie B.** 는 '나는 **B** 만큼 **A** 하지 않다.'라는 뜻입니다.
A 자리에 다양한 형용사를 넣어 사용할 수 있습니다.
● **wie groß** = **wie** (의문사 : 어떻게) + **groß** (형용사 : 큰) '얼마나 큰'의 의미입니다.
(이후의 의문사 파트에서 좀 더 공부하실 수 있습니다.)
● **passen** (알맞다/어울리다), **Ihnen** (당신/당신들에게), **mein** (나의), **die Hose** (바지),
nein (아니오), **wie groß** (얼마나 큰), **70** (**siebzig**)

The focus is on **conversation** and **communication**.

Start **speaking languages** immediately using **essential phrases**.

Learn foreign language!
GERMAN

Part 1. It's a completely new way to learn foreign language! | Pattern 011

Ich bin ~. [이히 빈 ~.]

나는 ~합니다. (건강/컨디션)

① 기본패턴의 핵심!

❶ Ich bin + 형용사.로 '나의 건강/컨디션'을 표현할 수 있습니다.
❷ Ich bin + 형용사.는 '나는 ~합니다.'입니다.
❸ 독일어 형용사는 술어적, 부가어적 용법이 있습니다.
(독일어 형용사에 대한 문법요약은 부록편을 참고하십시오.)
❹ sein 동사의 인칭변화형은 **Ich bin, Du bist, Er/Sie/Es ist, Wir sind, Ihr seid, Sie sind** 등입니다.)

② 기본패턴의 연습!

p011-01	Ich bin	gesund.	나는 건강합니다.
p011-02	Ich bin	krank.	나는 아픕니다.
p011-03	Ich bin	nicht krank.	나는 아프지 않습니다.
p011-04	Ich bin	müde.	나는 피곤합니다.
p011-05	Ich bin	schläfrig.	나는 졸립니다.
p011-06	Ich bin	hungrig.	나는 배고픕니다.
p011-07	Ich bin	satt.	나는 배부릅니다.
p011-08	Ich bin	durstig.	나는 목마릅니다.

● 부정은 형용사 앞에 부정사 **nicht** (아니다)를 넣어 말하면 됩니다.
(**Ich bin nicht gesund.** : 나는 건강하지 않습니다.)
● **gesund** (건강한), **krank** (아픈), **nicht** (아니다), **müde** (피곤한), **schläfrig** (졸리는), **hungrig** (배고픈), **satt** (배부른), **durstig** (목이 마른)

pattern 009

두 번째 섹션 : 핵심동사 패턴!

2nd Section 은 **독일어**의 양대 **핵심 동사**인,
sein 동사와 **haben** 동사의 패턴을 **정리**했습니다.
(영어의 **be** 동사와 **have** 동사)

P 011

③ 기본패턴의 확장!

p011-09	Ich bin völlig gesund.	나는 완전히 건강합니다.
p011-10	Ich bin heute gar nicht müde.	나는 오늘 전혀 피곤하지 않습니다.

- **völlig** (완전히) 같은 부사는 형용사 (**gesund**) 앞에 위치합니다.
- 여러 가지 형용사/부사 등이 올 경우, 어순은 '시간 > 장소 > 원인 > 목적' 등입니다.
- **völlig** (완전히/완전한), **heute** (오늘), **gar** (전혀)

④ 기본패턴의 응용!

p011-11	A) Möchten Sie etwas essen?	당신 뭐 좀 드시겠습니까?
p011-12	B) Ja, ich bin hungrig.	네, 나는 배가 고픕니다.

p011-13	A) Sind Sie noch müde?	당신은 아직도 피곤합니까?
p011-14	B) Ich bin heute nicht müde.	나는 오늘 피곤하지 않습니다.

- **Möchten Sie** + 동사원형?은 '당신은 ~를 원하십니까?'라는 정중한 형태의 문장입니다.
(접속법 파트를 참고하십시오.)
- **möchten** (원하다), **etwas** (어떤 것), **essen** (먹다), **ja** (네), **noch** (아직도)

The focus is on **conversation** and **communication**.

Start **speaking languages** immediately using **essential phrases**.

Ich bin ~. [이히 빈 ~.]
나는 ~합니다. (기분/정서)

❶ 기본패턴의 핵심!

❶ **Ich bin** + 형용사.로 '나의 기분/정서'를 표현할 수 있습니다.
❷ **Ich bin** + 형용사.는 '나는 ~합니다.'입니다.
❸ 독일어 형용사는 술어적, 부가어적 용법이 있습니다.
(독일어 형용사에 대한 문법요약은 부록편을 참고하십시오.)
❹ **sein** 동사의 인칭변화형은 **Ich bin, Du bist, Er/Sie/Es ist, Wir sind, Ihr seid, Sie sind** 등입니다.)

❷ 기본패턴의 연습!

p012-01	Ich bin	glücklich.	나는 행복합니다.
p012-02	Ich bin	unglücklich.	나는 불행합니다.
p012-03	Ich bin	froh.	나는 기쁩니다.
p012-04	Ich bin	traurig.	나는 슬픕니다.
p012-05	Ich bin	einsam.	나는 외롭습니다.
p012-06	Ich bin	enttäuscht.	나는 실망스럽습니다.
p012-07	Ich bin	beeindruckt.	나는 감동합니다.
p012-08	Ich bin	zufrieden.	나는 만족합니다.

● 부정의 접두어 **un-** 을 붙여 반대어를 만드는 경우들이 있습니다.
(**glücklich** > **unglücklich**)
● 부정을 할 때는 형용사 앞에 부정사 **nicht** (아니다)를 넣어 말하면 됩니다.
(**Ich bin nicht traurig.** : 나는 슬프지 않습니다.)
● **glücklich** (행복한), **unglücklich** (불행한), **froh** (기쁜), **traurig** (슬픈),
einsam (외로운), **enttäuscht** (실망한), **beeindruckt** (감동한), **zufrieden** (만족한)

pattern 49

두 번째 섹션 : 핵심동사 패턴!

2nd Section 은 **독일어**의 양대 **핵심 동사**인,
sein 동사와 **haben** 동사의 패턴을 **정리**했습니다.
(영어의 **be** 동사와 **have** 동사)

P 012

③ 기본패턴의 확장!

p012-09 Ich bin einsam ohne Sie. 나는 당신 없이 외롭습니다.

p012-10 Ich bin mit dem Auto zufrieden. 나는 그 차에 만족합니다.

- 전치사 **ohne** 는 '~ 없이'의 뜻의 4격지배전치사입니다.
- 전치사 **mit** (~와 함께)는 3격지배 전치사이며,
mit ~ zufrieden (~에 만족하다)는 뜻의 숙어적 표현입니다.
- **mit** (3격전치사) + **dem** (3격정관사) + **Auto** (중성명사)
- **ohne** (~ 없이/~하지 않고), **mit** (~와 함께/~와 더불어), **das Auto** (자동차)

④ 기본패턴의 응용!

p012-11 A) Bist du mit deinem Leben zufrieden? 너는 너의 삶에 만족하니?

p012-12 B) Ich bin sehr glücklich. 나는 매우 행복해.

p012-13 A) Sind Sie mit Ihrem Arbeitsplatz zufrieden? 당신은 당신의 직장에 만족하십니까?

p012-14 B) Ich bin unzufrieden. 나는 만족스럽지 않습니다.

- **zufrieden mit** ~는 '~에 만족하는'입니다.
- **du** (너), **dein** (너의), **das Leben** (인생/삶), **sehr** (매우),
Sie (당신), **Ihr** (당신/당신들의), **der Arbeitsplatz** (직장/일자리), **unzufrieden** (불만족한)

Learn foreign language!
GERMAN

Part 1. It's a completely new way to learn foreign language! | Pattern 013

Ich bin ~. [이히 빈 ~.]
나는 ~합니다. (상태/태도)

❶ 기본패턴의 핵심!

❶ **Ich bin** + 형용사.로 '나의 상태/태도'를 표현할 수 있습니다.
❷ **Ich bin** + 형용사.는 '나는 ~합니다.'입니다.
❸ 독일어 형용사는 술어적, 부가어적 용법이 있습니다.
(독일어 형용사에 대한 문법요약은 부록편을 참고하십시오.)
❹ **sein** 동사의 인칭변화형은 **Ich bin, Du bist, Er/Sie/Es ist, Wir sind, Ihr seid, Sie sind** 등입니다.)

❷ 기본패턴의 연습!

p013-01	Ich bin	frei.	나는 한가합니다.
p013-02	Ich bin	bereit.	나는 준비되어 있습니다.
p013-03	Ich bin	fertig.	나는 마쳤습니다.
p013-04	Ich bin	arm.	나는 가난합니다.
p013-05	Ich bin	reich.	나는 부유합니다.
p013-06	Ich bin	unterwegs.	나는 가는 중입니다.
p013-07	Ich bin	dafür.	나는 그것에 찬성합니다.
p013-08	Ich bin	dagegen.	나는 그것에 반대합니다.

● **unterwegs** 는 전치사 **unter** (사이에) + **weg** (길) + **s** = '도중에'의 구조입니다.
● **da + für > dafür** (그것에 찬성하여), **da + gegen > dagegen** (그것에 반대하여)의 구조입니다.
● **frei** (한가한/자유로운), **bereit** (준비된), **fertig** (끝난/완성된), **arm** (가난한), **reich** (부유한), **unterwegs** (도중에/집 밖에), **dafür** (그것에 찬성하여), **dagegen** (그것에 반대하여)

The basics of grammar and sentence construction!
The most useful phrases and expressions!

pattern

두 번째 섹션 : 핵심동사 패턴!

2nd Section 은 **독일어**의 양대 **핵심 동사**인,
sein 동사와 **haben** 동사의 패턴을 **정리**했습니다.
(영어의 **be** 동사와 **have** 동사)

P 013

③ 기본패턴의 확장!

p013-09	Ich bin natürlich für das Projekt.	나는 그 프로젝트에 당연히 찬성합니다.
p013-10	Ich bin völlig gegen Terror.	나는 테러에 전적으로 반대합니다.

- 전치사 **für** (~에 대하여 : 4격전치사)는 영어의 **for** 에 해당합니다.
- **natürlich** (당연히/자연히), **das Projekt** (프로젝트), **völlig** (완전히/전적으로), **der Terror** (테러)

④ 기본패턴의 응용!

p013-11	A) Wann kommst du?	너 언제 오니?
p013-12	B) Ich bin schon unterwegs zum Fitness-Studio.	나 이미 피트니스 스튜디오에 가는 중이야.
p013-13	A) Was halten Sie von der Apartheid-Politik?	당신은 인종차별 정책에 대해 어떻게 생각합니까?
p013-14	B) Ich bin strikt gegen die Rassentrennung.	나는 인종차별에 엄격히 반대합니다.

- **Apartheid Politik** 은 흑백분리정책에서 유래한 인종차별주의적 정책입니다.
- **zum** (~에)는 **zu + dem** 의 축약형입니다.
- **wann** (언제 : 의문사), **kommen** (오다), **schön** (이미), **das Fitness-Studio** (피트니스 스튜디오), **von** (~에 관하여), **halten von ~** (~에 대해 생각하다), **die Apartheid-Politik** (인종차별 정책), **strikt** (엄격한), **gegen** (반해서), **die Rassentrennung** (인종차별)

The focus is on **conversation** and **communication**.

Start **speaking languages** immediately using **essential phrases**.

Learn foreign language!
GERMAN

Part 1. It's a completely new way to learn foreign language! | Pattern 014

Ich bin ~. [이히 빈 ~.]
나는 ~합니다. (경쟁력/능력)

① 기본패턴의 핵심!

❶ **Ich bin** + 형용사. (나는 ~합니다.)로 '나의 경쟁력/능력'을 표현할 수 있습니다.
❷ 자기소개, 취업 인터뷰 등에서 꼭 필요한 것이 자신의 장점, 경쟁력의 표현입니다.
❸ 최소한 2~3개 정도의 특성을 자신의 문장으로 만드는 것이 좋습니다.
❹ 본인의 특성을 콤마와 **und** (그리고)로 연결하면 됩니다.
❺ **sein** 동사의 인칭변화형은 **Ich bin, Du bist, Er/Sie/Es ist, Wir sind, Ihr seid, Sie sind** 등입니다.)

② 기본패턴의 연습!

p014-01	Ich bin	kreativ.	나는 창조적입니다.
p014-02	Ich bin	ehrgeizig.	나는 공명심이 있습니다.
p014-03	Ich bin	aufgeschlossen.	나는 편견이 없습니다.
p014-04	Ich bin	sorgfältig.	나는 신중합니다.
p014-05	Ich bin	teamfähig.	나는 협업능력이 있습니다.
p014-06	Ich bin	kommunikationsfähig.	나는 소통능력이 있습니다.
p014-07	Ich bin	ergebnisorientiert.	나는 결과 지향적입니다.
p014-08	Ich bin	verantwortungsbewusst.	나는 책임감이 있습니다.

● **ergebnis** (결과) + **orientiert** (향하다) = **ergebnisorientiert** (결과 지향적인)의 조어 방식입니다.
● **verantwortung** (책임) + **s** + **bewusst** (알고 있는) = **verantwortungsbewusst** (책임감이 있는)
● 접미사 **–fähig** 는 '능력이 있는'의 뜻입니다. (영어의 **–able**)
● **kreativ** (창조적인), **ehrgeizig** (공명심이 있는), **aufgeschlossen** (편견 없는/마음이 열린), **sorgfältig** (신중한), **teamfähig** (협력적인), **kommunikationsfähig** (소통능력이 있는), **ergebnisorientiert** (결과 지향적인), **verantwortungsbewusst** (책임감이 있는)

pattern

두 번째 섹션 : 핵심동사 패턴!

2nd Section 은 **독일어**의 양대 **핵심 동사**인,
sein 동사와 haben 동사의 패턴을 **정리**했습니다.
(영어의 be 동사와 have 동사)

P 014

③ 기본패턴의 확장!

p014-09	Ich bin nicht so freundlich wie Sie.	나는 당신만큼 친절하지 않습니다.
p014-10	Seien Sie kreativ!	당신은 창의적이 되십시오!

- **nicht so A wie B** 는 '**B** 만큼 **A** 하지 않다'라는 비교구문입니다.
- **Seien Sie ~!** (당신 ~ 되세요/하세요!)는 **sein** 동사의 2인칭 존칭 명령입니다.
- **nicht** (아니다), **so** (그렇게/그 정도로), **freundlich** (친절한), **wie** (~처럼)

④ 기본패턴의 응용!

p014-11	A) Sind Sie freundlich zu den Kunden?	당신은 고객에게 친절합니까?
p014-12	B) Ich bin nicht so freundlich.	나는 그렇게 친절하지 않습니다.

p014-13	A) Nennen Sie mir eine Stärke von Ihnen.	나에게 당신의 장점을 말해 보세요.
p014-14	B) Ich bin teamfähig.	나는 협업능력이 있습니다.

- **zu** (~에게), **der Kunde** (고객), **nennen** (말하다/명명하다), **mir** (나에게), **Ihr** (당신의), **die Stärke** (장점)

The focus is on **conversation** and **communication**.

Start **speaking languages** immediately using **essential phrases**.

Learn foreign language!
GERMAN

Part 1. It's a completely new way to learn foreign language! | Pattern 015

Mein ~ ist ~. [마인 ~ 이스트 ~.]

나의 ~는 ~입니다. (이름/가족)

① 기본패턴의 핵심!

❶ **mein** (나의)는 소유대명사이며 (영어의 **my**), 다음에 오는 명사의 성과 격에 따라 어미변화를 합니다.
❷ **Mein ~ ist ~.** 에서 **Mein ~** 는 주격(1격)으로 명사의 성에 따라,
mein ~ (남성), **meine ~** (여성), **mein ~** (중성) 그리고 **meine ~** (복수)가 됩니다.
❸ **Mein ~ ist ~.** (나의 ~는 ~입니다.)로 '나의 이름/가족'을 표현할 수 있습니다.
❹ **sein** 동사의 인칭변화형은 **Ich bin, Du bist, Er/Sie/Es ist, Wir sind, Ihr seid, Sie sind** 등입니다.)

② 기본패턴의 연습!

p015-01	Mein Name ist Mino Kim.	나의 성명은 김미노입니다.
p015-02	Mein Vorname ist Mino.	나의 이름은 미노입니다.
p015-03	Mein Familienname ist Kim.	나의 성은 김입니다.
p015-04	Mein Spitzname ist Zozo.	나의 별명은 쪼쪼입니다.
p015-05	Mein Vater ist Lehrer.	나의 아버지는 교사입니다.
p015-06	Meine Mutter ist Vegetarierin.	나의 어머니는 채식주의자입니다.
p015-07	Mein Kind ist 12 Jahre alt.	나의 아이는 12세입니다.
p015-08	Meine Brüder sind Studenten.	나의 형제들은 대학생들입니다.

● 복수일 경우, 패턴은 **Mein ~ sind ~.** (나의~들은 ~입니다.)가 됩니다.
● **der Name** (성명), **der Vorname** (이름), **der Familienname** (성씨), **der Spitzname** (별명), **der Vater** (아버지), **der Lehrer** (교사), **die Mutter** (어머니), **die Vegetarierin** (채식주의자-여자), **das Kind** (아이), **12** (**zwölf**), **das Jahr** (해/년/세), **alt** (나이 든), **der Bruder** (형/오빠/남동생), **der Student** (학생)

pattern 009

두 번째 섹션 : 핵심동사 패턴!

2nd Section 은 **독일어**의 양대 **핵심 동사**인,
sein 동사와 **haben** 동사의 패턴을 **정리**했습니다.
(영어의 **be** 동사와 **have** 동사)

P 015

③ 기본패턴의 확장!

p015-09 **Mein älterer Bruder ist Professor.** 나의 형은 교수입니다.

p015-10 **Meine jüngere Schwester ist Polizistin.** 나의 여동생은 경찰입니다.

● 나의 형제/자매를 말할 때 형/누나는 **mein älterer Bruder / meine ältere Schwester**, 남동생/여동생은 **mein jüngerer Bruder / meine jüngere Schwester** 라고 합니다.
● 이렇게 '관사류 + 형용사 + 명사'의 구조가 되면, 형용사는 성수격에 따라 어미변화를 합니다. (부록부 독일어 형용사 변화에 관한 문법 요약을 참고하십시오.)
● **älter** (더 나이 든), **der Professor** (교수), **jünger** (더 젊은), **die Schwester** (누나/언니/여동생), **die Polizistin** (여경)

④ 기본패턴의 응용!

p015-11 **A) Was isst Ihre Frau gerne?** 당신의 부인은 무엇을 즐겨 드십니까?

p015-12 **B) Meine Frau ist Vegetarierin.** 나의 처는 채식주의자입니다.

---

p015-13 **A) Wie alt ist Ihr Kind?** 당신의 아이는 몇 살입니까?

p015-14 **B) Mein Kind ist 12 Jahre alt.** 나의 아이는 12세입니다.

● **wie alt** = **wie** (의문사 : 어떻게) + **alt** (형용사 : 나이 든)의 구조입니다.
● **was** (무엇), **essen** (먹다), **Ihr** (당신/당신들의), **die Frau** (부인/여자), **gern** (즐겨)

Learn foreign language!
GERMAN

Part 1. It's a completely new way to learn foreign language! | Pattern 016

Mein ~ ist ~. [마인 ~ 이스트 ~.]
나의 ~는 ~입니다. (개인정보)

① 기본패턴의 핵심!

❶ **mein** (나의)는 소유대명사이며 (영어의 **my**), 다음에 오는 명사의 성과 격에 따라 어미변화를 합니다.
❷ **Mein ~ ist ~.** 에서 **Mein ~** 는 주격(1격)으로 명사의 성에 따라,
mein ~ (남성), **meine ~** (여성), **mein ~** (중성) 그리고 **meine ~** (복수)가 됩니다.
❸ **Mein ~ ist ~.** (나의 ~는 ~입니다.)로 '나의 개인정보'를 표현할 수 있습니다.
❹ **sein** 동사의 인칭변화형은 **Ich bin, Du bist, Er/Sie/Es ist, Wir sind, Ihr seid, Sie sind** 등입니다.)

② 기본패턴의 연습!

- p016-01 **Meine Blutgruppe ist A+.** 나의 혈액형은 A+입니다.
- p016-02 **Meine Muttersprache ist Koreanisch.** 나의 모국어는 한국어입니다.
- p016-03 **Meine Telefonnummer ist 011-2345-6789.** 나의 전화번호는 011-2345-6789입니다.
- p016-04 **Meine Kontonummer ist 01-234-567-89.** 나의 계좌번호는 01-234-567-89입니다.
- p016-05 **Mein Beruf ist Polizist.** 나의 직업은 경찰관입니다.
- p016-06 **Meine Augen sind schwarz.** 나의 눈(들)은 검정색입니다.
- p016-07 **Meine Haare sind braun.** 나의 모발(들)은 갈색입니다.
- p016-08 **Mein Blutdruck ist niedrig.** 나의 혈압은 낮습니다.

● 혈액형은 **A, B, AB, O** 그리고 **+ (positive), - (negative)**로 표현합니다.
● 복수일 경우, 패턴은 **Mein ~ sind ~.** (나의 ~들은 ~입니다.)가 됩니다.
● **die Blutgruppe** (혈액형), **die Muttersprache** (모국어), **das Koreanisch** (한국어),
die Telefonnummer (전화번호), **die Kontonummer** (계좌번호), **der Beruf** (직업), **der Polizist** (경찰),
das Auge (눈), **schwarz** (검은색의), **das Haar** (모발), **braun** (갈색의), **der Blutdruck** (혈압), **niedrig** (낮은)

pattern

두 번째 섹션 : 핵심동사 패턴!

2nd Section 은 **독일어**의 양대 **핵심 동사**인,
sein 동사와 **haben** 동사의 패턴을 **정리**했습니다.
(영어의 **be** 동사와 **have** 동사)

P 016

③ 기본패턴의 확장!

p016-09 **Mein Geburtsdatum ist der 11. Dezember 1990.** 나의 생일은 1990.12.11입니다.

p016-10 **Mein Englisch ist fließend in Wort und Schrift.** 나의 영어는 말하고 쓰기에 유창합니다.

● 독일어는 일 > 월 > 년 순서로 말합니다. 생일은 '정관사 **der** + 일/월/년'으로 말합니다.
● **fließend** (유창한), **gut** (잘하는), **noch nicht gut** (아직 잘하지 못하는)
(**Mein Chinesisch ist noch nicht gut.** : 나의 중국어는 아직 좋지 않습니다. > 아직 잘 못합니다.)
● **das Geburtsdatum** (생년월일), **der Dezember** (12월), **das Englisch** (영어), **das Wort** (단어), **und** (그리고), **die Schrift** (기록), **in Wort und Schrift** (말하고 쓰는 데에 있어서)

④ 기본패턴의 응용!

p016-11 **A) Wie lautet Ihr Geburtsdatum?** 당신의 생일은 어떻게 됩니까?

p016-12 **B) Mein Geburtsdatum ist der 18. Juni 1994.** 나의 생일은 1994.6.18입니다.

---

p016-13 **A) Beherrschen Sie die deutsche Sprache?** 당신은 독일어를 구사합니까?

p016-14 **B) Mein Deutsch ist fließend in Wort und Schrift.** 나의 독일어는 쓰고 말함에 유창합니다.

● **Wie lautet ~?** (~는 어떠합니까?), **beherrschen eine Sprache** (언어를 구사하다)
● **wie** (어떻게), **lauten** (~라는 내용이다), **Ihr** (당신/당신들의), **beherrschen** (구사하다), **deutsch** (독일의), **die Sprache** (언어)

Learn foreign language!
GERMAN

Part 1. It's a completely new way to learn foreign language! | Pattern 017

Mein ~ ist ~. [마인 ~ 이스트 ~.]

나의 ~는 ~입니다. (취미/기호/전공)

① 기본패턴의 핵심!

❶ **mein** (나의)는 소유대명사이며 (영어의 **my**), 다음에 오는 명사의 성과 격에 따라 어미변화를 합니다.
❷ **Mein ~ ist ~.** 에서 **Mein ~** 는 주격(1격)으로 명사의 성에 따라,
mein ~ (남성), **meine ~** (여성), **mein ~** (중성) 그리고 **meine ~** (복수)가 됩니다.
❸ **Mein ~ ist ~.** (나의 ~는 ~입니다.)로 '나의 취미/기호/전공' 등을 표현할 수 있습니다.
❹ **sein** 동사의 인칭변화형은 **Ich bin, Du bist, Er/Sie/Es ist, Wir sind, Ihr seid, Sie sind** 등입니다.)

② 기본패턴의 연습!

p017-01	Mein Hobby ist	Lesen.	나의 취미는 독서입니다.
p017-02	Mein Hobby ist	Musik.	나의 취미는 음악입니다.
p017-03	Mein Lieblingsessen ist	Pizza.	나의 선호음식은 피자입니다.
p017-04	Meine Lieblingsfarbe ist	rot.	나의 선호색은 빨강입니다.
p017-05	Mein Lieblingssport ist	Golf.	나의 선호스포츠는 골프입니다.
p017-06	Mein Hauptfach ist	Jura.	나의 전공은 법학입니다.
p017-07	Mein Hauptfach ist	VWL.	나의 전공은 경제학입니다.
p017-08	Mein Nebenfach ist	Physik.	나의 부전공은 물리학입니다.

● **Hobby** 처럼 독일어에는 외국어에서 차용한 표현이 많습니다.
● **das Hobby** (취미), **das Lesen** (독서), **die Musik** (음악), **das Lieblingsessen** (선호음식), **die Pizza** (피자), **die Lieblingsfarbe** (선호색), **rot** (붉은), **das Lieblingssport** (선호스포츠), **das Golf** (골프), **das Hauptfach** (전공), **die Jura** (법학), **das Nebenfach** (부전공), **VWL die Volkswissenschaftslehre** (경제학), **BWL die Betriebswissenschaftslehre** (경영학), **die Physik** (물리학)

The basics of grammar and sentence construction!
The most useful phrases and expressions!

두 번째 섹션 : 핵심동사 패턴!

2nd Section 은 **독일어**의 양대 **핵심 동사**인,
sein 동사와 **haben** 동사의 패턴을 **정리**했습니다.
(영어의 **be** 동사와 **have** 동사)

P 017

③ 기본패턴의 확장!

p017-09 **Mein Hobby ist das Sammeln von Briefmarken.** 나의 취미는 우표수집입니다.

p017-10 **Mein Hobby ist es, Comics zu lesen.** 나의 취미는 만화 읽기입니다.

- **das Sammeln von ~** (~의 수집)
- **es ~, ~ zu** + 동사원형은 영어의 **it to** 부정사 용법과 같습니다. (그것은 ~하는 것이다)
- **das Sammeln** (수집), **von** (~의), **die Briefmarke** (우표),
der Comics (만화), **lesen** (읽다)

④ 기본패턴의 응용!

p017-11 **A) Was ist Ihr Hobby?** 당신의 취미는 무엇입니까?

p017-12 **B) Mein Hobby ist shoppen.** 나의 취미는 쇼핑입니다.

p017-13 **A) Was ist Ihr Hauptfach?** 당신의 전공은 무엇입니까?

p017-14 **B) Mein Hauptfach ist Germanistik.** 나의 전공은 독어독문학입니다.

- **shoppen** [쇼펜], **surfen** [써펜] 처럼 영어에서 유래한 단어들은 영어식으로 발음합니다.
- **was** (무엇), **Ihr** (당신/당신들의), **shoppen** (쇼핑), **die Germanistik** (독어독문학)

Learn foreign language!
GERMAN

Part 1. It's a completely new way to learn foreign language! | Pattern 018

Meine Eigenschaft ist ~. [마이네 아이겐샤프트 이스트 ~.]
나의 특징은 ~입니다. (특징)

① 기본패턴의 핵심!

❶ **mein** (나의)는 소유대명사이며 (영어의 **my**), 다음에 오는 명사의 성과 격에 따라 어미변화를 합니다.
❷ **Mein ~ ist ~.** 에서 **Mein ~** 는 주격(1격)으로 명사의 성에 따라,
mein ~ (남성), **meine ~** (여성), **mein ~** (중성) 그리고 **meine ~** (복수)가 됩니다.
❸ **Meine Eigenschaft ist ~.** (나의 특징은 ~입니다.)로 '나의 특징/능력' 등을 표현할 수 있습니다.
❹ **sein** 동사의 인칭변화형은 **Ich bin, Du bist, Er/Sie/Es ist, Wir sind, Ihr seid, Sie sind** 등입니다.)

② 기본패턴의 연습!

p018-01 Meine Eigenschaft ist Pünktlichkeit. 나의 특징은 정확성입니다.

p018-02 Meine Eigenschaft ist Flexibilität. 나의 특징은 유연성입니다.

p018-03 Meine Eigenschaft ist Organisationstalent. 나의 특징은 조직능력입니다.

p018-04 Meine Eigenschaft ist analytisches Denken. 나의 특징은 분석적 사고입니다.

p018-05 Meine Eigenschaft ist gute Ausdrucksfähigkeit. 나의 특징은 좋은 표현능력입니다.

p018-06 Meine Eigenschaft ist gute Motivationsfähigkeit. 나의 특징은 좋은 동기부여능력입니다.

p018-07 Meine Eigenschaft ist schnelle Auffassungsgabe. 나의 특징은 빠른 이해력입니다.

p018-08 Meine Eigenschaft ist gutes Zeitmanagement. 나의 특징은 우수한 시간경영입니다.

● **–heit / –keit / –tät / –schaft / –tion** 등은 여성명사 어미입니다.
● **analytisches Denken** 처럼 형용사가 명사 앞에서 수식할 경우 형용사 어미변화를 합니다.
● **die Eigenschaft** (특성/특징), **die Pünktlichkeit** (정확성), **die Flexibilität** (유연성),
die Organisationstalent (조직능력), **analytisch** (분석적인), **das Denken** (사고/생각), **gut** (좋은/우수한),
die Ausdrucksfähigkeit (표현능력), **die Motivationsfähigkeit** (동기부여능력), **schnell** (빠른),
die Auffassungsgabe (이해력), **das Zeitmanagement** (시간경영)

두 번째 섹션 : 핵심동사 패턴!

2nd Section 은 **독일어**의 양대 **핵심 동사**인,
sein 동사와 **haben** 동사의 패턴을 **정리**했습니다.
(영어의 **be** 동사와 **have** 동사)

P 018

③ 기본패턴의 확장!

p018-09 **Meine beste Eigenschaft ist Pünktlichkeit.** 나의 최고의 특징은 정확성입니다.

p018-10 **Meine negative Eigenschaft ist Nachlässigkeit.** 나의 부정적인 특징은 부주의함입니다.

- **Meine beste Eigenschaft** 는 '부정관사류 + 형용사 + 여성명사'
(나의 최고의 특징은)의 구조입니다.
- **best** (최고의), **negativ** (부정적인), **positiv** (긍정적인), **die Nachlässigkeit** (부주의함)

④ 기본패턴의 응용!

p018-11 **A) Was ist Ihre beste Eigenschaft?** 당신의 최고 특징은 무엇입니까?

p018-12 **B) Meine beste Eigenschaft ist Pünktlichkeit.** 나의 최고의 특징은 정확성입니다.

p018-13 **A) Was sind Ihre guten Eigenschaften?** 당신의 좋은 특징들은 무엇입니까?

p018-14 **B) Meine Eigenschaften sind strukturiertes Arbeiten und technisches Verständnis.** 나의 장점은 조직적인 작업과 기술적 이해입니다.

- '단점'은 단수(**Eigenschaft**)로, '장점'은 복수(**Eigenschaften**)로 말하는 것이 좋겠죠!!
- 특징이 복수일 경우, 패턴은 **Meine Eigenschaften sind ~.** (나의 특징들은 ~입니다.)가 됩니다.
- **was** (무엇), **Ihr** (당신/당신들의), **strukturiert** (조직적인/구조적인), **die Arbeit** (일/작업/업무), **und** (그리고), **technisch** (기술적인), **das Verständnis** (이해/이해력)

Learn foreign language!
GERMAN

Part 1. It's a completely new way to learn foreign language! | Pattern 019

Das ist ~. [다스 이스트 ~.]
그것은 ~합니다/입니다. (상황/상태)

① 기본패턴의 핵심!

❶ **das** 는 정관사/대명사/지시대명사/관계대명사 등 다양하게 사용되며,
여기서 **das** (그것)은 대명사입니다. (영어의 **that**) (**das** 는 단어 또는 문장 전체를 지칭할 수 있습니다.)
❷ **Das ist ~.** 는 영어의 **It is ~.** 와 같습니다. (**ist** 는 **sein** 동사의 3인칭 단수 형태입니다.)
❸ **Das ist** + 형용사. (그것은 ~합니다/입니다.)로 '상황/상태'를 말할 수 있습니다.
❹ **sein** 동사의 인칭변화형은 **Ich bin, Du bist, Er/Sie/Es ist, Wir sind, Ihr seid, Sie sind** 등입니다.)

② 기본패턴의 연습!

p019-01	Das ist perfekt.	그것은 완벽합니다.
p019-02	Das ist korrekt.	그것은 정확합니다.
p019-03	Das ist klar.	그것은 명확합니다.
p019-04	Das ist sinnlos.	그것은 무의미합니다.
p019-05	Das ist kostenlos.	그것은 무료입니다
p019-06	Das ist alles.	그것이 전부입니다.
p019-07	Das ist nichts.	그것은 아무것도 아닙니다.
p019-08	Das ist kaputt.	그것은 망가졌습니다.

● **-los** 는 '없음/아님'을 나타내는 접미사입니다. **sinn** (의미) + **los** (없는)
● **klar** (명확한)은 강조어미로 사용될 수 있습니다. (**glasklar** : 유리처럼 명확한)
● **perfekt** (완벽한), **korrekt** (정확한), **klar** (명확한), **sinnlos** (무의미한),
kostenlos (무료의), **alles** (모두/전부의), **nichts** (아무것도 ~ 않다), **kaputt** (망가진/고장난)

The basics of grammar and sentence construction!
The most useful phrases and expressions!

pattern ang

두 번째 섹션 : 핵심동사 패턴!

2nd Section 은 **독일어**의 양대 **핵심 동사**인,
sein 동사와 **haben** 동사의 패턴을 **정리**했습니다.
(영어의 **be** 동사와 **have** 동사)

P 019

③ 기본패턴의 확장!

p019-09	**Das ist mir klar.**	그것은 나에게 명확하다.
p019-10	**Das ist alles von mir.**	그것은 나의 모든 것입니다.

- 인칭대명사 **mir** (나에게)를 함께 사용하여, 주체를 좀 더 명확하게 말할 수 있습니다.
(**Ihr** 당신(들)에게, **dir** 너에게, **ihm** 그에게, **ihr** 그녀에게 … 등이 있습니다.)
- 3격지배전치사 **von** 은 '~의' 뜻으로 쓰여, **von mir** (나의)가 되었습니다.
(같은 방식으로 **von Ihr** 당신(들)의, **von dir** 너의 … 등으로 말할 수 있습니다.)
- **mir** (나에게), **von** (~의/~에 대하여)

④ 기본패턴의 응용!

p019-11	**A) Ist die Probestunde kostenlos?**	체험시간은 무료입니까?
p019-12	**B) Das ist selbstverständlich.**	그것은 자명합니다.

p019-13	**A) Wem gehört das?**	그것은 누구의 것입니까?
p019-14	**B) Das ist von mir.**	그것은 나의 것입니다.

- **gehören** + 3격 (~에게 속하다)
- **die Probestunde** (체험시간), **selbstverständlich** (자명한), **wem** (누구에게)

The focus is on **conversation** and **communication**.

Start **speaking languages** immediately using **essential phrases**.

Learn foreign language!
GERMAN

Part 1. It's a completely new way to learn foreign language! | Pattern 020

Das ist ~. [다스 이스트 ~.]
그것은 ~합니다/입니다. (상황/상태)

① 기본패턴의 핵심!

❶ **das** 는 정관사/대명사/지시대명사/관계대명사 등 다양하게 사용되며, 여기서 **das** (그것)은 대명사입니다. (**das** 는 단어 또는 문장 전체를 지칭할 수 있습니다.)
❷ **Das ist ~.** 는 영어의 **It is ~.** 와 같습니다. (**ist** 는 **sein** 동사의 3인칭 단수 형태입니다.)
❸ **Das ist** + 형용사. (그것은 ~합니다/입니다.)로 '상황/상태'를 말할 수 있습니다.
❹ **sein** 동사의 인칭변화형은 **Ich bin, Du bist, Er/Sie/Es ist, Wir sind, Ihr seid, Sie sind** 등입니다.)

② 기본패턴의 연습!

p020-01	Das ist	möglich.	그것은 가능합니다.
p020-02	Das ist	unfair.	그것은 불공정합니다.
p020-03	Das ist	sicher.	그것은 확실합니다.
p020-04	Das ist	unwichtig.	그것은 중요하지 않습니다.
p020-05	Das ist	interessant.	그것은 흥미롭습니다.
p020-06	Das ist	ungefährlich.	그것은 위험하지 않습니다.
p020-07	Das ist	neu.	그것은 새롭습니다.
p020-08	Das ist	falsch.	그것은 틀립니다.

● 부정의 접두사 **un-** (아니다)를 붙여 반대어를 만들 수 있습니다.
● **möglich** (가능한), **unmöglich** (불가능한), **fair** (공정한), **unfair** (불공정한), **sicher** (확실한), **unsicher** (불확실한), **wichtig** (중요한), **unwichtig** (사소한), **interessant** (흥미로운), **uninteressant** (지루한), **gefährlich** (위험한), **ungefährlich** (무해한), **neu** (새로운), **alt** (낡은), **richtig** (옳은), **falsch** (틀린)

The basics of grammar and sentence construction!
The most useful phrases and expressions!

두 번째 섹션 : 핵심동사 패턴!

2nd Section 은 **독일어**의 양대 **핵심 동사**인,
sein 동사와 **haben** 동사의 패턴을 **정리**했습니다.
(영어의 **be** 동사와 **have** 동사)

P 020

③ 기본패턴의 확장!

p020-09 — **Das ist für mich akzeptabel.** 그것은 받아들일 수 있습니다.

p020-10 — **Das ist für mich inakzeptabel.** 그것은 받아들일 수 없습니다.

- **für** (~를 위해서/대하여)는 4격지배 전치사입니다. **für mich** (나에게 있어서)
(같은 방식으로 **für Sie, für ihn** … 등으로 말할 수 있습니다.)
- 접두사 **un-** 처럼 **in-** 도 부정/반대의 의미를 나타냅니다.
- 접미사 **-bel** (가능한)의 뜻입니다. **in-akzepta-bel** (받아들일 수 없는)
- **akzeptabel** (받아들일 수 있는), **inakzeptabel** (받아들일 수 없는)

④ 기본패턴의 응용!

p020-11 — **A) Ich habe immer Glück.** 나는 항상 행운이 있습니다.

p020-12 — **B) Das ist unfair.** 그것은 불공정합니다.

p020-13 — **A) Was denken Sie über Kinderarbeit?** 당신은 연소자노동에 대해 어떻게 생각하십니까?

p020-14 — **B) Das ist für mich inakzeptabel.** 그것은 받아들일 수 없습니다.

- **denken über ~** 는 '~에 대해 생각하다'입니다.
- **immer** (항상), **das Glück** (행운), **was** (무엇), **denken** (생각하다), **die Kinderarbeit** (연소자노동)

Learn foreign language!
GERMAN

It's a completely new way to learn foreign language!

Part 1. | Pattern 021

Das ist ~. [다스 이스트 ~.]
그것은 ~입니다. (정의/사실)

① 기본패턴의 핵심!

❶ **das** 는 정관사/대명사/지시대명사/관계대명사 등 다양하게 사용되며,
여기서 **das** (그것)은 대명사입니다. (**das** 는 단어 또는 문장 전체를 지칭할 수 있습니다.)
❷ **Das ist ~.** 는 영어의 **It is ~.** 와 같습니다. (**ist** 는 **sein** 동사의 3인칭 단수 형태입니다.)
❸ **Das ist** + 명사. (그것은 ~입니다.)로 '정의/사실'을 말할 수 있습니다.
❹ **sein** 동사의 인칭변화형은 **Ich bin, Du bist, Er/Sie/Es ist, Wir sind, Ihr seid, Sie sind** 등입니다.)

② 기본패턴의 연습!

p021-01	Das ist Fakt.	그것은 팩트입니다.
p021-02	Das ist Liebe.	그것이 사랑입니다.
p021-03	Das ist die Hauptsache.	그것은 주요문제입니다.
p021-04	Das ist die Realität.	그것은 사실입니다.
p021-05	Das ist die Antwort.	그것이 대답입니다.
p021-06	Das ist die Lösung.	그것이 해결책입니다.
p021-07	Das ist die Wahrheit.	그것은 진실입니다.
p021-08	Das ist das Leben.	그것이 인생입니다.

● **der Fakt** (팩트/사실), **die Liebe** (사랑), **die Wahrheit** (진실), **die Hauptsache** (주요문제),
die Realität (사실), **die Antwort** (대답), **die Lösung** (해결책), **das Leben** (인생)

pattern ang

두 번째 섹션 : 핵심동사 패턴!

2nd Section 은 **독일어**의 양대 **핵심 동사**인,
sein 동사와 **haben** 동사의 패턴을 **정리**했습니다.
(영어의 **be** 동사와 **have** 동사)

P 021

③ 기본패턴의 확장!

p021-09	**Das ist die bittere Wahrheit.**	그것은 쓰라린 진실입니다.
p021-10	**Ich denke, das ist die Lösung.**	나는 그것이 해결책이라고 생각합니다.

- 형용사를 첨가하여 (정관사 + 형용사 + 명사) 표현을 구체화할 수 있습니다.
- **denken** (생각하다)를 이용하여, 다소 완곡하게 말할 수 있습니다
- **Ich denke, dass** 동사후치. 종속접속사 **dass** (~인 것 : 영어의 **that**)은 생략 가능합니다.
- 종속접속사 **dass** 가 생략되면 종속문의 어순이 정치(주어 + 동사 ….)됩니다.
- **bitter** (쓰라린/쓴/괴로운), **denken** (생각하다)

④ 기본패턴의 응용!

p021-11	**A) Sind das Fakten oder Vermutungen?**	그것은 사실입니까 또는 추측입니까?
p021-12	**B) Das ist die nackte Wahrheit.**	그것이 벌거벗은 진실입니다.
p021-13	**A) Haben Sie eine bessere Idee?**	당신은 더 좋은 아이디어가 있습니까?
p021-14	**B) Ich gebe zu, das ist die Lösung.**	나는 그것이 해결책이라는 것을 인정합니다.

- **oder** (또는), **die Vermutung** (추측), **nackt** (벌거벗은), **haben** (가지다), **bessere** (더 좋은), **die Idee** (아이디어/생각), **zugeben** (인정하다)

The focus is on **conversation** and **communication.**

Start **speaking languages** immediately using **essential phrases.**

Learn foreign language!
GERMAN

Part 1. It's a completely new way to learn foreign language! | Pattern 022

Das ist zu ~. [다스 이스트 추 ~.]
그것은 너무 ~합니다. (강조)

① 기본패턴의 핵심!

❶ **das** 는 정관사/대명사/지시대명사/관계대명사 등 다양하게 사용되며,
여기서 **das** (그것)은 대명사입니다. (**das** 는 단어 또는 문장 전체를 지칭할 수 있습니다.)
❷ **Das ist zu** + 형용사.는 '그것은 너무 ~ 합니다.'입니다.
❸ **zu** 는 '너무 ~하다', '강조'의 뜻을 나타냅니다. (영어의 **too**)
❹ **sein** 동사의 인칭변화형은 **Ich bin, Du bist, Er/Sie/Es ist, Wir sind, Ihr seid, Sie sind** 등입니다.)

② 기본패턴의 연습!

p022-01	Das ist zu klein.	그것은 너무 작습니다.
p022-02	Das ist zu groß.	그것은 너무 큽니다.
p022-03	Das ist zu viel.	그것은 너무 많습니다.
p022-04	Das ist zu wenig.	그것은 너무 적습니다.
p022-05	Das ist zu teuer.	그것은 너무 비쌉니다.
p022-06	Das ist zu billig.	그것은 너무 쌉니다.
p022-07	Das ist zu leicht.	그것은 너무 쉽습니다.
p022-08	Das ist zu schwer.	그것은 너무 어렵습니다.

● **klein** (작은), **groß** (큰), **viel** (많은), **wenig** (적은),
teuer (비싼), **billig** (싼), **leicht** (쉬운/가벼운), **schwer** (어려운/무거운)

pattern 009

두 번째 섹션 : 핵심동사 패턴!

2nd Section 은 **독일어**의 양대 **핵심 동사**인,
sein 동사와 **haben** 동사의 패턴을 **정리**했습니다.
(영어의 **be** 동사와 **have** 동사)

P 022

③ 기본패턴의 확장!

p022-09	**Das ist zu teuer für mich.**	그것은 나에게는 너무 비쌉니다.
p022-10	**Das ist zu riskant für Sie.**	그것은 당신에게 너무 위험합니다.

- 4격 전치사 **für** (~를 위해/대해서)로 구체적인 대상을 밝힐 수 있습니다.
(**für mich** 나에게는 / **für Sie** 당신에게는 / **für dich** 너에게는)
- **riskant** (위험한/모험적인)

④ 기본패턴의 응용!

p022-11	**A) Lernen Sie Russisch?**	러시아어를 배웁니까?
p022-12	**B) Das ist zu schwer.**	그것은 너무 어렵습니다.
p022-13	**A) Können wir zusammen klettern gehen?**	우리 함께 등반하러 갈 수 있을까요?
p022-14	**B) Das ist zu riskant für Sie.**	그것은 당신에게 너무 위험합니다.

- **lernen** (배우다), **das Russisch** (러시아어), **schwer** (어려운),
können (할 수 있다), **wir** (우리), **zusammen** (함께), **klettern gehen** (등반하러 가다)

Learn foreign language!
GERMAN

Part 1. It's a completely new way to learn foreign language! | Pattern 023

Das ist für mich ~. [다스 이스트 퓌어 미히 ~.]
그것은 나에게 ~합니다. (판단/평가)

① 기본패턴의 핵심!

❶ **das** 는 정관사/대명사/지시대명사/관계대명사 등 다양하게 사용하며,
여기서 **das** (그것)은 대명사입니다. (**das** 는 단어 또는 문장 전체를 지칭할 수 있습니다.)
❷ **für** (~를 위하여/~에게 있어)는 4격전치사입니다. (영어의 **for**)
❸ **Das ist für mich** + 형용사.는 '그것은 나에게 ~합니다.'입니다.
❹ **sein** 동사의 인칭변화형은 **Ich bin, Du bist, Er/Sie/Es ist, Wir sind, Ihr seid, Sie sind** 등입니다.)

② 기본패턴의 연습!

p023-01 **Das ist für mich wichtig.** 그것은 나에게 중요합니다.

p023-02 **Das ist für mich genug.** 그것은 나에게 충분합니다.

p023-03 **Das ist für mich unmöglich.** 그것은 나에게 불가능합니다.

p023-04 **Das ist für mich schwierig.** 그것은 나에게 어렵습니다.

p023-05 **Das ist für mich nötig.** 그것은 나에게 필요합니다.

p023-06 **Das ist für mich inakzeptabel.** 그것은 나에게 받아들일 수 없습니다.

p023-07 **Das ist für mich einfach.** 그것은 나에게 간단합니다.

p023-08 **Das ist für mich nicht einfach.** 그것은 나에게 간단하지 않습니다.

● 부정표현은 형용사 앞에 부정사 **nicht** (아니다)를 말하면 됩니다.
● **wichtig** (중요한), **genug** (충분한), **unmöglich** (불가능한), **schwierig** (어려운),
nötig (필요한), **inakzeptabel** (받아들일 수 없는), **einfach** (간단한), **nicht** (아니다)

pattern

두 번째 섹션 : 핵심동사 패턴!

2nd Section 은 **독일어**의 양대 **핵심 동사**인,
sein 동사와 **haben** 동사의 패턴을 **정리**했습니다.
(영어의 **be** 동사와 **have** 동사)

P 023

③ 기본패턴의 확장!

p023-09	Das ist für mich nicht machbar.	그것은 나에게 할 수 없습니다.
p023-10	Das ist für mich ganz einfach.	그것은 나에게 전적으로 간단합니다.

● 부사를 활용하여 강조할 수 있습니다.
(**total** 완전히, **ganz** 전적으로, **echt** 정말로 등)
● **machbar** (실행할 수 있는)

④ 기본패턴의 응용!

p023-11	A) Begleiten Sie mich nach Hause?	나를 집에 바래다 주실래요?
p023-12	B) Das ist für mich selbstverständlich.	그것은 나에게 자명합니다.
p023-13	A) Brauchen Sie eine Anleitung?	설명서가 필요합니까?
p023-14	B) Das ist für mich nicht nötig.	그것은 나에게 필요하지 않습니다.

● 그것은 나에게 자명합니다. > 당연합니다.
● **begleiten** (동반/동행하다), **nach Hause** (집으로), **selbstverständlich** (자명한),
brauchen (필요하다), **die Anleitung** (설명서)

Learn foreign language!
GERMAN

Part 1. | Pattern 024

It's a completely new way to learn foreign language!

Das ist zu ~ für mich. [다스 이스트 추 ~ 퓌어 미히.]
그것은 나에게 너무 ~합니다. (강조)

① 기본패턴의 핵심!

❶ **das** 는 정관사/대명사/지시대명사/관계대명사 등 다양하게 사용되며, 여기서는 '그것', 대명사입니다.
❷ **Das ist zu** + 형용사 + **für mich.** 는 '그것은 나에게 너무 ~합니다.'입니다.
❸ **zu** 는 '너무 ~하다', 강조의 뜻을 나타냅니다. (영어의 **too**)
❹ **für** (~를 위하여/~에게 있어)는 4격전치사입니다. (영어의 **for**)
❺ **sein** 동사의 인칭변화형은 **Ich bin, Du bist, Er/Sie/Es ist, Wir sind, Ihr seid, Sie sind** 등입니다.)

② 기본패턴의 연습!

p024-01	Das ist zu teuer für mich.	그것은 나에게 너무 비쌉니다.
p024-02	Das ist zu kompliziert für mich.	그것은 나에게 너무 복잡합니다.
p024-03	Das ist zu einfach für mich.	그것은 나에게 너무 간단합니다.
p024-04	Das ist zu hoch für mich.	그것은 나에게 너무 높습니다.
p024-05	Das ist zu viel für mich.	그것은 나에게 너무 많습니다.
p024-06	Das ist zu wenig für mich.	그것은 나에게 너무 적습니다.
p024-07	Das ist zu schwierig für mich.	그것은 나에게 너무 어렵습니다.
p024-08	Das ist zu leicht für mich.	그것은 나에게 너무 쉽습니다.

● **teuer** (비싼), **kompliziert** (복잡한), **einfach** (간단한), **hoch** (높은), **viel** (많은), **wenig** (적은), **schwierig** (어려운), **leicht** (쉬운)

pattern 409

두 번째 섹션 : 핵심동사 패턴!

2nd Section 은 **독일어**의 양대 **핵심 동사**인,
sein 동사와 **haben** 동사의 패턴을 **정리**했습니다.
(영어의 **be** 동사와 **have** 동사)

P 024

③ 기본패턴의 확장!

p024-09 **Das Problem ist zu schwierig für mich.** 그 문제는 나에게 너무 어렵습니다.

p024-10 **Die Methode ist zu kompliziert für mich.** 그 방법은 나에게 너무 복잡합니다.

- 대명사 **das** 를 구체적인 단어로 바꾸면 보다 정확한 표현이 됩니다.
- **das Problem** (문제), **die Methode** (방법)

④ 기본패턴의 응용!

p024-11 **A) Können Sie mir bei der Problemlösung helfen?** 문제해결을 도와주실 수 있습니까?

p024-12 **B) Das Problem ist zu schwierig für mich.** 그 문제는 나에게 너무 어렵습니다.

---

p024-13 **A) Verstehen Sie diese Methode?** 당신은 이 방법을 이해합니까?

p024-14 **B) Die Methode ist zu kompliziert für mich.** 그 방법은 나에게 너무 복잡합니다.

- **können** (~할 수 있다), **bei** (~에/근처에), **die Problemlösung** (문제해결), **helfen** (돕다), **das Problem** (문제), **zu** (너무), **schwierig** (어려운), **für** (~를 위해), **mich** (나를), **verstehen** (이해하다), **die Methode** (방법), **kompliziert** (복잡한)

Learn foreign language!
GERMAN

Part 2. It's a completely new way to learn foreign language! | Pattern 025

Ich habe ~. [이히 하베 ~.]
나는 ~를 가지고 있습니다. (사람/사물)

① 기본패턴의 핵심!

❶ **haben** (가지다/소유하다)는 목적어를 필요로 하는 타동사입니다. (영어의 **have**)
❷ **haben** 동사의 활용법은 부록부 문법 요약부를 참고하십시오.
(**haben** 동사의 인칭변화형은 **Ich habe, Du hast, Er/Sie/Es hat, Wir haben, Ihr habt, Sie haben** 입니다.)
❸ **Ich habe** + 명사. (나는 ~를 가지고 있습니다.)로 '나의 사람/사물의 소유'를 나타낼 수 있습니다.

② 기본패턴의 연습!

p025-01	Ich habe	einen Bruder.	나는 형제가 한 명 있습니다.
p025-02	Ich habe	eine Schwester.	나는 자매가 한 명 있습니다.
p025-03	Ich habe	ein Kind.	나는 아이가 한 명 있습니다.
p025-04	Ich habe	Freunde.	나는 친구들이 있습니다.
p025-05	Ich habe	keine Geschwister.	나는 형제자매들이 없습니다.
p025-06	Ich habe	ein Auto.	나는 자동차 하나를 가지고 있습니다.
p025-07	Ich habe	ein Fahrrad.	나는 자전거 하나를 가지고 있습니다.
p025-08	Ich habe	kein Haus.	나는 집을 가지고 있지 않습니다.

- 부정관사 **ein** (하나의/어떤)은 다음에 오는 명사에 따라 어미변화를 합니다.
- 일반적으로 복수형은 관사를 쓰지 않아도 됩니다.
- 부정의 (**kein** 하나도 않다)는 단수형은 부정관사 어미변화, 복수형은 정관사 어미변화를 합니다.
- **der Bruder** (형제/형/동생/오빠), **die Schwester** (자매/언니/동생/누나),
das Kind (아이), **der Freund** (친구), **das Geschwister** (형제자매),
das Auto (자동차), **das Fahrrad** (자전거), **das Haus** (집)

pattern 7119

두 번째 섹션 : 핵심동사 패턴!

2nd Section 은 **독일어**의 양대 **핵심 동사**인,
sein 동사와 **haben** 동사의 패턴을 **정리**했습니다.
(영어의 **be** 동사와 **have** 동사)

P 025

③ 기본패턴의 확장!

p025-09 **Ich habe viele ausländische Freunde.** 나는 많은 외국의 친구들을 가지고 있습니다.

p025-10 **Ich habe Freunde im Ausland.** 나는 외국에 친구들을 가지고 있습니다.

- '형용사 + 명사'의 경우, 형용사는 명사의 성수격에 따라 어미변화합니다.
(**viele ausländische Freunde** 많은 외국의 친구들)
- 전치사 **in** 은 3격으로 쓰면 '~안에'이고, 4격으로 쓰이면 '~안으로'가 됩니다.
- **im** 은 '전치사 **in** 과 + 정관사 3격 **dem** 의 축약형'입니다.
- **viel** (많은), **ausländisch** (외국의), **im** = **in** (안에) + **dem** (3격 정관사), **das Ausland** (외국)

④ 기본패턴의 응용!

p025-11 **A) Haben Sie Geschwister?** 당신은 형제자매가 있습니까?

p025-12 **B) Nein. Ich habe keine Geschwister.** 아니오. 나는 형제자매가 없습니다.

---

p025-13 **A) Wo leben Ihre Freunde?** 당신의 친구들은 어디에 삽니까?

p025-14 **B) Ich habe Freunde im Ausland.** 나는 외국에 친구들이 있습니다.

- **wo** (어디), **Ihr** (당신/당신들의), **leben** (살다)

Learn foreign language!
GERMAN

Part 2. It's a completely new way to learn foreign language! | Pattern 026

Ich habe ~. [이히 하베 ~.]
나는 ~를 가지고 있습니다. (시간)

Germ

① 기본패턴의 핵심!

❶ **haben** (가지다/소유하다)는 목적어를 필요로 하는 타동사입니다.
❷ **haben** 동사의 활용법은 부록부 문법 요약부를 참고하십시오.
(**haben** 동사의 인칭변화형은 **Ich habe, Du hast, Er/Sie/Es hat, Wir haben, Ihr habt, Sie haben** 입니다.)
❸ **Ich habe** + 명사. (나는 ~를 가지고 있습니다./나는 ~가 있습니다.)로 다양한 '나의 시간'을 말할 수 있습니다.

② 기본패턴의 연습!

p026-01	Ich habe	Zeit.	나는 시간이 있습니다.
p026-02	Ich habe	Unterricht.	나는 강의가 있습니다.
p026-03	Ich habe	Ferien.	나는 방학입니다.
p026-04	Ich habe	Urlaub.	나는 휴가입니다.
p026-05	Ich habe	eine Vorlesung.	나는 수업 하나가 있습니다.
p026-06	Ich habe	eine Verabredung.	나는 약속 하나가 있습니다.
p026-07	Ich habe	eine Sitzung.	나는 회의 하나가 있습니다.
p026-08	Ich habe	ein Seminar.	나는 세미나 하나가 있습니다.

● 부정관사 **ein** (하나의/어떤)은 다음에 오는 명사에 따라 어미변화를 합니다.
● **die Zeit** (시간), **der Unterricht** (강의), **die Ferien** (방학), **der Urlaub** (휴가), **die Vorlesung** (수업), **die Verabredung** (약속), **die Sitzung** (회의), **das Seminar** (세미나)

pattern 049

두 번째 섹션 : 핵심동사 패턴!

2nd Section 은 **독일어**의 양대 **핵심 동사**인,
sein 동사와 **haben** 동사의 패턴을 **정리**했습니다.
(영어의 **be** 동사와 **have** 동사)

P 026

③ 기본패턴의 확장!

p026-09 **Ich habe heute Geburtstag.** 나는 오늘 생일입니다.

p026-10 **Ich habe keine Zeit für Urlaub.** 나는 휴가를 가질 시간이 없습니다.

- **heute** (오늘), **morgen** (내일), **bald** (곧) 등 좀 더 구체적으로 시간을 표현할 수 있습니다.
- 부정을 나타내는 관사 **kein** (하나도 ~않다)는 다음에 오는 명사에 따라 어미변화를 합니다.
- 전치사 **für** 는 '~를 위하여/~에 대하여/~를 위한'의 뜻입니다.
- **der Geburtstag** (생일)

④ 기본패턴의 응용!

p026-11 **A) Wann gehst du heute zum Deutschunterricht?** 너는 오늘 언제 독일어 수업에 가니?

p026-12 **B) Ich habe heute keinen Unterricht.** 나는 오늘 강의가 없습니다.

---

p026-13 **A) Wann kommst du nach Deutschland?** 너는 언제 독일에 올 거니?

p026-14 **B) Ich habe keine Zeit für Urlaub.** 나는 휴가를 가질 시간이 없습니다.

- **zum** = **zu** (~에 : 전치사) + **dem** (정관사)의 축약형입니다.
- **wann** (언제), **gehen** (가다), **der Deutschunterricht** (독일어 수업),
kommen nach ~ (어디를 향해 오다), **das Deutschland** (독일)

Learn foreign language!
GERMAN

Part 2. It's a completely new way to learn foreign language! | Pattern 027

Ich habe ~. [이히 하베 ~.]

나는 ~이 있습니다. (감각/생각)

① 기본패턴의 핵심!

❶ **haben** (가지다/소유하다)는 목적어를 필요로 하는 타동사입니다.
(**haben** 동사의 인칭변화형은 **Ich habe, Du hast, Er/Sie/Es hat, Wir haben, Ihr habt, Sie haben** 입니다.)
❷ **Ich habe** + 명사. (나는 ~이 있습니다.)로 '나의 감각/생각의 소유'를 말할 수 있습니다.
❸ 감각과 생각의 소유를 말할 때 관사는 필요 없습니다.

② 기본패턴의 연습!

p027-01	Ich habe	Hunger.	나는 배고픔이 있습니다.
p027-02	Ich habe	Durst.	나는 갈증이 있습니다.
p027-03	Ich habe	Talent.	나는 재능이 있습니다.
p027-04	Ich habe	Zweifel.	나는 의심이 있습니다.
p027-05	Ich habe	Glück.	나는 행운이 있습니다.
p027-06	Ich habe	Pech.	나는 불운이 있습니다.
p027-07	Ich habe	Heimweh.	나는 향수병이 있습니다.
p027-08	Ich habe	Angst.	나는 공포가 있습니다.

● **Ich habe Hunger.** (나는 배고픔이 있습니다. > 나는 배가 고픕니다.)
● **Bären** (곰들) + **Hunger** (배고픔) = 곰이 배고플 정도로
'몹시 배고픔'이라는 강조표현입니다. (**Ich habe Bärenhunger.** 나는 몹시 배고픕니다.)
● **der Hunger** (배고픔/허기), **der Durst** (목마름/갈증), **das Talent** (재능), **der Zweifel** (의심),
das Glück (행운), **das Pech** (불운), **das Heimweh** (향수병), **die Angst** (공포)

pattern

두 번째 섹션 : 핵심동사 패턴!

2nd Section 은 **독일어**의 양대 **핵심 동사**인,
sein 동사와 **haben** 동사의 패턴을 **정리**했습니다.
(영어의 **be** 동사와 **have** 동사)

P 027

③ 기본패턴의 확장!

p027-09	**Ich habe Angst davor.**	나는 그것에 대해 공포가 있습니다.
p027-10	**Ich habe Angst vor Schlangen.**	나는 뱀에 대해 공포가 있습니다.

- **haben Angst vor ~** (~에 대해 공포를 가지다)입니다.
- **davor** (**da** + **vor**)는 '그것에 대해'입니다.
- **die Schlange** (뱀)

④ 기본패턴의 응용!

p027-11	**A) Sind Sie sicher?**	확실합니까?
p027-12	**B) Ich habe Zweifel.**	의심스럽습니다.

---

p027-13	**A) Wovor hast du Angst?**	너는 무엇에 대해 공포가 있니?
p027-14	**B) Ich habe Angst vor Gewittern.**	나는 뇌우에 대해 공포가 있어.

- **wovor** (무엇에 대해) = **wo** (의문사 : 어디) + **vor** (앞에서)의 구조입니다.
- **sicher** (확실한), **du** (너), **das Gewittern** (뇌우)

Learn foreign language!
GERMAN

Part 2. It's a completely new way to learn foreign language! | Pattern 028

Ich habe ~. [이히 하베 ~.]
나는 ~를 가지고 있습니다. (증상/통증)

① 기본패턴의 핵심!

❶ **haben** (가지다/소유하다)는 목적어를 필요로 하는 타동사입니다.
(**haben** 동사의 인칭변화형은 **Ich habe, Du hast, Er/Sie/Es hat, Wir haben, Ihr habt, Sie haben** 입니다.)
❷ **Ich habe** + 명사. (나는 ~를 가지고 있습니다.)로 '나의 증상/통증'을 말할 수 있습니다.
❸ 증상과 통증의 소유를 말할 때 관사는 필요 없습니다.

② 기본패턴의 연습!

p028-01	Ich habe	Fieber.	나는 열이 있습니다.
p028-02	Ich habe	Allergie.	나는 알레르기가 있습니다.
p028-03	Ich habe	Kopfschmerzen.	나는 두통이 있습니다.
p028-04	Ich habe	Zahnschmerzen.	나는 치통이 있습니다.
p028-05	Ich habe	Bauchschmerzen.	나는 복통이 있습니다.
p028-06	Ich habe	Migräne.	나는 편두통이 있습니다.
p028-07	Ich habe	Verstopfung.	나는 변비가 있습니다.
p028-08	Ich habe	Durchfall.	나는 설사가 났습니다.

● **das Fieber** (열/발열), **die Allergie** (알레르기), **die Kopfschmerzen** (두통), **die Zahnschmerzen** (치통), **die Bauchschmerzen** (복통), **die Migräne** (편두통), **die Verstopfung** (변비), **der Durchfall** (설사)

pattern 409

두 번째 섹션 : 핵심동사 패턴!

2nd Section 은 **독일어**의 양대 **핵심 동사**인,
sein 동사와 **haben** 동사의 패턴을 **정리**했습니다.
(영어의 **be** 동사와 **have** 동사)

P 028

③ 기본패턴의 확장!

p028-09	Ich habe hier Schmerzen.	나는 여기에 통증이 있습니다.
p028-10	Ich habe Schmerzen am Arm.	나는 팔에 통증이 있습니다.

- 아픈 곳을 가리키며 **hier** (여기)라고 말할 수 있습니다.
- 신체 부위를 구체적으로 말할 때는 전치사 **an / in** (~에)를 사용합니다.
- **am** 은 (**an + dem**)의 축약형입니다.
- **hier** (여기), **der Schmerz** (고통/아픔), **der Arm** (팔)

④ 기본패턴의 응용!

p028-11	A) Wo haben Sie Schmerzen?	당신은 어디에 통증이 있습니까?
p028-12	B) Ich habe Schmerzen im rechten Bein.	나는 오른쪽 다리에 통증이 있습니다.

p028-13	A) Wie geht es Ihnen gesundheitlich?	건강은 어떻습니까?
p028-14	B) Ich habe Verstopfung.	변비가 있습니다.

- **im** 은 (**in + dem**)의 축약형입니다.
- **Es geht mir gut / schlecht.** (나는 (건강/기분 등) 이 좋습니다/나쁩니다.)
- **wo** (어디), **recht** (오른쪽의), **link** (왼쪽의), **das Bein** (다리),
wie (어떻게), **gehen** (가다), **Ihnen** (당신에게), **gesundheitlich** (건강상의)

Learn foreign language!
GERMAN

Part 2. It's a completely new way to learn foreign language! | Pattern 029

Ich habe ~. [이히 하베 ~.]
나는 ~를 가지고 있습니다. (생각/희망)

① 기본패턴의 핵심!

❶ **haben** (가지다/소유하다)는 목적어를 필요로 하는 타동사입니다.
(**haben** 동사의 인칭변화형은 **Ich habe, Du hast, Er/Sie/Es hat, Wir haben, Ihr habt, Sie haben** 입니다.)
❷ **Ich habe** + 명사. (나는 ~를 가지고 있습니다.)로 '나의 생각/희망'을 말할 수 있습니다.

② 기본패턴의 연습!

p029-01	Ich habe Probleme.	나는 문제가 있습니다.
p029-02	Ich habe Schwierigkeiten.	나는 어려움이 있습니다.
p029-03	Ich habe Verantwortung.	나는 책임이 있습니다.
p029-04	Ich habe eine Idee.	나는 아이디어 하나가 있습니다.
p029-05	Ich habe einen Traum.	나는 꿈 하나가 있습니다.
p029-06	Ich habe einen Plan.	나는 계획 하나가 있습니다.
p029-07	Ich habe eine Frage.	나는 질문 하나가 있습니다.
p029-08	Ich habe einen Wunsch.	나는 소원 하나가 있습니다.

● **das Problem** (문제), **die Schwierigkeit** (어려움), **die Verantwortung** (책임),
die Idee (아이디어/생각), **der Traum** (꿈), **der Plan** (계획), **die Frage** (질문), **der Wunsch** (소원)

pattern 029

두 번째 섹션 : 핵심동사 패턴!

2nd Section 은 **독일어**의 양대 **핵심 동사**인,
sein 동사와 **haben** 동사의 패턴을 **정리**했습니다.
(영어의 **be** 동사와 **have** 동사)

P 029

③ 기본패턴의 확장!

p029-09 **Ich habe einen anderen Plan.** 나는 다른 계획 하나가 있습니다.

p029-10 **Entschuldigung, ich habe eine Frage.** 실례합니다, 질문 있습니다.

- 다양한 형용사를 삽입하여 표현을 더욱 확장할 수 있습니다.
(**gut** (좋은), **besser** (더 좋은), **neu** (새로운), **nächst** (다음의))
- **Entschuldigung.** (실례합니다./죄송합니다.) 인사표현입니다.
- **ander** (다른), **die Entschuldigung** (용서/사과), **entschuldigen** (용서하다)

④ 기본패턴의 응용!

p029-11 **A) Morgen hast du Geburtstag.** 너 내일 생일이구나.

p029-12 **B) Ich habe einen Wunsch.** 나 소원이 하나 있어.

---

p029-13 **A) Kommen Sie mit uns spazieren?** 우리와 함께 산책하러 가실래요?

p029-14 **B) Ich habe einen anderen Plan.** 나는 다른 계획이 있습니다.

- **spazieren gehen, spazieren kommen** (산책을 가다)
- **gehen** (가다), **kommen** (오다)이지만 '가는 것'이 화자의 입장에서는 '오는 것'이 될 수도 있습니다.
- **mit** 은 3격전치사입니다. **mit uns** (우리들과 함께)
- **morgen** (내일), **der Geburtstag** (생일), **der Wunsch** (소원), **spazieren** (산책하다),
kommen spazieren (산책가다/오다)

Learn foreign language!
GERMAN

Part 2. It's a completely new way to learn foreign language! | Pattern 030

Ich habe ~. [이히 하베 ~.]
나는 ~를 가지고 있습니다. (학위/지식)

❶ 기본패턴의 핵심!

❶ **haben** (가지다/소유하다)는 목적어를 필요로 하는 타동사입니다.
(**haben** 동사의 인칭변화형은 **Ich habe, Du hast, Er/Sie/Es hat, Wir haben, Ihr habt, Sie haben** 입니다.)
❷ **Ich habe** + 명사. (나는 ~를 가지고 있습니다.)로 '나의 학위/지식'을 표현할 수 있습니다.

❷ 기본패턴의 연습!

p030-01 **Ich habe ein Diplom im Fach Wirtschaftsinformatik.** 나는 경제정보 분야 학위가 있습니다.

p030-02 **Ich habe ein Diplom im Fach Medieninformatik.** 나는 미디어정보 분야 학위가 있습니다.

p030-03 **Ich habe ein Diplom im Fach Medienkommunikation.** 나는 미디어커뮤니케이션 분야 학위가 있습니다.

p030-04 **Ich habe ein Diplom im Fach Marketingmanagement.** 나는 마케팅관리 분야 학위가 있습니다.

p030-05 **Ich habe gute Kenntnisse im Umgang mit Microsoft Office.** 나는 MS 운용에 능합니다.

p030-06 **Ich habe gute Kenntnisse im Umgang mit Adobe Dreamweaver.** 나는 AD 운용에 능합니다.

p030-07 **Ich habe gute Kenntnisse im Umgang mit Photoshop.** 나는 Photoshop 운용에 능합니다.

p030-08 **Ich habe gute Kenntnisse im Umgang mit Illustrator.** 나는 Illustrator 운용에 능합니다.

● **ein Diplom im Fach ~** (~ 분야에의 학위), **im Umgang mit ~** (~를 사용함에)의 뜻입니다.
● **das Diplom** (학위), **das Fach** (분야), **die Wirtschaftsinformatik** (경제정보학), **die Medieninformatik** (미디어정보), **die Medienkommunikation** (미디어커뮤니케이션), **das Marketingmanagement** (마케팅관리), **gut** (좋은), **die Kenntnisse** (지식/인지), **der Umgang** (사용법)

pattern

두 번째 섹션 : 핵심동사 패턴!

2nd Section 은 **독일어**의 양대 **핵심 동사**인,
sein 동사와 **haben** 동사의 패턴을 **정리**했습니다.
(영어의 **be** 동사와 **have** 동사)

P 030

③ 기본패턴의 확장!

p030-09 **Ich habe Diplome im Fach Marketing und Medieninformatik.** 나는 마케팅과 경제정보 분야 복수학위가 있습니다.

p030-10 **Ich habe sehr gute Kenntnisse im Umgang mit Illustrator.** 나는 Illustrator 운용에 매우 능합니다.

- 복수전공은 **Diplome** (학위들)로 말하면 되고, **und** (그리고)로 연결합니다.
- **sehr** (매우), **das Marketing** (마케팅)

④ 기본패턴의 응용!

p030-11 **A) Welches Diplom haben Sie?** 당신은 무슨 학위를 가지고 있습니까?

p030-12 **B) Ich habe ein Diplom im Fach Medieninformatik.** 나는 미디어정보 분야 학위가 있습니다.

---

p030-13 **A) Haben Sie Kenntnisse im Umgang mit Photoshop?** 당신은 Photoshop 을 사용할 줄 압니까?

p030-14 **B) Ich habe sehr gute Kenntnisse im Umgang mit Photoshop.** 나는 Photoshop 운용에 매우 능합니다.

- **welcher** (의문형용사 : 어떤)은 정관사류이며, 다음에 오는 명사에 따라 정관사와 같은 어미변화를 합니다.
(**welcher** (남성), **welche** (여성), **welches** (중성))

Learn foreign language!
GERMAN

Part 2. It's a completely new way to learn foreign language! | Pattern 031

Ich habe ~. [이히 하베 ~.]
나는 ~를 가지고 있습니다. (경험)

① 기본패턴의 핵심!

❶ **haben** (가지다/소유하다)는 목적어를 필요로 하는 타동사입니다.
(**haben** 동사의 인칭변화형은 **Ich habe, Du hast, Er/Sie/Es hat, Wir haben, Ihr habt, Sie haben** 입니다.)
❷ **Ich habe** + 명사. (나는 ~를 가지고 있습니다.)로 다양한 '나의 경험/능력'을 말할 수 있습니다.

② 기본패턴의 연습!

p031-01 **Ich habe viel Erfahrung im Bereich Marktforschung.** 나는 시장조사 분야에 많은 경험이 있습니다.

p031-02 **Ich habe viel Erfahrung im Bereich Rechnungswesen.** 나는 회계 분야에 많은 경험이 있습니다.

p031-03 **Ich habe viel Erfahrung im Bereich Kundenorientierung.** 나는 고객관리 분야에 많은 경험이 있습니다.

p031-04 **Ich habe viel Erfahrung im Bereich Softwareentwicklung.** 나는 소프트웨어개발 분야에 많은 경험이 있습니다.

p031-05 **Ich habe viel Erfahrung im Umgang mit Java.** 나는 Java 운용에 많은 경험이 있습니다.

p031-06 **Ich habe viel Erfahrung im Umgang mit HTML.** 나는 HTML 운용에 많은 경험이 있습니다.

p031-07 **Ich habe viel Erfahrung im Umgang mit CSS.** 나는 CSS 운용에 많은 경험이 있습니다.

p031-08 **Ich habe viel Erfahrung im Umgang mit SQL.** 나는 SQL 운용에 많은 경험이 있습니다.

● **Erfahrung im Bereich ~** (~ 분야에서의 경험), **Erfahrung im Umgang ~** (~ 운용에서의 경험)입니다.
● **viel** (많은), **der Bereich** (분야/영역), **die Erfahrung** (경험),
die Marktforschung (시장조사), **das Rechnungswesen** (회계), **die Kundenorientierung** (고객관리),
die Softwareentwicklung (소프트웨어개발), **der Umgang** (사용법)

pattern

두 번째 섹션 : 핵심동사 패턴!

2nd Section 은 **독일어**의 양대 **핵심 동사**인,
sein 동사와 **haben** 동사의 패턴을 **정리**했습니다.
(영어의 **be** 동사와 **have** 동사)

P 031

③ 기본패턴의 확장!

p031-09 **Ich habe keine Erfahrung mit Kunden.** 나는 고객에 관한 경험이 없습니다.

p031-10 **Ich habe wenig Erfahrung in dieser Branche.** 나는 이 분야에 대한 경험이 적습니다.

- **Erfahrung mit ~** (~에 관한 경험), **mit** 은 3격지배전치사입니다.
- 부정표현은 **keine Erfahrung mit ~** (~에 관한 경험이 없는)입니다.
- **in dieser Branche** (이 분야에 있어서). **dieser** 는 지시대명사입니다.
(지시대명사는 정관사 어미변화를 합니다.)
- **der Kunde** (고객), **wenig** (적은/충분하지 못한), **die Branche** (분야/부문)

④ 기본패턴의 응용!

p031-11 **A) In welchem Bereich haben Sie am meisten Erfahrung?** 당신은 어떤 분야에 가장 경험이 많습니까?

p031-12 **B) Ich habe viel Erfahrung im Bereich Controlling.** 나는 제어 분야에 많은 경험이 있습니다.

---

p031-13 **A) Wieviel Erfahrung haben Sie im Umgang mit C#?** 당신은 C# 운용에 얼마나 경험이 있습니까?

p031-14 **B) Ich habe viel Erfahrung im Umgang mit C#.** 나는 C# 운용에 많은 경험이 있습니다.

- **welcher** (어떤 : 의문형용사)는 정관사류이며, 다음에 오는 명사에 따라 정관사처럼 어미변화를 합니다.
(**welcher** (남성), **welche** (여성), **welches** (중성))
- **in + welchem Bereich** (전치사 + 의문형용사 + 명사)의 조합입니다.
in 은 3격전치사, **Bereich** (분야)는 남성명사입니다. 그래서 **welchem** 이 되었고요.
- **am meisten** 은 최상급 표현으로 '가장/최고의'의 뜻입니다.
- **das Controlling** (제어), **wieviel** (얼마나 많은/얼마나)

● Start **speaking languages** immediately using **essential phrases.** ● The focus is on **conversation** and **communication.**

Learn foreign language!
GERMAN

Part 2. It's a completely new way to learn foreign language! | Pattern 032

Ich habe kein ~. [이히 하베 카인 ~.]
나는 ~를 가지고 있지 않습니다. (무소유)

The basics of grammar and sentence construction!

① 기본패턴의 핵심!

❶ **haben** (가지다/소유하다)는 목적어를 필요로 하는 타동사입니다.
(**haben** 동사의 인칭변화형은 **Ich habe, Du hast, Er/Sie/Es hat, Wir haben, Ihr habt, Sie haben** 입니다.)
❷ **Ich habe kein** + 명사. (나는 ~를 가지고 있지 않습니다.)로 '무소유'를 표현할 수 있습니다.

② 기본패턴의 연습!

The most useful phrases and expressions!

p032-01	Ich habe keine	Zeit.	나는 시간이 없습니다.
p032-02	Ich habe keine	Idee.	나는 아이디어가 없습니다.
p032-03	Ich habe keine	Ahnung.	나는 모르겠습니다.
p032-04	Ich habe keine	Lust.	나는 열의가 없습니다.
p032-05	Ich habe keine	Geduld.	나는 참을성이 없습니다.
p032-06	Ich habe keine	Angst.	나는 두려움이 없습니다.
p032-07	Ich habe kein	Geld.	나는 돈이 없습니다.
p032-08	Ich habe keinen	Appetit.	나는 식욕이 없습니다.

● **die Zeit** (시간), **die Idee** (아이디어), **die Ahnung** (예감/예상),
die Lust (의욕/즐거움), **die Geduld** (인내/참을성), **die Angst** (공포), **das Geld** (돈), **der Appetit** (식욕)

두 번째 섹션 : 핵심동사 패턴!

2nd Section 은 **독일어**의 양대 **핵심 동사**인,
sein 동사와 **haben** 동사의 패턴을 **정리**했습니다.
(영어의 **be** 동사와 **have** 동사)

P 032

③ 기본패턴의 확장!

p032-09	Ich habe keinen Plan für dieses Wochenende.	나는 이번 주말에 대한 계획이 없습니다.
p032-10	Ich habe jetzt kein Geld dabei.	나는 지금 가진 돈이 없습니다.

- 전치사 **für** (~에 대해), **für das Wochenende** (주말에 대해)
- **dieses** (이)는 지시대명사 **dieser** 의 중성형이며, 어미는 정관사처럼 변합니다.
- **der Plan** (계획), **jetzt** (지금), **kein** (하나도 ~ 않다), **dabei** (그 곁에/그 때에)

④ 기본패턴의 응용!

p032-11	A) Möchten Sie etwas essen?	뭐 좀 드시겠습니까?
p032-12	B) Ich habe keinen Appetit.	나는 식욕이 없습니다.

p032-13	A) Kaufst du mir dieses Buch?	너 나에게 이 책 사줄래?
p032-14	B) Ich habe jetzt kein Geld dabei.	나 지금 가진 돈이 없어.

- **möchten** (원하다), **etwas** (어떤 것), **essen** (먹다), **kaufen** (사다), **mir** (나에게), **das Buch** (책)

The focus is on **conversation** and **communication**.

Start **speaking languages** immediately using **essential phrases**.

Learn foreign language!
GERMAN

Part 2. It's a completely new way to learn foreign language! | Pattern 033

Haben Sie ~? [하벤 지 ~?]
당신은 ~를 가지고 있습니까?

The basics of grammar and sentence construction!

① 기본패턴의 핵심!

❶ **haben** (가지다/소유하다)는 목적어를 필요로 하는 타동사입니다. (영어의 **have**)
(**haben** 동사의 인칭변화형은 **Ich habe, Du hast, Er/Sie/Es hat, Wir haben, Ihr habt, Sie haben** 입니다.)
❷ **Haben Sie** + 명사? (당신은 ~를 가지고 있습니까?)로
일상에서 가장 자주 사용하는 질문 8가지를 소개합니다.

The most useful phrases and expressions!

② 기본패턴의 연습!

p033-01	**Haben Sie Kleingeld?**	당신은 잔돈을 가지고 있습니까?
p033-02	**Haben Sie Lust?**	당신은 의욕이 있습니까?
p033-03	**Haben Sie Erfahrung?**	당신은 경험이 있습니까?
p033-04	**Haben Sie Berufserfahrung?**	당신은 직업경험이 있습니까?
p033-05	**Haben Sie kurz Zeit?**	당신은 잠깐 시간이 있습니까?
p033-06	**Haben Sie noch Fragen?**	당신은 질문들이 더 있습니까?
p033-07	**Haben Sie Probleme?**	당신은 문제들이 있습니까?
p033-08	**Haben Sie einen Termin?**	당신은 약속이 있습니까?

● '가지고 있습니까?'는 우리말로 '있습니까?'로 해석할 때 더 자연스러울 수 있습니다.
● **klein** (작은 : 형용사) + **Geld** (돈 : 명사) = '잔돈',
Beruf (직업 : 명사)+ **s** + **Erfahrung** (경험 : 명사) = '직업경험'의 조어방식입니다.
● **das Kleingeld** (잔돈), **die Lust** (의욕/즐거움), **die Erfahrung** (경험),
die Berufserfahrung (직업경험), **kurz** (짧은), **die Zeit** (시간), **noch** (더/아직),
die Frage (질문), **das Problem** (문제), **der Termin** (약속)

pattern 49

두 번째 섹션 : 핵심동사 패턴!

2nd Section 은 **독일어**의 양대 **핵심 동사**인,
sein 동사와 **haben** 동사의 패턴을 **정리**했습니다.
(영어의 **be** 동사와 **have** 동사)

P 033

③ 기본패턴의 확장!

p033-09 **Haben Sie Berufserfahrung in diesem Bereich?** 당신은 이 분야에서 직업경험이 있습니까?

p033-10 **Haben Sie Probleme damit?** 당신은 그것에 대해 문제가 있습니까?

- **in diesem Bereich** = **in** (3격전치사) + **diesem** (지시대명사) + **Bereich** (남성명사)의 구조입니다.
- **damit** 은 **da** + **mit** (그것과 함께/대해)의 구조입니다.
- **der Bereich** (분야/영역)

④ 기본패턴의 응용!

p033-11 **A) Haben Sie Berufserfahrung in diesem Bereich?** 당신은 이 분야에서 직업경험이 있습니까?

p033-12 **B) Ich arbeite seit 8 Jahren in diesem Bereich.** 나는 이 분야에서 8년째 일하고 있습니다.

---

p033-13 **A) Haben Sie Probleme damit?** 당신은 그것과 함께 문제가 있습니까?

p033-14 **B) Ja, das Programm funktioniert nicht mehr.** 네. 프로그램이 더 이상 작동하지 않습니다.

- **arbeiten** (일하다), **seit** (~한 이래로 : 전치사), **8** (**acht**), **das Jahr** (해/년), **ja** (네), **das Programm** (프로그램), **funktionieren** (작동하다), **nicht mehr** (더 이상 아니다)

The focus is on **conversation** and **communication**.

Start **speaking languages** immediately using **essential phrases**.

3rd Section

pattern German

Presenting the core concepts you need to write and speak.
It focuses on the core concepts you need to communicate.

Start speaking languages immediately using essential phrases

It focuses on **conversation** with **fluency** and confidence.
It focuses on conversation with fluency and confidence.
With this book you will **learn languages**
with thousands **of customizable phrases.**

3rd Section

pattern German

세 번째 섹션 : 중요동사 패턴!

3rd Section 은 **대표적**인 **중요동사**를 **테마별**로 **정리**했습니다.
이번 섹션에서 가장 **중요한** 점은
독일어 동사는 **인칭에 따라 어미**가 **변화**한다는 것입니다.

3rd Section
중요동사 섹션 :

3rd Section 은 대표적인 중요동사를 테마별로 정리했습니다.
이번 섹션에서 가장 중요한 점은 독일어 동사는 인칭에 따라 어미가 변화한다는 것입니다.
(규칙동사와 불규칙동사에 대한 문법설명은 부록편을 참고하여 주십시오!)

사용빈도가 높은 베스트 동사 패턴을 우선적으로 정리하였습니다.
학습자 여러분께서는 먼저 필요한 동사부터 체크하고, 선별하여 학습하시면 됩니다.

Part 01. '행위'를 표현하는 동사 모음입니다!

❶ **gehen** (가다), **kommen** (오다), **fahren** (운전하다),
reisen (여행하다), **wohnen** (거주하다), **bleiben** (머물다)
❷ **machen** (하다), **arbeiten** (일하다), **spielen** (놀다),
geben (주다), **bekommen** (받다)

Part 02. '감각'을 표현하는 동사 모음입니다!

❶ **sehen** (보다), **hören** (듣다), **essen** (먹다)
❷ **trinken** (마시다), **riechen** (냄새 맡다)

Part 03. '학습'을 표현하는 동사 모음입니다!

❶ **lesen** (읽다), **schreiben** (쓰다), **lernen** (배우다), **studieren** (공부하다)
❷ **sagen** (이야기하다), **sprechen** (말하다), **erklären** (설명하다),
wissen (알다), **kennen** (알다), **verstehen** (이해하다)

Part 04. '계획'을 표현하는 동사 모음입니다!

❶ **planen** (계획하다), **brauchen** (필요하다),
suchen (찾다), **versuchen** (시도하다)
❷ **empfehlen** (추천하다), **nehmen** (취하다), **benutzen** (사용하다),
vorhaben (계획이다), **vorschlagen** (제안하다), **zustimmen** (동의하다)

Part 05. '생각'을 표현하는 동사 모음입니다!

❶ **lieben** (좋아하다), **hassen** (싫어하다),
hoffen (희망하다), **versprechen** (약속하다)
❷ **bitten** (청하다), **wünschen** (기원하다),
danken (감사하다), **denken** (생각하다),
finden (생각하다), **meinen** (생각하다)

The focus is on **conversation** and **communication**.

Start **speaking languages** immediately using **essential phrases**.

Learn foreign language!
GERMAN

Part 1. It's a completely new way to learn foreign language! | Pattern 034

Ich gehe. [이히 게에.]
나는 갑니다.

① 기본패턴의 핵심!

❶ **Ich gehe ~.** 는 '나는 ~ 갑니다.'입니다.
❷ **gehen** (가다)는 규칙변화동사이며, 인칭변화형을 활용하여 다양한 주어의 문장을 만들 수 있습니다.
(**Ich gehe, Du gehst, Er/Sie/Es geht, Wir gehen, Ihr geht, Sie gehen** 등입니다.)
❸ **gehen** + 동사원형은 '동사하러 가다'의 뜻입니다.
(**gehen joggen** 조깅하러 가다, **gehen laufen** 달리러 가다, **gehen angeln** 낚시하러 가다)

② 기본패턴의 연습!

p034-01	**Ich gehe alleine.**	나는 혼자서 갑니다.
p034-02	**Ich gehe zu Fuß.**	나는 걸어서 갑니다.
p034-03	**Ich gehe nach Hause.**	나는 집으로 갑니다.
p034-04	**Ich gehe schlafen.**	나는 자러 갑니다.
p034-05	**Ich gehe duschen.**	나는 샤워하러 갑니다.
p034-06	**Ich gehe arbeiten.**	나는 일하러 갑니다.
p034-07	**Ich gehe gerne tanzen.**	나는 즐겨 춤추러 갑니다.
p034-08	**Ich gehe gerne spazieren.**	나는 즐겨 산책하러 갑니다.

● **zu Fuß** (걸어서), **nach Hause** (집으로) 등은 관사가 필요 없습니다.
● **gehen zu Fuß** (걸어서 가다), **gehen nach Hause** (집으로 가다) 등은 자주 쓰는 숙어표현입니다.
● **allein** (혼자서), **der Fuß** (발/다리), **nach** (향해서), **das Haus** (집), **schlafen** (자다), **duschen** (샤워하다), **arbeiten** (일하다), **gern** (즐겨/기꺼이), **tanzen** (춤추다), **spazieren** (산책하다)

세 번째 섹션 : 중요동사 패턴!

P 034

3rd Section 은 **대표적**인 **중요동사**를 **테마별**로 **정리**했습니다.
이번 섹션에서 가장 **중요한 점**은
독일어 동사는 **인칭에 따라 어미**가 **변화**한다는 것입니다.

③ 기본패턴의 확장!

p034-09	Ich gehe ins Bett.	나는 침대로 갑니다.
p034-10	Ich gehe zur Schule.	나는 학교에 갑니다.

- **ins** 는 **in** (전치사) + **das** (관사)의 축약형입니다. (그 안으로)
(**ins Bad** 욕실로, **ins Theater** 극장으로, **ins Kino** 영화관으로)
- **zur** 는 **zu** + **der**, **zum** 은 **zu** + **dem** 의 축약형입니다. (그곳에)
(**zur Bank** 은행에, **zum Bahnhof** 기차역에)
- **in** (안에), **das Bett** (침대), **zu** (~에게/으로), **die Schule** (학교)

④ 기본패턴의 응용!

p034-11	A) Wohin gehst du?	너 어디 가니?
p034-12	B) Ich gehe ins Kino.	나는 영화관으로 갑니다.

p034-13	A) Was machen Sie nach dem Abendessen?	당신은 저녁식사 후에 무엇을 하십니까?
p034-14	B) Ich gehe in den Park.	나는 공원에 갑니다.

- **nach** 는 3격 전치사입니다. **nach** 는 시간적으로는 '~후에', 장소적으로는 '~향해'의 뜻입니다.
- **wohin** (어디로), **du** (너), **das Kino** (영화관), **was** (무엇), **machen** (하다/만들다),
Sie (당신), **nach** (~의 다음에), **das Abendessen** (저녁식사), **der Park** (공원)

Learn foreign language!
GERMAN

Part 1. It's a completely new way to learn foreign language! | Pattern 035

Ich komme. [이히 콤메.]
나는 옵니다.

① 기본패턴의 핵심!

❶ **Ich komme ~.** 는 '나는 ~ 옵니다.'입니다.
❷ 청자의 입장에서는 '갑니다'로 해석하기도 합니다.
❸ **kommen** (오다)는 규칙변화동사이며, 인칭변화형을 활용하여 다양한 주어의 문장을 만들 수 있습니다.
(**Ich komme, Du kommst, Er/Sie/Es kommt, Wir kommen, Ihr kommt, Sie kommen** 등입니다.)
❹ **kommen aus ~** (~ 출신이다), ~ 부분에 나라/도시명을 사용하면 됩니다.

② 기본패턴의 연습!

p035-01 Ich komme heute. 나는 오늘 옵니다.

p035-02 Ich komme gleich. 나는 곧 옵니다.

p035-03 Ich komme später. 나는 나중에 옵니다.

p035-04 Ich komme auch. 나도 역시 옵니다.

p035-05 Ich komme nicht. 나는 오지 않습니다.

p035-06 Ich komme aus Korea. 나는 한국 출신입니다.

p035-07 Ich komme aus Seoul. 나는 서울 출신입니다.

p035-08 Ich komme zu Ihnen. 나는 당신에게 옵니다. (갑니다.)

● **kommen zu ~** 는 '~에게 오다'입니다. **zu** (~에게)는 3격전치사입니다.
(**zu dir** 너에게, **zu ihm** 그에게, **zu ihr** 그녀에게)
● **heute** (오늘), **gleich** (곧), **später** (나중에), **auch** (역시), **nicht** (아니다),
aus (~로부터), **zu** (~에게/으로), **Ihnen** (당신에게)

The basics of grammar and sentence construction!
The most useful phrases and expressions!

pattern

세 번째 섹션 : 중요동사 패턴!

3rd Section 은 **대표적**인 **중요동사**를 **테마별**로 **정리**했습니다.
이번 섹션에서 가장 **중요한 점**은
독일어 동사는 **인칭에 따라 어미**가 **변화**한다는 것입니다.

P 035

③ 기본패턴의 확장!

p035-09 **Ich komme nachher zu Ihnen.** 나는 나중에 당신에게 옵니다/갑니다.

p035-10 **Ich komme nicht zur Feier.** 나는 축제에 가지 않습니다.

- **zur = zu + der** 의 축약형입니다.
- **nachher** (나중에), **die Feier** (축제)

④ 기본패턴의 응용!

p035-11 **A) Woher kommen Sie?** 당신은 어디에서 왔습니까?

p035-12 **B) Ich komme aus Korea.** 나는 한국 출신입니다.

---

p035-13 **A) Kommen Sie heute Abend zu mir?** 당신은 오늘 저녁 나에게 옵니까?

p035-14 **B) Ja, ich komme zu Ihnen.** 네, 나는 당신에게 갑니다.

- **woher** (어디로부터), **Sie** (당신), **der Abend** (저녁), **mir** (나에게)

Learn foreign language!
GERMAN

Part 1. It's a completely new way to learn foreign language! | Pattern 036

Ich fahre. [이히 파레.]
나는 타고 갑니다.

① 기본패턴의 핵심!

❶ **Ich fahre ~.** 는 '나는 ~ 타고 갑니다.'입니다.
❷ **fahren** (타다/운전하다/타고 가다)는 불규칙변화동사이며,
인칭변화형을 활용하여 다양한 주어의 문장을 만들 수 있습니다.
(**Ich fahre, Du fährst, Er/Sie/Es fährt, Wir fahren, Ihr fahrt, Sie fahren** 등입니다.)
❸ **fahren mit ~** (3격전치사)는 '~을 타고 가다'입니다.

② 기본패턴의 연습!

p036-01	Ich fahre	Fahrrad.	나는 자전거를 탑니다.
p036-02	Ich fahre	Motorrad.	나는 오토바이를 탑니다.
p036-03	Ich fahre	gerne Auto.	나는 차를 즐겨 탑니다.
p036-04	Ich fahre	im Winter Snowboard.	나는 겨울에 스노우보드를 탑니다.
p036-05	Ich fahre	mit dem Taxi.	나는 택시를 타고 갑니다.
p036-06	Ich fahre	mit dem Bus.	나는 버스를 타고 갑니다.
p036-07	Ich fahre	mit dem Zug.	나는 기차를 타고 갑니다.
p036-08	Ich fahre	mit dem Schiff.	나는 배를 타고 갑니다.

● **Motor** (모터) + **Rad** (바퀴) = '모터 달린 바퀴 > 오토바이'의 구조입니다.
● **im Winter** = **in** (~안에) + **dem Winter** (겨울), **im** (전치사 + 관사 축약형)입니다.
● **das Fahrrad** (자전거), **das Motorrad** (오토바이), **gern** (기꺼이/즐겨),
das Auto (자동차), **der Winter** (겨울), **das Snowboard** (스노우보드),
das Taxi (택시), **der Bus** (버스), **der Zug** (기차), **das Schiff** (배)

pattern

세 번째 섹션 : 중요동사 패턴!

3rd Section 은 **대표적**인 **중요동사**를 **테마별**로 **정리**했습니다.
이번 섹션에서 가장 **중요한 점**은
독일어 동사는 **인칭에 따라 어미**가 **변화**한다는 것입니다.

P 036

③ 기본패턴의 확장!

p036-09 **Ich fahre nach Berlin mit dem Zug.** 나는 베를린으로 기차를 타고 갑니다.

p036-10 **Ich fliege mit dem Flugzeug.** 나는 비행기를 타고 날아갑니다.

- 전치사 **nach** 는 장소적으로는 '~ 향하여', 시간적으로는 '~ 이후에'의 뜻입니다.
- '~날다'는 **fliegen** 입니다.
(**fliegen mit dem Flugzeug** 비행기를 타고 날아가다)
- **der Flugzeug** (비행기)

④ 기본패턴의 응용!

p036-11 **A) Fahren Sie gerne mit dem Zug?** 당신은 기차를 즐겨 타십니까?

p036-12 **B) Ich fahre gerne Auto.** 나는 차를 즐겨 탑니다.

p036-13 **A) Wie fahren Sie in die Schweiz?** 당신은 스위스로 어떻게 갑니까?

p036-14 **B) Ich fahre mit dem Bus.** 나는 버스를 타고 갑니다.

- 일반적으로 국가명 앞에는 관사가 붙지 않습니다.
(예외적으로 미국 (**die USA**), 스위스 (**die Schweiz**) 등은 관사를 사용합니다.)
- **wie** (어떻게), **in** (~안에/안으로)

Learn foreign language!
GERMAN

Part 1. It's a completely new way to learn foreign language! | Pattern 037

Ich reise. [이히 라이제.]
나는 여행합니다.

① 기본패턴의 핵심!

❶ **Ich reise ~.** 는 '나는 ~ 여행합니다.'입니다.
❷ **reisen** (여행하다/여행가다)는 불규칙변화동사이며(단수 2/3인칭, 복수2인칭형이 같습니다.), 인칭변화형을 활용하여 다양한 주어의 문장을 만들 수 있습니다.
(**Ich reise, Du reist, Er/Sie/Es reist, Wir reisen, Ihr reist, Sie reisen** 등입니다.)
❸ **reisen mit** (3격전치사) ~ 는 '~을 타고 여행가다'입니다.

② 기본패턴의 연습!

p037-01	**Ich reise oft.**	나는 자주 여행합니다.
p037-02	**Ich reise gerne.**	나는 즐겨 여행합니다.
p037-03	**Ich reise alleine.**	나는 혼자서 여행합니다.
p037-04	**Ich reise nie alleine.**	나는 결코 혼자서 여행하지 않습니다.
p037-05	**Ich reise morgen.**	나는 내일 여행갑니다.
p037-06	**Ich reise nach Hamburg.**	나는 함부르크로 여행갑니다.
p037-07	**Ich reise mit dem Zug.**	나는 기차를 타고 여행갑니다.
p037-08	**Ich reise mit meinem Auto.**	나는 내 차를 타고 여행갑니다.

● **nie** (결코 ~ 아니다)는 부정을 나타냅니다.
● **mein** (나의)는 소유대명사이며, 부정관사처럼 어미변화합니다.
● **oft** (자주), **gern** (즐겨), **allein** (혼자서), **nie** (결코 ~ 아니다), **morgen** (내일), **nach** (향하여), **mit** (~와 함께), **der Zug** (기차), **das Auto** (자동차)

세 번째 섹션 : 중요동사 패턴!

3rd Section 은 **대표적**인 **중요동사**를 **테마별**로 **정리**했습니다.
이번 섹션에서 가장 **중요한 점**은
독일어 동사는 **인칭에 따라 어미**가 **변화**한다는 것입니다.

P 037

③ 기본패턴의 확장!

p037-09 **Ich reise um die Welt.** 나는 세계 일주 여행을 합니다.

p037-10 **Ich reise mit meinen Freunden.** 나는 친구와 함께 여행합니다.

- 전치사 **um** (둘레에/돌아)이며, **reisen um die Welt** (세계 일주하다)의 뜻입니다.
- '전치사 **mit** + 사람'은 '~와 함께'입니다.
- **um** (둘레에/돌아), **die Welt** (세계), **der Freund** (친구)

④ 기본패턴의 응용!

p037-11 **A) Wohin reisen Sie nächste Woche?** 당신은 다음 주에 어디로 여행합니까?

p037-12 **B) Ich reise nach Hamburg.** 나는 함부르크로 여행갑니다.

---

p037-13 **A) Reisen Sie alleine?** 당신은 혼자서 여행합니까?

p037-14 **B) Ich reise mit meinen Freunden.** 나는 친구와 함께 여행합니다.

- 의문부사 **wohin** (어디로), **woher** (어디로부터)입니다.
(다양한 의문사 표현은 의문사 파트를 참고하세요.)
- **nächst** (바로 다음에), **die Woche** (주/주간)

The focus is on **conversation** and **communication**.

Start **speaking languages** immediately using **essential phrases**.

Learn foreign language!
GERMAN

Part 1. It's a completely new way to learn foreign language! | Pattern 038

Ich wohne. [이히 보네.]
나는 거주합니다.

① 기본패턴의 핵심!

❶ **Ich wohne ~.** 는 '나는 ~ 거주합니다.'입니다.
❷ **wohnen** (거주하다)는 규칙변화동사이며, 인칭변화형을 활용하여 다양한 문장을 만들 수 있습니다.
(**Ich wohne, Du wohnst, Er/Sie/Es wohnt, Wir wohnen, Ihr wohnt, Sie wohnen** 등입니다.)
❸ **wohnen in der Stadt** (시내에 거주하다), **wohnen auf dem Land** (시골에 거주하다),
wohnen bei + 사람 (~ 집에 거주하다/하숙하다) 등이 대표적인 숙어입니다.

② 기본패턴의 연습!

p038-01	Ich wohne hier.	나는 여기에 거주합니다.
p038-02	Ich wohne nicht hier.	나는 여기에 거주하지 않습니다.
p038-03	Ich wohne in Berlin.	나는 베를린에 거주합니다.
p038-04	Ich wohne hier in der Nähe.	나는 여기 근처에 거주합니다.
p038-05	Ich wohne in diesem Haus.	나는 이 집에 거주합니다.
p038-06	Ich wohne in der Stadt.	나는 시내에 거주합니다.
p038-07	Ich wohne auf dem Land.	나는 시골에 거주합니다.
p038-08	Ich wohne bei Frau Müller.	나는 뮐러 부인 댁에 거주합니다.

● **dieser** (이 : 지시대명사)는 정관사처럼 어미변화합니다.
● **in** (~안에), **auf** (~위에), **hier** (여기), **nicht** (아니다), **in der Nähe** (근처에),
das Haus (집), **die Stadt** (도시/시내), **das Land** (시골/지방/땅), **die Frau** (여자/부인)

③ 기본패턴의 확장!

p038-09 **Ich wohne mit meiner Frau auf dem Land.** 나는 나의 아내와 시골에 거주합니다.

p038-10 **Ich wohne momentan in Köln.** 나는 일시적으로 쾰른에 거주합니다.

- **mein** (나의 : 소유대명사)는 단수에서 부정관사처럼 어미변화합니다. (복수는 정관사형 변화)
- **wohnen mit** + 사람 (3격) '~와 함께 거주하다'입니다.
- **momentan** (현재/일시적으로)

④ 기본패턴의 응용!

p038-11 **A) Bei wem wohnen Sie?** 당신은 어느 집에(어느 댁에) 살고 있습니까?

p038-12 **B) Ich wohne bei Frau Müller.** 나는 뮐러 부인 댁에 거주합니다.

p038-13 **A) Wo wohnen Sie jetzt?** 당신은 지금 어디에 거주합니까?

p038-14 **B) Ich wohne momentan in Bonn.** 나는 일시적으로 본에 거주합니다.

- **bei wem** = **bei** (전치사) + **wem** (의문사)의 구조이며, **bei** 는 3격전치사입니다.
(의문대명사 **wer** (누구가)의 3격은 **wem** (누구에게), 4격은 **wen** (누구를)입니다.)
- **wo** (어디), **jetzt** (지금)

Learn foreign language!
GERMAN

Part 1. It's a completely new way to learn foreign language! | Pattern 039

Ich bleibe. [이히 블라이베.]
나는 머뭅니다.

① 기본패턴의 핵심!

❶ **Ich bleibe ~.** 는 '나는 ~ 머뭅니다.'입니다.
❷ **bleiben** (머물다)는 규칙변화동사이며, 인칭변화형을 활용하여 다양한 주어의 문장을 만들 수 있습니다. (**Ich bleibe, Du bleibst, Er/Sie/Es bleibt, Wir bleiben, Ihr bleibt, Sie bleiben** 등입니다.)
❸ **bleiben zu Hause** (집에 머물다), **bleiben in ~** (~안에 머물다), **bleiben bis ~** (~까지 머물다) 등이 대표적인 숙어표현입니다.

② 기본패턴의 연습!

p039-01	Ich bleibe hier.	나는 여기에 머뭅니다.
p039-02	Ich bleibe eine Weile.	나는 한동안 머뭅니다.
p039-03	Ich bleibe nicht lange.	나는 오래 머물지 않습니다.
p039-04	Ich bleibe nicht mehr.	나는 더 이상 머물지 않습니다.
p039-05	Ich bleibe lieber hier.	나는 차라리 여기에 머뭅니다.
p039-06	Ich bleibe zu Hause.	나는 집에 머뭅니다.
p039-07	Ich bleibe in Frankfurt.	나는 프랑크푸르트에 머뭅니다.
p039-08	Ich bleibe bis morgen.	나는 내일까지 머뭅니다.

● 지명/국명은 관사를 필요로 하지 않습니다.
● **bleiben in ~** (~안에 머물다)
● **hier** (여기), **eine Weile** (한동안), **lang** (긴), **nicht** (아니다), **mehr** (더 이상), **lieber** (차라리), **zu** (~에), **in** (~안에), **bis** (~까지), **morgen** (내일)

The basics of grammar and sentence construction!
The most useful phrases and expressions!

pattern

세 번째 섹션 : 중요동사 패턴!

3rd Section 은 **대표적**인 **중요동사**를 **테마별**로 **정리**했습니다.
이번 섹션에서 가장 **중요한 점**은
독일어 동사는 **인칭에 따라 어미**가 **변화**한다는 것입니다.

P 039

③ 기본패턴의 확장!

p039-09 **Ich bleibe noch ein, zwei Tage.** 나는 하루, 이틀 더 머뭅니다.

p039-10 **Ich bleibe bis zum Ende.** 나는 끝까지 머뭅니다.

- **noch** (더), **ein** (1), **zwei** (2), **der Tag** (날/일), **bis zum Ende** (끝까지/최후까지)

④ 기본패턴의 응용!

p039-11 **A) Wie lange bleiben Sie noch in Speyer?** 당신은 슈파이어에 얼마나 오래 더 머뭅니까?

p039-12 **B) Ich bleibe noch ein, zwei Tage.** 나는 하루, 이틀 더 머뭅니다.

---

p039-13 **A) Warum bleibst du zu Hause?** 너는 왜 집에 머물고 있니?

p039-14 **B) Ich bleibe zu Hause, weil es regnet.** 비가 오기 때문에 나는 집에 있어.

- **weil** (~때문에)는 종속접속사이며, 종속절에서는 동사가 맨 뒤로, 후치됩니다.
- **Es regnet.** (비가 오다.) **es** 는 기후/날씨/시간 등을 말하는 '비인칭주어'입니다.
- **wie lange** (얼마나 오래), **Sie** (당신), **warum** (왜), **regnen** (비가 오다)

The focus is on **conversation** and **communication**.

Start **speaking languages** immediately using **essential phrases**.

Learn foreign language!
GERMAN

Part 1. It's a completely new way to learn foreign language! | **Pattern 040**

Ich mache. [이히 마헤.]
나는 만듭니다/합니다.

① 기본패턴의 핵심!

❶ **Ich mache ~.** 는 '나는 ~ 만듭니다/합니다.'입니다.
❷ **machen** 은 우리말로 다양한 뜻으로 사용될 수 있습니다.
❸ **machen** (만들다/하다)는 규칙변화동사이며, 인칭변화형을 활용하여 다양한 문장을 만들 수 있습니다.
(**Ich mache, Du machst, Er/Sie/Es macht, Wir machen, Ihr macht, Sie machen** 등입니다.)

② 기본패턴의 연습!

p040-01	**Ich mache Kaffee.**	나는 커피를 만듭니다.
p040-02	**Ich mache Lasagne.**	나는 라자냐를 만듭니다.
p040-03	**Ich mache Pause.**	나는 휴식을 만듭니다. (쉽니다.)
p040-04	**Ich mache viel Geld.**	나는 많은 돈을 만듭니다. (법니다.)
p040-05	**Ich mache keine Fehler.**	나는 실수를 하지 않습니다.
p040-06	**Ich mache Yoga.**	나는 요가를 합니다.
p040-07	**Ich mache alles selber.**	나는 모든 것을 혼자서 합니다.
p040-08	**Ich mache nichts.**	나는 아무것도 하지 않습니다.

● 구기 스포츠, 악기 등은 **spielen** 동사를 사용하지만,
태권도, 유도, 요가 등의 스포츠는 **machen** 동사를 사용합니다.
● **der Kaffee** (커피), **die Lasagne** (라자냐), **die Pause** (휴식), **Pause machen** (쉬다),
viel (많은), **das Geld** (돈), **kein** (~하지 않다), **der Fehler** (실수/결점), **das Yoga** (요가),
alles (모두), **selber** (스스로), **nichts** (아무것도 ~ 않다)

pattern ALL

세 번째 섹션 : 중요동사 패턴!

3rd Section 은 **대표적**인 **중요동사**를 **테마별**로 **정리**했습니다.
이번 섹션에서 가장 **중요한 점**은
독일어 동사는 **인칭에 따라 어미**가 **변화**한다는 것입니다.

P 040

③ 기본패턴의 확장!

p040-09	**Ich mache Ihnen einen Vorschlag.**	나는 당신에게 제안 하나를 합니다.
p040-10	**Ich mache alles, nur das nicht.**	그것만 아니고, 나는 모든 것을 합니다.

- **machen ~ einen Vorschlag** 은 '~에게 한 가지 제안을 하다'입니다.
- **Ihnen** (당신에게), **der Vorschlag** (제안), **alles** (모든 것), **nur** (단지), **das** (그것), **nicht** (아니다)

④ 기본패턴의 응용!

p040-11	**A) Was machen Sie jetzt?**	당신은 지금 무엇을 합니까?
p040-12	**B) Ich mache Lasagne.**	나는 라자냐를 만듭니다.

p040-13	**A) Was ist Ihr Hobby?**	당신의 취미는 무엇입니까?
p040-14	**B) Ich mache Yoga.**	나는 요가를 합니다.

- **was** (무엇), **jetzt** (지금), **Ihr** (당신의), **das Hobby** (취미)

Learn foreign language!
GERMAN

Part 1. It's a completely new way to learn foreign language! | Pattern 041

Ich arbeite. [이히 아르바이테.]
나는 일합니다.

① 기본패턴의 핵심!

❶ **Ich arbeite ~.** 는 '나는 ~ 일합니다.'입니다.
❷ **arbeiten** (일하다/하다/공부하다)는 다양한 의미의 동사입니다.
즉, 자신이 학생이라면 **Ich arbeite zu Hause.** '나는 집에서 공부합니다.'가 됩니다.
❸ **arbeiten** 의 어간은 **arbeit** 이며 **-st, -t** 등의 어미가 붙을 때 발음 편의상 **-e-** 를 추가합니다.
❹ **arbeiten** 동사의 인칭변화형을 활용하여 다양한 주어의 문장을 만들 수 있습니다.
(**Ich arbeite, Du arbeitest, Er/Sie/Es arbeitet, Wir arbeiten, Ihr arbeitet, Sie arbeiten** 등입니다.)

② 기본패턴의 연습!

p041-01 **Ich arbeite ganztags.** 나는 전일제로 근무합니다.

p041-02 **Ich arbeite halbtags.** 나는 반일제로 근무합니다.

p041-03 **Ich arbeite nicht hier.** 나는 여기에서 일하지 않습니다.

p041-04 **Ich arbeite zu Hause.** 나는 집에서 일합니다.

p041-05 **Ich arbeite in einem Geschäft.** 나는 상점에서 일합니다.

p041-06 **Ich arbeite an der Schule.** 나는 학교에 근무합니다.

p041-07 **Ich arbeite im Museum.** 나는 박물관에서 일합니다.

p041-08 **Ich arbeite bei Adidas.** 나는 아디다스에 근무합니다.

● '~에서 일하다/근무하다'에는 다양한 전치사가 사용될 수 있습니다.
(**in einem Geschäft** 상점에서, **an der Schule** 학교에서, **bei ~** 는 회사에서일 때 사용합니다.)
● **ganztags** (하루 온종일), **halbtags** (반나절), **nicht** (아니다), **hier** (여기),
das Haus (집), **das Geschäft** (상점/업무/사업), **die Schule** (학교), **das Museum** (박물관)

세 번째 섹션 : 중요동사 패턴!

3rd Section 은 **대표적**인 **중요동사**를 **테마별**로 **정리**했습니다.
이번 섹션에서 가장 **중요한 점**은
독일어 동사는 **인칭에 따라 어미**가 **변화**한다는 것입니다.

P 041

③ 기본패턴의 확장!

p041-09	Ich arbeite als Lehrer.	나는 교사로서 일합니다.
p041-10	Ich arbeite für meine Familie.	나는 가족을 위해 일합니다.

- **als ~** '~로서'의 의미로 자격을 나타냅니다. 직업명과 함께 쓸 수 있습니다.
- **arbeite für ~** (4격) '~를 위해 일하다'입니다.
- **der Lehrer** (교사), **mein** (나의), **die Familie** (가족/가정)

④ 기본패턴의 응용!

p041-11	A) Arbeiten Sie in Berlin?	당신은 베를린에서 일합니까?
p041-12	B) Ich wohne in Berlin, aber arbeite in Köln.	나는 베를린에서 살지만, 쾰른에서 일합니다.

p041-13	A) Warum arbeitest du so viel?	너는 왜 그렇게 많이 일하니?
p041-14	B) Ich arbeite für meine Familie.	나는 가족을 위해 일합니다.

- **wohnen** (거주하다), **aber** (그러나), **warum** (왜), **so** (그렇게), **viel** (많은)

Learn foreign language!
GERMAN

Part 1. It's a completely new way to learn foreign language! | Pattern 042

Ich spiele. [이히 슈필레.]
나는 놉니다/합니다.

① 기본패턴의 핵심!

❶ **Ich spiele ~.** 는 '나는 ~ 놉니다/합니다.'입니다.
❷ **spielen** 은 (놀다/하다/경기하다/연주하다) 등 다양한 의미로 사용됩니다.
❸ **spielen** 동사는 규칙변화동사이며, 인칭변화형을 활용하여 다양한 주어의 문장을 만들 수 있습니다.
(**Ich spiele, Du spielst, Er/Sie/Es spielt, Wir spielen, Ihr spielt, Sie spielen** 등입니다.)
❹ 경기나 악기 등의 경우, 별도의 관사를 붙이지 않습니다.

② 기본패턴의 연습!

p042-01	Ich spiele Fußball.	나는 축구를 합니다.
p042-02	Ich spiele Baseball.	나는 야구를 합니다.
p042-03	Ich spiele gerne Gitarre.	나는 즐겨 기타를 연주합니다.
p042-04	Ich spiele gerne Klavier.	나는 즐겨 피아노를 연주합니다.
p042-05	Ich spiele Computerspiele.	나는 컴퓨터 게임들을 합니다.
p042-06	Ich spiele Handyspiele.	나는 핸드폰 게임들을 합니다.
p042-07	Ich spiele Karten.	나는 카드게임들을 합니다.
p042-08	Ich spiele fair.	나는 공정하게 플레이합니다.

● **der Fußball** (축구), **der Baseball** (야구), **gern** (즐겨), **die Gitarre** (기타),
das Klavier (피아노), **das Computerspiel** (컴퓨터 게임),
das Handyspiel (핸드폰 게임), **die Karte** (카드), **fair** (공정한)

세 번째 섹션 : 중요동사 패턴!

3rd Section 은 **대표적**인 **중요동사**를 **테마별**로 **정리**했습니다.
이번 섹션에서 가장 **중요한 점**은
독일어 동사는 **인칭**에 **따라 어미**가 **변화**한다는 것입니다.

P 042

③ 기본패턴의 확장!

p042-09 **Ich spiele in meiner Freizeit Geige.** 나는 나의 여가 시간에 바이올린을 연주합니다.

p042-10 **Ich spiele eine wichtige Rolle in meiner Schule.** 나는 나의 학교에서 중요한 역할을 합니다.

- **in meiner Freizeit** 는 '나의 여가시간에'입니다. (**in Ihrer Freizeit** 당신의 여가시간에)
- **spielen eine Rolle** 는 '어떤 역할을 하다'입니다. (**spielen eine große Rolle** 어떤 큰 역할을 하다)
- **mein** (나의), **die Freizeit** (여가시간), **die Geige** (바이올린), **wichtig** (중요한),
die Rolle (역할), **die Schule** (학교)

④ 기본패턴의 응용!

p042-11 **A) Sind sie ein fairer Sportler?** 당신은 공정한 플레이어입니까?

p042-12 **B) Ja, natürlich. Ich spiele fair.** 네, 물론입니다. 나는 페어 플레이합니다.

---

p042-13 **A) Spielen Sie ein Instrument?** 당신은 악기를 연주합니까?

p042-14 **B) Ich spiele in meiner Freizeit Geige.** 나는 나의 여가시간에 바이올린을 연주합니다.

- **der Sportler** (운동선수/선수), **ja** (네), **natürlich** (당연히/물론), **das Instrument** (악기)

Learn foreign language!
GERMAN

Part 1. It's a completely new way to learn foreign language! | Pattern 043

Ich gebe. [이히 게베.]
나는 줍니다.

The basics of grammar and sentence construction!

❶ 기본패턴의 핵심!

❶ **Ich gebe ~.** 는 '나는 ~ 줍니다.'입니다.
❷ **geben** 은 대표적인 '수여동사'입니다. (~에게 ~을 주다)
❸ **geben** (주다)는 불규칙동사이며, 인칭변화형을 활용하여 다양한 주어의 문장을 만들 수 있습니다. (**Ich gebe, Du gibst, Er/Sie/Es gibt, Wir geben, Ihr gebt, Sie geben** 등입니다.)
❹ **geben ein Wort** (약속하다)는 자주 사용하는 숙어표현입니다.

❷ 기본패턴의 연습!

The most useful phrases and expressions!

p043-01	Ich gebe	Ihnen alles.	나는 당신에게 모든 것을 줍니다.
p043-02	Ich gebe	Ihnen meine Nummer.	나는 당신에게 나의 (전화)번호를 줍니다.
p043-03	Ich gebe	Ihnen einen Rat.	나는 당신에게 조언을 드립니다.
p043-04	Ich gebe	Ihnen bis morgen Zeit.	나는 당신에게 내일까지 시간을 줍니다.
p043-05	Ich gebe	Ihnen eine andere Chance.	나는 당신에게 하나의 다른 기회를 줍니다.
p043-06	Ich gebe	Ihnen Bescheid.	나는 당신에게 확답을 알려줍니다.
p043-07	Ich gebe	mein Bestes.	나는 나의 최선을 다합니다.
p043-08	Ich gebe	Ihnen mein Wort.	나는 당신에게 약속합니다.

● **Ihnen** (당신에게), **alles** (모두), **mein** (나의), **die Nummer** (번호), **der Rat** (충고/조언), **bis** (~까지), **morgen** (내일), **die Zeit** (시간), **ander** (다른), **die Chance** (기회/찬스), **der Bescheid** (통지/확답), **best** (최고의), **das Bestes** (최고의 것), **das Wort** (단어)

세 번째 섹션 : 중요동사 패턴!

3rd Section 은 **대표적**인 **중요동사**를 **테마별**로 **정리**했습니다.
이번 섹션에서 가장 **중요한 점**은
독일어 동사는 **인칭에 따라 어미**가 **변화**한다는 것입니다.

P 043

③ 기본패턴의 확장!

p043-09 **Ich gebe Deutschunterricht.** 나는 독일어 수업을 합니다.

p043-10 **Ich gebe Unterricht auf Deutsch.** 나는 독일어로 수업을 합니다.

- **geben Unterricht** (수업을 하다), **auf Deutsch** (독일어로)
- **der Deutschunterricht** (독일어 수업), **der Unterricht** (수업), **das Deutsch** (독일어)

④ 기본패턴의 응용!

p043-11 **A) Wie viel Zeit habe ich noch?** 나는 얼마나 더 시간이 있습니까?

p043-12 **B) Ich gebe Ihnen noch zwei Tage Zeit.** 나는 당신에게 2일 시간을 더 드리겠습니다.

p043-13 **A) Auf welcher Sprache geben Sie Ihren Unterricht?** 당신은 어떤 언어로 당신의 수업을 합니까?

p043-14 **B) Ich gebe Unterricht auf Englisch.** 나는 영어로 수업을 합니다.

- **auf welcher Sprache** (어떤 언어로)
- **wie viel** (얼마나), **haben** (가지다), **noch** (아직/더), **zwei** (2), **der Tag** (날/일), **die Sprache** (언어), **das Englisch** (영어)

Learn foreign language!
GERMAN

Part 1. It's a completely new way to learn foreign language! | Pattern 044

Ich bekomme. [이히 베콤메.]
나는 받습니다.

❶ 기본패턴의 핵심!

❶ **Ich bekomme ~.** 는 '나는 ~ 받습니다.'입니다.
❷ **bekommen** (받다/얻다)는 규칙동사이며,
인칭변화형을 활용하여 다양한 주어의 문장을 만들 수 있습니다.
(**Ich bekomme, Du bekommst, Er/Sie/Es bekommt,**
Wir bekommen, Ihr bekommt, Sie bekommen 등입니다.)

❷ 기본패턴의 연습!

p044-01	Ich bekomme	Heimweh.	나는 향수병에 걸렸습니다.
p044-02	Ich bekomme	Kopfschmerzen.	나는 두통이 있습니다.
p044-03	Ich bekomme	keine Einladung.	나는 초대를 받지 못했습니다.
p044-04	Ich bekomme	keine Luft.	나는 숨을 쉴 수 없습니다.
p044-05	Ich bekomme	allmählich Hunger.	나는 점차 배가 고픕니다.
p044-06	Ich bekomme	Gewissensbisse.	나는 양심의 가책을 느낍니다.
p044-07	Ich bekomme	eine Schutzimpfung.	나는 예방접종을 받습니다.
p044-08	Ich bekomme	fast nichts.	나는 거의 아무것도 받지 못합니다.

● **das Heimweh** (향수병), **die Kopfschmerzen** (두통), **die Einladung** (초대),
kein (하나도 ~않다), **die Luft** (공기/숨), **allmählich** (점차적으로), **der Hunger** (배고픔/식욕),
die Gewissensbisse (양심의 가책/회환), **die Schutzimpfung** (예방접종), **fast** (거의),
nichts (아무것도 ~않다)

pattern ah!

세 번째 섹션 : 중요동사 패턴!

3rd Section 은 **대표적**인 **중요동사**를 **테마별**로 **정리**했습니다.
이번 섹션에서 가장 **중요한 점**은
독일어 동사는 **인칭에 따라 어미**가 **변화**한다는 것입니다.

P 044

③ 기본패턴의 확장!

p044-09 **Ich bekomme zurzeit keinen Besuch.** 나는 지금 어떤 방문도 얻지 않습니다. (방문자가 없다)

p044-10 **Ich bekomme oft Magenschmerzen.** 나는 자주 위통이 있습니다.

● 나는 지금 어떤 방문도 얻지 않습니다. > 나는 지금 아무 방문자도 없습니다.
● **zurzeit** (지금), **der Besuch** (방문), **oft** (자주), **die Magenschmerzen** (위통), **die Kopfschmerzen** (두통)

④ 기본패턴의 응용!

p044-11 **A) Haben Sie Hunger?** 배고프세요?

p044-12 **B) Ja, ich bekomme allmählich Hunger.** 네, 나는 점점 배가 고픕니다.

p044-13 **A) Bekommen Sie Briefe von Ihrer Familie?** 당신은 가족으로부터 편지들을 받습니까?

p044-14 **B) Nein, ich bekomme oft Briefe von meiner Freundin.** 아니오, 나는 나의 여자친구로부터 자주 편지들을 받습니다.

● **ja** (네), **der Brief** (편지), **von** (~로부터), **Ihr** (당신의), **die Familie** (가족), **nein** (아니오), **mein** (나의), **die Freundin** (여자친구/애인)

Learn foreign language!
GERMAN

Part 2. It's a completely new way to learn foreign language! | Pattern 045

Ich sehe. [이히 제에.]
나는 봅니다.

Ger

① 기본패턴의 핵심!

❶ **Ich sehe ~.** 는 '나는 ~ 봅니다.'입니다.
❷ **sehen** (보다)는 불규칙동사이며, 인칭변화형을 활용하여 다양한 주어의 문장을 만들 수 있습니다.
(**Ich sehe, Du siehst, Er/Sie/Es sieht, Wir sehen, Ihr seht, Sie sehen** 등입니다.)
❸ **sehen** 은 '보다/보고 있다' 또는 '어떤 관점을 가지고 있다' 등 다양한 의미로 사용됩니다.

② 기본패턴의 연습!

p045-01	Ich sehe	TV.	나는 TV를 봅니다.
p045-02	Ich sehe	gar kein TV.	나는 TV를 전혀 안 봅니다.
p045-03	Ich sehe	gern Baseballspiele.	나는 야구경기들을 즐겨 봅니다.
p045-04	Ich sehe	jetzt einen Film.	나는 지금 영화를 보고 있습니다.
p045-05	Ich sehe	das anders.	나는 그것을 다르게 봅니다.
p045-06	Ich sehe	das ganz anders.	나는 그것을 완전히 다르게 봅니다.
p045-07	Ich sehe	das ganz klar.	나는 그것을 아주 명확하게 봅니다.
p045-08	Ich sehe	keinen Ausweg.	나는 출구가 안 보입니다.

● **der TV** (TV), **gar** (아주/전혀), **kein** (하나도 ~않다), **gern** (즐겨),
das Baseballspiel (야구경기), **jetzt** (지금), **der Film** (영화), **das** (그것),
anders (달리/다른 방법으로), **ganz** (완전한), **klar** (명확한), **der Ausweg** (출구/해결책)

pattern ang!

세 번째 섹션 : 중요동사 패턴!

3rd Section 은 **대표적**인 **중요동사**를 **테마별**로 **정리**했습니다.
이번 섹션에서 가장 **중요한 점**은
독일어 동사는 **인칭에 따라 어미**가 **변화**한다는 것입니다.

P 045

③ 기본패턴의 확장!

p045-09 **Ich sehe mit den Augen.** 나는 눈으로 봅니다.

p045-10 **Ich sehe mit der Brille.** 나는 안경으로 봅니다.

- **das Auge** (눈), **mit** (~으로/함께), **die Brille** (안경)

④ 기본패턴의 응용!

p045-11 **A) Wie lösen wir das Problem?** 우리는 그 문제를 어떻게 해결합니까?

p045-12 **B) Ich sehe keinen Ausweg.** 나는 해결책이 안 보입니다.

---

p045-13 **A) Siehst du ohne Brille?** 너 안경 없이 보니?

p045-14 **B) Ich sehe nur mit meiner Brille.** 나는 안경으로만 봐.

- **wie** (어떻게), **lösen** (해결하다), **das Problem** (문제), **ohne** (~이 없이), **nur** (단지/오직)

The focus is on **conversation** and **communication**.

Start **speaking languages** immediately using **essential phrases**.

Learn foreign language!
GERMAN

Part 2. It's a completely new way to learn foreign language! | **Pattern 046**

Ich höre. [이히 회레.]
나는 듣습니다.

① 기본패턴의 핵심!

❶ **Ich höre ~.** 는 '나는 ~ 듣습니다.'입니다.
❷ **hören** (듣다)는 규칙동사이며, 인칭변화형을 활용하여 다양한 주어의 문장을 만들 수 있습니다.
(**Ich höre, Du hörst, Er/Sie/Es hört, Wir hören, Ihr hört, Sie hören** 등입니다.)
❸ **hören** 은 '듣다/듣고 있다' 또는 '듣고 있으니까 말해라' 등의 의미입니다.

② 기본패턴의 연습!

p046-01	**Ich höre gern Musik.**	나는 즐겨 음악을 듣습니다.
p046-02	**Ich höre jede Nacht Radio.**	나는 매일 밤 라디오를 듣습니다.
p046-03	**Ich höre ab und zu das Lied.**	나는 때때로 가곡을 듣습니다.
p046-04	**Ich höre lieber Rockmusik.**	나는 오히려 록음악을 듣습니다.
p046-05	**Ich höre immer Popmusik.**	나는 항상 팝을 듣습니다.
p046-06	**Ich höre den Lärm.**	나는 소음을 듣습니다.
p046-07	**Ich höre Ihre Stimme.**	나는 당신의 음성을 듣습니다.
p046-08	**Ich höre Ihre Stimme kaum.**	나는 당신의 음성을 거의 못 듣습니다.

● 지시대명사 **jeder** (각각의)는 정관사처럼 어미변화합니다.
● **die Musik** (음악), **gern** (즐겨), **jeder** (각각의), **die Nacht** (밤), **das Radio** (라디오), **ab und zu** (때때로), **das Lied** (가곡/가요), **lieber** (차라리/오히려), **die Rockmusik** (록음악), **immer** (항상), **die Popmusik** (팝음악), **der Lärm** (소음), **Ihr** (당신의), **die Stimme** (음성), **kaum** (거의 ~않다)

pattern

세 번째 섹션 : 중요동사 패턴!

3rd Section 은 **대표적**인 **중요동사**를 **테마별**로 **정리**했습니다.
이번 섹션에서 가장 **중요한 점**은
독일어 동사는 **인칭에 따라 어미**가 **변화**한다는 것입니다.

P 046

③ 기본패턴의 확장!

p046-09	**Ich höre Sie nicht.**	나는 당신을 듣지 못합니다.
p046-10	**Ich höre Musik mit dem Media Player.**	나는 미디어 플레이어로 음악을 듣습니다.

- **nicht** (아니다), **mit** (~으로/함께)

④ 기본패턴의 응용!

p046-11	**A) Hören Sie gerne Jazz?**	당신은 재즈를 즐겨 듣습니까?
p046-12	**B) Ich höre lieber Rockmusik.**	나는 오히려 록음악을 듣습니다.
p046-13	**A) Hören Sie Musik im Radio?**	당신은 라디오에서 음악을 듣습니까?
p046-14	**B) Ich höre Musik mit dem Media Player.**	나는 미디어 플레이어로 음악을 듣습니다.

- **im Radio** (라디오에서), **im = in + dem** 의 축약형입니다.
- **die Jazz** (재즈), **das Radio** (라디오)

Learn foreign language!
GERMAN

Part 2. It's a completely new way to learn foreign language! | Pattern 047

Ich esse. [이히 에쎄.]
나는 먹습니다.

① 기본패턴의 핵심!

❶ **Ich esse ~.** 는 '나는 ~ 먹습니다.'입니다.
❷ **essen** (먹다)는 불규칙동사이며, 인칭변화형을 활용하여 다양한 주어의 문장을 만들 수 있습니다.
(**Ich esse, Du isst, Er/Sie/Es isst, Wir essen, Ihr esst, Sie essen** 등입니다.)

② 기본패턴의 연습!

p047-01	Ich esse	Reis.	나는 밥을 먹습니다.
p047-02	Ich esse	Nudeln.	나는 면류를 먹습니다.
p047-03	Ich esse	Brot und Käse.	나는 빵과 치즈를 먹습니다.
p047-04	Ich esse	kein Fleisch.	나는 고기를 먹지 않습니다.
p047-05	Ich esse	kein Schweinefleisch.	나는 돼지고기를 먹지 않습니다.
p047-06	Ich esse	keine Milchprodukte.	나는 유제품류를 먹지 않습니다.
p047-07	Ich esse	keine Erdnüsse.	나는 땅콩류를 먹지 않습니다.
p047-08	Ich esse	zu Mittag.	나는 점심식사를 합니다.

● **der Reis** (쌀/밥), **die Nudel** (국수/면), **das Brot** (빵), **der Käse** (치즈), **das Fleisch** (고기), **kein** (하나도 ~않다), **das Schweinefleisch** (돼지고기), **das Milchprodukt** (유제품), **die Erdnuss** (땅콩), **zu Mittag essen** (점심을 먹다)

The basics of grammar and sentence construction!
The most useful phrases and expressions!

pattern

세 번째 섹션 : 중요동사 패턴!

3rd Section 은 **대표적**인 **중요동사**를 **테마별**로 **정리**했습니다.
이번 섹션에서 가장 **중요한 점**은
독일어 동사는 **인칭에 따라 어미**가 **변화**한다는 것입니다.

P 047

③ 기본패턴의 확장!

p047-09	**Ich esse mit Löffel und Stäbchen.**	나는 숟가락과 젓가락으로 먹습니다.
p047-10	**Ich esse Reis mit Gemüse.**	나는 야채와 함께 밥을 먹습니다.

● **mit** (~으로), **der Löffel** (숟가락), **das Stäbchen** (젓가락), **das Messer** (나이프), **die Gabel** (포크), **das Gemüse** (야채)

④ 기본패턴의 응용!

p047-11	**A) Essen Sie mit Stäbchen?**	당신은 젓가락으로 먹습니까?
p047-12	**B) Ich esse mit Gabel und Messer.**	나는 포크와 나이프로 먹습니다.

p047-13	**A) Warum isst du jetzt Brot?**	너 지금 왜 빵을 먹고 있니?
p047-14	**B) Ich esse Brot, weil ich Hunger habe.**	배가 고파서, 빵을 먹고 있어.

● **weil** (~때문에)는 종속접속사이며, 종속절에서는 동사가 맨 뒤로, 후치됩니다.
● **warum** (왜), **der Hunger** (배고픔/허기), **haben** (가지다)

Learn foreign language!
GERMAN

Part 2. It's a completely new way to learn foreign language! | Pattern 048

Ich trinke. [이히 트링케.]
나는 마십니다.

① 기본패턴의 핵심!

❶ **Ich trinke ~.** 는 '나는 ~ 마십니다.'입니다.
❷ **trinken** (마시다)는 규칙동사이며, 인칭변화형을 활용하여 다양한 주어의 문장을 만들 수 있습니다.
(**Ich trinke, Du trinkst, Er/Sie/Es trinkt, Wir trinken, Ihr trinkt, Sie trinken** 등입니다.)

② 기본패턴의 연습!

p048-01	**Ich trinke**	**Wasser.**	나는 물을 마십니다.
p048-02	**Ich trinke**	**nicht viel Kaffee.**	나는 커피를 많이 마시지 않습니다.
p048-03	**Ich trinke**	**nur grünen Tee.**	나는 녹차만 마십니다.
p048-04	**Ich trinke**	**Wein nie allein.**	나는 와인을 결코 혼자 마시지 않습니다.
p048-05	**Ich trinke**	**selten Champagner.**	나는 드물게 샴페인을 마십니다.
p048-06	**Ich trinke**	**keinen Alkohol.**	나는 술을 마시지 않습니다.
p048-07	**Ich trinke**	**gerade ein Bier.**	나는 지금 막 맥주를 마십니다.
p048-08	**Ich trinke**	**und rauche nicht.**	나는 (술을) 마시지 않고 (담배를) 피지 않습니다.

● 부정을 나타내는 **nie** 는 '결코 ~이 아니다'의 뜻입니다.
● **das Wasser** (물), **viel** (많은), **der Kaffee** (커피), **der grüne Tee** (녹차), **der Wein** (와인), **allein** (혼자서), **selten** (드문), **der Champagner** (샴페인), **der Alkohol** (술), **gerade** (곧바로/지금 막), **das Bier** (맥주), **rauchen** (흡연하다)

pattern

세 번째 섹션 : 중요동사 패턴!

3rd Section 은 **대표적**인 **중요동사**를 **테마별**로 **정리**했습니다.
이번 섹션에서 가장 **중요한 점**은
독일어 동사는 **인칭에 따라 어미**가 **변화**한다는 것입니다.

P 048

③ 기본패턴의 확장!

p048-09 **Ich trinke Kaffee mit Zucker.** 나는 커피를 설탕과 함께 마십니다.

p048-10 **Ich trinke Kaffee ohne Milch.** 나는 커피를 우유 없이 마십니다.

- **mit Zucker** (설탕과 함께 : 설탕을 넣어서), **ohne Milch** (우유 없이 : 우유를 넣지 않고)
- **der Kaffee** (커피), **der Zucker** (설탕), **die Milch** (우유)

④ 기본패턴의 응용!

p048-11 **A) Trinken Sie Kaffee mit Milch?** 당신은 커피에 우유를 넣어서 마십니까?

p048-12 **B) Ich trinke Kaffee ohne Milch.** 나는 커피에 우유를 넣지 않고 마십니다.

p048-13 **A) Warum trinkst du nur Wasser?** 너는 왜 물만 마시니?

p048-14 **B) Ich trinke Wasser, weil ich durstig bin.** 나는 목이 말라서 물을 마시는 거야.

- **weil** (~때문에)는 종속접속사이며, 종속절에서는 동사가 맨 뒤로, 후치됩니다.
- **warum** (왜), **nur** (단지), **das Wasser** (물), **durstig** (목마른)

Learn foreign language!
GERMAN

Part 2. It's a completely new way to learn foreign language! | Pattern 049

Ich rieche. [이히 리이헤.]
나는 냄새 맡습니다.

❶ 기본패턴의 핵심!

❶ **Ich rieche ~.** 는 '나는 ~ 냄새 맡습니다.'입니다.
❷ **Ich rieche** (나는 냄새 맡다)는 '냄새가 난다'라는 뜻으로 해석할 수도 있습니다.
❸ **riechen** (냄새 맡다)는 규칙동사이며, 인칭변화형을 활용하여 다양한 주어의 문장을 만들 수 있습니다.
(**Ich rieche, Du riechst, Er/Sie/Es riecht, Wir riechen, Ihr riecht, Sie riechen** 등입니다.)

❷ 기본패턴의 연습!

p049-01	Ich rieche Blumen.	나는 꽃 냄새를 맡습니다.
p049-02	Ich rieche Rauch.	나는 연기 냄새를 맡습니다.
p049-03	Ich rieche Benzin.	나는 휘발유 냄새를 맡습니다.
p049-04	Ich rieche Gas.	나는 가스 냄새를 맡습니다.
p049-05	Ich rieche nichts.	나는 아무 냄새도 맡지 않습니다.
p049-06	Ich rieche nichts mehr.	나는 더 이상 아무것도 냄새 맡지 못합니다.
p049-07	Ich rieche einen guten Geruch.	나는 좋은 냄새를 맡습니다.
p049-08	Ich rieche einen süßlichen Duft.	나는 달콤한 향기를 맡습니다.

● **die Blume** (꽃), **der Rauch** (연기), **das Benzin** (휘발유), **das Gas** (가스),
nichts (아무것도 ~않다), **mehr** (좀 더/이상으로), **gut** (좋은), **der Geruch** (냄새/향기),
süßlich (달콤한), **der Duft** (향기)

pattern

세 번째 섹션 : 중요동사 패턴!

3rd Section 은 **대표적**인 **중요동사**를 **테마별**로 **정리**했습니다.
이번 섹션에서 가장 **중요한 점**은
독일어 동사는 **인칭에 따라 어미**가 **변화**한다는 것입니다.

P 049

③ 기본패턴의 확장!

p049-09 **Ich rieche mit der Nase.** 나는 코로 냄새를 맡습니다.

p049-10 **Ich rieche an der Frucht.** 나는 과일의 냄새를 맡습니다.

- **rieche an** + 3격은 '~에 냄새를 맡다'입니다.
(**riechen an einer Blume** : '꽃에 냄새를 맡다.' > '꽃의 냄새를 맡다.'로 해석합니다.)
- **die Nase** (코), **die Frucht** (과일)

④ 기본패턴의 응용!

p049-11 **A) Was riechst du?** 너 무엇을 냄새 맡니?

p049-12 **B) Ich rieche einen süßlichen Duft.** 나는 달콤한 향기를 맡고 있어.

---

p049-13 **A) Was machst du mit der Frucht?** 너 과일 가지고 뭐 하니?

p049-14 **B) Ich rieche an der Frucht.** 나는 과일의 냄새를 맡고 있어.

- **was** (무엇), **machen** (하다), **die Frucht** (과일)

Learn foreign language!
GERMAN

Part 3. | Pattern 050

It's a completely new way to learn foreign language!

Ich lese. [이히 레제.]
나는 읽습니다.

❶ 기본패턴의 핵심!

❶ **Ich lese ~.** 는 '나는 ~ 읽습니다.'입니다.
❷ **lesen** (읽다)는 불규칙동사이며, 인칭변화형을 활용하여 다양한 주어의 문장을 만들 수 있습니다.
(**Ich lese, Du liest, Er/Sie/Es liest, Wir lesen, Ihr lest, Sie lesen** 등입니다.)
❸ **lesen eine Gedanken** 은 '생각을 읽다', '생각을 헤아리다'의 뜻입니다.

❷ 기본패턴의 연습!

p050-01	**Ich lese gern.**	나는 즐겨 읽습니다. (독서를 합니다.)
p050-02	**Ich lese viel.**	나는 많이 읽습니다. (다독합니다.)
p050-03	**Ich lese alles.**	나는 모든 것을 읽습니다.
p050-04	**Ich lese nichts.**	나는 아무것도 읽지 않습니다.
p050-05	**Ich lese gern Bücher.**	나는 즐겨 책들을 읽습니다.
p050-06	**Ich lese oft Krimis.**	나는 자주 범죄소설들을 읽습니다.
p050-07	**Ich lese die Zeitung.**	나는 신문을 읽습니다.
p050-08	**Ich lese Ihre Gedanken.**	나는 당신의 생각을 읽습니다.

● **Krimi** 는 **Kriminalroman** (범죄소설)의 약칭입니다.
● **gern** (즐겨), **viel** (많은), **alles** (모두), **nichts** (아무것도 ~않다), **das Buch** (책), **oft** (자주), **der Krimi > der Kriminalroman** (범죄소설), **die Zeitung** (신문), **Ihr** (당신의), **der Gedanke** (생각/사상)

pattern

세 번째 섹션 : 중요동사 패턴!

3rd Section 은 **대표적**인 **중요동사**를 **테마별**로 **정리**했습니다.
이번 섹션에서 가장 **중요한 점**은
독일어 동사는 **인칭에 따라 어미**가 **변화**한다는 것입니다.

P 050

③ 기본패턴의 확장!

p050-09 **Ich lese ein Buch über Tiere.** 나는 동물들에 관한 책 하나를 읽습니다.

p050-10 **Ich lese Bücher in der Nacht.** 나는 밤에 책들을 읽습니다.

- **ein Buch über ~** (~에 관한 책)
- **in der Nacht** (밤에), **am Tag** (낮에)
- **das Tier** (동물), **die Nacht** (밤)

④ 기본패턴의 응용!

p050-11 **A) Was für ein Buch lesen Sie zurzeit?** 당신은 요즘 어떤 종류의 책을 읽습니까?

p050-12 **B) Ich lese ein Buch über Sprachen.** 나는 언어에 관한 책을 읽습니다.

---

p050-13 **A) Was lesen Sie jetzt?** 당신은 지금 무엇을 읽고 있습니까?

p050-14 **B) Jetzt lese ich eine Zeitschrift.** 지금 나는 잡지 하나를 읽습니다.

- **was für ein ~** (어떤 종류의 ~)
- **zurzeit** (요즘/지금), **derzeit** (지금/현재), **über** (~에 대해), **die Sprache** (언어), **was** (무엇), **jetzt** (지금), **die Zeitschrift** (잡지)

The focus is on **conversation** and **communication**.

Start **speaking languages** immediately using **essential phrases**.

Learn foreign language!
GERMAN

Part 3. It's a completely new way to learn foreign language! | Pattern 051

Ich schreibe. [이히 슈라이베.]
나는 씁니다.

① 기본패턴의 핵심!

❶ **Ich schreibe ~.** 는 '나는 ~ 씁니다/작성합니다.'입니다.
❷ **schreiben** (쓰다/작성하다)는 규칙동사이며,
인칭변화형을 활용하여 다양한 주어의 문장을 만들 수 있습니다.
(**Ich schreibe, Du schreibst, Er/Sie/Es schreibt, Wir schreiben, Ihr schreibt, Sie schreiben** 등입니다.)

② 기본패턴의 연습!

p051-01	Ich schreibe	einen Artikel.	나는 기사 하나를 씁니다.
p051-02	Ich schreibe	eine E-Mail.	나는 이메일 하나를 씁니다.
p051-03	Ich schreibe	eine Kurznachricht.	나는 SMS 하나를 씁니다.
p051-04	Ich schreibe	einen Satz.	나는 문장 하나를 씁니다.
p051-05	Ich schreibe	Tagebuch.	나는 일기를 씁니다.
p051-06	Ich schreibe	Gedichte in meiner Freizeit.	나는 여가시간에 시를 씁니다.
p051-07	Ich schreibe	meinen Eltern einen Brief.	나는 나의 부모님께 편지 하나를 씁니다.
p051-08	Ich schreibe	einen Entwurf einmal im Monat.	나는 한 달에 한 번 기안을 작성합니다.

● **eine Kurznachricht** 는 **SMS** 를 말합니다.
● **in meiner Freizeit** (나의 여가시간에), **einmal** (한 번) **im Monat** (달에) = 한 달에 한 번
● **der Artikel** (기사), **der E-Mail** (이메일), **die Kurznachricht** (**SMS**), **der Satz** (문장),
das Tagebuch (일기), **das Gedicht** (시), **die Eltern** (부모), **der Brief** (편지), **der Entwurf** (기안)

pattern app

세 번째 섹션 : 중요동사 패턴!

3rd Section 은 **대표적**인 **중요동사**를 **테마별**로 **정리**했습니다.
이번 섹션에서 가장 **중요한 점**은
독일어 동사는 **인칭에 따라 어미**가 **변화**한다는 것입니다.

P 051

③ 기본패턴의 확장!

p051-09 **Ich schreibe mit Füller.** 나는 만년필로 씁니다.

p051-10 **Ich schreibe auf Deutsch.** 나는 독일어로 씁니다.

- **mit Kugelschreiber** (볼펜으로), **auf Deutsch** (독일어로)
- **der Füller** (만년필), **der Kugelschreiber** (볼펜), **das Deutsch** (독일어)

④ 기본패턴의 응용!

p051-11 **A) Was schreiben Sie denn?** 그런데 당신은 무엇을 쓰고 있습니까?

p051-12 **B) Ich schreibe eine E-Mail auf Englisch.** 나는 영어로 이메일을 쓰고 있습니다.

p051-13 **A) Wie oft schreiben Sie Tagebuch?** 당신은 일기를 얼마나 자주 씁니까?

p051-14 **B) Ich schreibe fast jeden Tag Tagebuch.** 나는 거의 매일 일기를 씁니다.

- 문미의 **denn** (그런데)는, 마치 '있잖아/근데'처럼 친근함을 표시하는 표현입니다.
- **wie** (어떻게) + **oft** (자주) = 얼마나 자주
- **was** (무엇), **fast** (거의), **jeden Tag** (매일)

Learn foreign language!
GERMAN

Part 3. It's a completely new way to learn foreign language! | Pattern 052

Ich lerne. [이히 레르네.]
나는 배웁니다.

① 기본패턴의 핵심!

❶ **Ich lerne ~.** 는 '나는 ~ 배웁니다.'입니다.
❷ **lernen** (배우다)는 규칙동사이며, 인칭변화형을 활용하여 다양한 주어의 문장을 만들 수 있습니다.
(**Ich lerne, Du lernst, Er/Sie/Es lernt, Wir lernen, Ihr lernt, Sie lernen** 등입니다.)

② 기본패턴의 연습!

p052-01	**Ich lerne Deutsch.**	나는 독일어를 배웁니다.
p052-02	**Ich lerne fleißig Deutsch.**	나는 독일어를 열심히 배웁니다.
p052-03	**Ich lerne Sprachen schnell.**	나는 언어들을 빨리 배웁니다.
p052-04	**Ich lerne gern Fremdsprachen.**	나는 즐겨 외국어들을 배웁니다.
p052-05	**Ich lerne jetzt Mathematik.**	나는 지금 수학을 배웁니다.
p052-06	**Ich lerne immer Geschichte.**	나는 항상 역사를 배웁니다.
p052-07	**Ich lerne zurzeit Snowboarden.**	나는 요즘 스노우보드를 배웁니다.
p052-08	**Ich lerne Deutsch im Goethe Institut.**	나는 독일어를 괴테 인스티투트에서 배웁니다.

● **im = in + dem** 의 축약형입니다.
● **das Deutsch** (독일어), **fleißig** (열심인), **schnell** (빠른), **gern** (즐겨),
die Fremdsprache (외국어), **jetzt** (지금), **die Mathematik** (수학), **immer** (항상),
die Geschichte (역사), **zurzeit** (요즘), **das Snowboarden** (스노우보드), **das Institut** (연구소)

The basics of grammar and sentence construction!
The most useful phrases and expressions!

세 번째 섹션 : 중요동사 패턴!

3rd Section 은 **대표적**인 **중요동사**를 **테마별**로 **정리**했습니다.
이번 섹션에서 가장 **중요한 점**은
독일어 동사는 **인칭에 따라 어미**가 **변화**한다는 것입니다.

P 052

③ 기본패턴의 확장!

p052-09 **Kinder lernen, indem sie fragen.** 아이들은 질문하면서 배웁니다.

p052-10 **Man lernt, indem man lehrt.** 사람들은 가르치면서 배웁니다.

- **indem** (~ 하면서)는 종속접속사입니다. 종속절은 동사가 후치됩니다.
(직역 : 아이들은 배웁니다, 그들은 질문하면서.)
- **man** (사람/사람들은)은 일반적인 주어입니다.
(직역 : 사람은 배웁니다, 사람은 가르치면서.)
- **das Kind** (아이), **fragen** (질문하다), **lehren** (가르치다)

④ 기본패턴의 응용!

p052-11 **A) Lernst du etwas Neues?** 너 뭐 새로운 것을 배우니?

p052-12 **B) Ich lerne zurzeit Snowboarden.** 나는 요즘 스노우보드를 배우고 있어.

p052-13 **A) Wie lernen Sie Deutsch?** 당신은 어떻게 독일어를 배웁니까?

p052-14 **B) Ich lerne Deutsch durch Bücherlesen.** 나는 독서를 통해 독일어를 배웁니다.

- **Neues** (새로운 것)은 형용사 **neu** (새로운)의 명사형입니다.
- **etwas** (어떤 것), **wie** (어떻게), **durch** (~을 통해), **das Bücherlesen** (독서)

Learn foreign language!
GERMAN

Part 3. It's a completely new way to learn foreign language! | Pattern 053

Ich studiere. [이히 슈투디어레.]
나는 공부합니다.

① 기본패턴의 핵심!

❶ **Ich studiere ~.** 는 '나는 ~ 공부합니다/연구합니다.'입니다.
❷ **studieren** (공부하다/연구하다)는 규칙동사이며,
인칭변화형을 활용하여 다양한 주어의 문장을 만들 수 있습니다.
(**Ich studiere, Du studierst, Er/Sie/Es studiert, Wir studieren, Ihr studiert, Sie studieren** 등입니다.)

② 기본패턴의 연습!

- p053-01 **Ich studiere Genetik.** 나는 유전학을 공부합니다.
- p053-02 **Ich studiere Jura im Ausland.** 나는 외국에서 법학을 공부합니다.
- p053-03 **Ich studiere Musik in Deutschland.** 나는 독일에서 음악을 공부합니다.
- p053-04 **Ich studiere Linguistik an der Universität.** 나는 대학에서 언어학을 공부합니다.
- p053-05 **Ich studiere Esperanto zu Hause.** 나는 집에서 에스페란토어를 공부합니다.
- p053-06 **Ich studiere Betriebswirtschaftslehre seit zwei Jahren.** 나는 2년째 경영학을 공부합니다.
- p053-07 **Ich studiere Wirtschaftsinformatik als Hauptfach.** 나는 전공으로 경영정보학을 공부합니다.
- p053-08 **Ich studiere Spanisch als Nebenfach.** 나는 부전공으로 스페인어를 공부합니다.

● **an der Universität** 대학에서, **in der Schule** 학교에서
● **die Genetik** (유전학), **die Jura** (법학), **das Ausland** (외국), **die Musik** (음악), **die Linguistik** (언어학), **das Esperanto** (에스페란토어), **das Haus** (집), **die Betriebswirtschaftslehre** (경영학), **seit** (~한 이래), **zwei** (2), **das Jahr** (해/년), **die Wirtschaftsinformatik** (경영정보학), **als** (~로서), **das Hauptfach** (전공), **das Spanisch** (스페인어), **das Nebenfach** (부전공)

pattern

세 번째 섹션 : 중요동사 패턴!

3rd Section 은 **대표적**인 **중요동사**를 **테마별**로 **정리**했습니다.
이번 섹션에서 가장 **중요한 점**은
독일어 동사는 **인칭에 따라 어미**가 **변화**한다는 것입니다.

P 053

③ 기본패턴의 확장!

p053-09 **Ich studiere derzeit Betriebswirtschaftslehre an der Universität Berlin.**
나는 현재 베를린 대학에서 경영학을 공부하고 있습니다.

p053-10 **Ich studiere bald Wirtschaftsinformatik an der Universität Bonn.**
나는 곧 본 대학에서 경영정보학을 공부합니다.

- **derzeit** (현재), **bald** (곧)

④ 기본패턴의 응용!

p053-11 **A) Was studieren Sie als Hauptfach?** 당신은 전공으로 무엇을 공부합니까?

p053-12 **B) Ich studiere Linguistik als Hauptfach.** 나는 전공으로 언어학을 공부합니다.

p053-13 **A) Wo studieren Sie Informatik?** 당신은 정보학을 어디에서 공부합니까?

p053-14 **B) Ich studiere Informatik an der Universität Berlin.** 나는 베를린 대학에서 정보학을 공부합니다.

- **was** (무엇), **wo** (어디), **die Informatik** (정보학)

Learn foreign language!
GERMAN

Part 3. It's a completely new way to learn foreign language! | Pattern 054

Ich sage. [이히 자게.]
나는 말합니다.

❶ 기본패턴의 핵심!

❶ **Ich sage ~.** 는 '나는 ~ 말합니다/이야기합니다.'입니다.
❷ **sagen** (말하다/이야기하다)는 규칙동사이며,
인칭변화형을 활용하여 다양한 주어의 문장을 만들 수 있습니다.
(**Ich sage, Du sagst, Er/Sie/Es sagt, Wir sagen, Ihr sagt, Sie sagen** 등입니다.)
❸ **sagen ~ Bescheid** 는 '~에게 통지/확답/회답을 주다/알려주다'의 뜻입니다.

❷ 기본패턴의 연습!

p054-01	Ich sage	alles.	나는 모든 것을 말합니다.
p054-02	Ich sage	nichts.	나는 아무것도 말하지 않습니다.
p054-03	Ich sage	nichts mehr.	나는 더 이상 아무것도 말하지 않습니다.
p054-04	Ich sage	nicht nein.	나는 아니라고 말하지 않습니다.
p054-05	Ich sage	nichts dazu.	나는 그것에 대해 아무것도 말하지 않습니다.
p054-06	Ich sage	Ihnen die Wahrheit.	나는 당신에게 진실을 말합니다.
p054-07	Ich sage	Ihnen Bescheid.	나는 당신에게 확답을 알려주겠습니다.
p054-08	Ich sage	das aus Erfahrung.	나는 그것을 경험에서 말합니다.

● **aus Erfahrung** (경험으로부터)
● **alles** (모든 것), **nichts** (아무것도 아니다), **mehr** (더 이상), **nicht** (아니다), **nein** (아니오),
dazu (그것에 대하여/향하여), **Ihnen** (당신에게), **die Wahrheit** (진실),
der Bescheid (확답/통지), **das** (그것), **aus** (~로부터), **die Erfahrung** (경험)

세 번째 섹션 : 중요동사 패턴!

3rd Section 은 **대표적**인 **중요동사**를 **테마별**로 **정리**했습니다.
이번 섹션에서 가장 **중요한 점**은
독일어 동사는 **인칭에 따라 어미**가 **변화**한다는 것입니다.

P 054

③ 기본패턴의 확장!

p054-09 **Ich sage Ihnen Bescheid, wenn er ankommt.** 만약에 그가 도착하면, 나는 당신에게 알려주겠습니다.

p054-10 **Ich sage Ihnen Bescheid, sobald ich da bin.** 내가 거기에 도착하자마자, 나는 당신에게 알려주겠습니다.

- 종속접속사 **wenn** 은 '만약에 ~라면', '~ 했을 때'의 의미입니다.
- 종속접속사 **sobald** 는 '~ 하자마자/~ 하는 즉시'의 뜻입니다.
- 종속절에서는 동사가 후치됩니다.
- **sie** (그녀), **ankommen** (도착하다), **da** (거기)

④ 기본패턴의 응용!

p054-11 **A) Wann kommen Sie zurück?** 당신은 언제 돌아옵니까?

p054-12 **B) Ich sage Ihnen Bescheid.** 나는 당신에게 회답하겠습니다.

---

p054-13 **A) Ist das Buch schon fertig?** 당신의 책(집필)은 이미 끝났습니까?

p054-14 **B) Nein, ich sage Ihnen Bescheid, wenn es fertig ist.** 아니오, 만약에 끝이 나면 당신에게 알려드리겠습니다.

- **zurückkommen** (돌아오다)는 '분리동사'입니다. 분리동사는 분리전철이 문장의 맨 끝으로 이동합니다.
- **wann** (언제), **das Buch** (책), **schon** (이미), **fertig** (끝난)

Learn foreign language!
GERMAN

Part 3. It's a completely new way to learn foreign language! | Pattern 055

Ich spreche. [이히 슈프레헤.]
나는 말합니다.

① 기본패턴의 핵심!

❶ **Ich spreche ~.** 는 '나는 ~ 말합니다.'입니다.
❷ **sprechen** (말하다)는 불규칙동사이며, 인칭변화형을 활용하여 다양한 주어의 문장을 만들 수 있습니다.
(**Ich spreche, Du sprichst, Er/Sie/Es spricht, Wir sprechen, Ihr sprecht, Sie sprechen** 등입니다.)

② 기본패턴의 연습!

p055-01	Ich spreche	schnell.	나는 빠르게 말합니다.
p055-02	Ich spreche	darüber.	나는 그것에 대해 말합니다.
p055-03	Ich spreche	Koreanisch.	나는 한국어를 말합니다.
p055-04	Ich spreche	nur Englisch.	나는 영어만 말합니다.
p055-05	Ich spreche	ein bisschen Deutsch.	나는 독일어를 약간 말합니다.
p055-06	Ich spreche	kein Chinesisch.	나는 중국어를 말하지 못합니다.
p055-07	Ich spreche	drei Sprachen.	나는 3개 언어를 말합니다.
p055-08	Ich spreche	auf Deutsch.	나는 독일어로 말합니다.

● **auf Deutsch** (독일어로), **auf Französisch** (프랑스어로)
gerne auf Spanisch (즐겨 스페인어로), **lieber auf Englisch** (차라리 영어로)
● **schnell** (빠른), **langsam** (느린), **darüber** (그것에 대해/그 위에), **das Koreanisch** (한국어),
nur (단지), **das Englisch** (영어), **ein bisschen** (약간/조금), **das Chinesisch** (중국어),
drei (3), **die Sprachen** (언어)

pattern ak

세 번째 섹션 : 중요동사 패턴!

3rd Section 은 **대표적**인 **중요동사**를 **테마별**로 **정리**했습니다.
이번 섹션에서 가장 **중요한 점**은
독일어 동사는 **인칭에 따라 어미**가 **변화**한다는 것입니다.

P 055

③ 기본패턴의 확장!

p055-09 **Ich spreche mit dem Lehrer auf Deutsch.** 나는 선생님과 독일어로 말합니다.

p055-10 **Ich spreche mit meinem Nachbar über das Wetter.** 나는 이웃과 함께 날씨에 대해 말합니다.

- **mit dem Lehrer** (선생님과 함께), **mit meinem Nachbar** (나의 이웃과 함께)
- **über das Wetter** (날씨에 대해), **über das Thema** (테마에 대해), **über die Liebe** (사랑에 대해)
- **der Lehrer** (교사), **mein** (나의), **der Nachbar** (이웃), **über** (~에 대해), **das Wetter** (날씨)

④ 기본패턴의 응용!

p055-11 **A) Wie viele Sprachen sprechen Sie?** 당신은 몇 개 언어를 말합니까?

p055-12 **B) Ich spreche drei Sprachen.** 나는 3개 언어를 말합니다.

p055-13 **A) Worüber sprechen Sie mit dem Professor?** 당신은 교수님과 무엇에 대해 말합니까?

p055-14 **B) Ich spreche mit dem Professor über das Problem.** 나는 교수님과 그 문제에 대해 말합니다.

- **mit dem Professor** (교수와 함께), **über das Problem** (그 문제에 대해)
- **wie viele** (얼마나 많이), **worüber** (무엇에 대해), **der Professor** (교수), **das Problem** (문제)

Learn foreign language!
GERMAN

Part 3. It's a completely new way to learn foreign language! | Pattern 056

Ich erkläre. [이히 에어클레레.]
나는 설명합니다.

① 기본패턴의 핵심!

❶ **Ich erkläre ~.** 는 '나는 ~ 설명합니다/해명합니다.'입니다.
❷ **erklären** (설명하다/해명하다)는 규칙동사이며,
인칭변화형을 활용하여 다양한 주어의 문장을 만들 수 있습니다.
(**Ich erkläre, Du erklärst, Er/Sie/Es erklärt, Wir erklären, Ihr erklärt, Sie erklären** 등입니다.)
❸ **erklären im Detail** 은 '세부항목에서/자세하게 말하다'입니다.

② 기본패턴의 연습!

p056-01 Ich erkläre das Thema. 나는 그 주제를 설명합니다.

p056-02 Ich erkläre die Regeln. 나는 그 법칙들을 설명합니다.

p056-03 Ich erkläre den Grund. 나는 그 이유를 설명합니다.

p056-04 Ich erkläre den Text. 나는 그 텍스트를 설명합니다.

p056-05 Ich erkläre den Witz. 나는 그 농담을 설명합니다.

p056-06 Ich erkläre das Phänomen. 나는 그 현상을 설명합니다.

p056-07 Ich erkläre das im Detail. 나는 그것을 자세하게 설명합니다.

p056-08 Ich erkläre Ihnen das nachher. 나는 당신에게 그것을 나중에 설명하겠습니다.

● **das Thema** (주제/테마), **die Regel** (법칙), **der Grund** (이유), **der Text** (텍스트/문장), **der Witz** (농담/위트), **das Phänomen** (현상), **das** (그것), **das Detail** (상세/세목), **Ihnen** (당신에게), **nachher** (나중에)

pattern

세 번째 섹션 : 중요동사 패턴!

3rd Section 은 **대표적**인 **중요동사**를 **테마별**로 **정리**했습니다.
이번 섹션에서 가장 **중요한 점**은
독일어 동사는 **인칭에 따라 어미**가 **변화**한다는 것입니다.

P 056

③ 기본패턴의 확장!

p056-09 **Ich erkläre das mit einfachen Wörtern.** 나는 그것을 간단한 단어들로 설명합니다.

p056-10 **Ich erkläre alles der Reihe nach.** 나는 모든 것을 순서대로 설명합니다.

- **mit einfachen Wörtern** (간단한 단어들로),
- **der Reihe nach** (순서에 따라서) : 전치사가 뒤에 와 있습니다.
- **einfach** (간단한), **das Wort** (단어), **alles** (모두), **die Reihe** (열/줄/행), **nach** (3격전치사 : ~의 다음에)

④ 기본패턴의 응용!

p056-11 **A) Erklären Sie uns bitte genau den Grund?** 우리에게 그 이유를 정확하게 설명해 주시겠습니까?

p056-12 **B) Ich erkläre den Grund im Detail.** 그 이유를 상세하게 설명하겠습니다.

p056-13 **A) Was ist denn los?** 그런데 무슨 일입니까?

p056-14 **B) Ich erkläre Ihnen alles später.** 내가 당신에게 모든 것을 나중에 설명하겠습니다.

- **Was ist los?** (무슨 일입니까/무슨 일이 일어났습니까?)
- **uns** (우리에게), **bitte** (부디), **genau** (정확한), **später** (나중에), **alles** (모두)

Learn foreign language!
GERMAN

Part 3. It's a completely new way to learn foreign language! | Pattern 057

Ich weiß. [이히 바이쓰.]
나는 압니다.

❶ 기본패턴의 핵심!

❶ **Ich weiß ~.** 는 '나는 ~ 압니다.'입니다.
❷ **wissen** (알다/알고 있다/이해하다)는 불규칙동사이며,
인칭변화형을 활용하여 다양한 주어의 문장을 만들 수 있습니다.
(**Ich weiß, Du weißt, Er/Sie/Es weiß, Wir wissen, Ihr wisst, Sie wissen** 등입니다.)

❷ 기본패턴의 연습!

p057-01	**Ich weiß das.**	나는 그것을 압니다.
p057-02	**Ich weiß nicht.**	나는 모릅니다.
p057-03	**Ich weiß nicht genau.**	나는 정확하게 알지 못합니다.
p057-04	**Ich weiß davon.**	나는 그것에 대해 압니다.
p057-05	**Ich weiß den Weg.**	나는 길을 압니다.
p057-06	**Ich weiß die Details.**	나는 세부사항들을 압니다.
p057-07	**Ich weiß das Geheimnis.**	나는 비밀을 압니다.
p057-08	**Ich weiß die Wahrheit.**	나는 진실을 압니다.

● **das** (그것), **nicht** (아니다), **genau** (정확한), **davon** (그것에 관하여/그곳으로부터),
der Weg (길), **das Detail** (상세/세목), **das Geheimnis** (비밀), **die Wahrheit** (진실)

The **basics** of **grammar** and **sentence construction**!
The most useful **phrases** and **expressions**!

세 번째 섹션 : 중요동사 패턴!

3rd Section 은 **대표적**인 **중요동사**를 **테마별**로 **정리**했습니다.
이번 섹션에서 가장 **중요한 점**은
독일어 동사는 **인칭에 따라 어미**가 **변화**한다는 것입니다.

P 057

③ 기본패턴의 확장!

p057-09	Ich weiß, dass ich nichts weiß.	나는 아무것도 모른다는 것을 나는 압니다.
p057-10	Ich weiß nicht, ob Camilla kommt.	카밀라가 올지 안 올지, 나는 모릅니다.

- **dass** (~ 하는 것)은 종속접속사이며, 종속절의 동사는 후치되어 문장의 맨 뒤로 갑니다.
- **ob** (~ 인지 아닌지) 역시 종속접속사입니다.
- **nichts** (아무것도 아니다), **kommen** (오다)

④ 기본패턴의 응용!

p057-11	A) Was denken Sie über mein Argument?	나의 논증에 대해 당신은 무엇을 생각합니까?
p057-12	B) Ich weiß, dass Sie Recht haben.	나는 당신이 옳다는 것을 압니다.

p057-13	A) Ist diese Aussage wahr?	이 진술은 사실입니까?
p057-14	B) Ich weiß nicht, ob sie wahr ist.	나는 그것이 사실인지 아닌지 모르겠습니다.

- **denken über ~** (~에 대해 생각하다), **Recht haben** (맞다/옳다),
- **dieser** (이), 지시대명사이며 정관사 어미변화를 합니다.
- **was** (무엇), **denken** (생각하다), **mein** (나의), **das Argument** (논증), **das Recht** (옳음/정의/법), **die Aussage** (진술/보고), **wahr** (진실한)

Learn foreign language!
GERMAN

Part 3. It's a completely new way to learn foreign language! | Pattern 058

Ich kenne. [이히 켄네.]
나는 알고 있습니다.

① 기본패턴의 핵심!

❶ **Ich kenne ~.** 는 '나는 ~ 알고 있습니다.'입니다.
❷ **kennen** (알고 있다/면식이 있다)는 규칙동사이며,
인칭변화형을 활용하여 다양한 주어의 문장을 만들 수 있습니다.
(**Ich kenne, Du kennst, Er/Sie/Es kennt, Wir kennen, Ihr kennt, Sie kennen** 등입니다.)

② 기본패턴의 연습!

p058-01	**Ich kenne den Mann.**	나는 그 남자를 압니다.
p058-02	**Ich kenne die Frau.**	나는 그 여자를 압니다.
p058-03	**Ich kenne die Leute.**	나는 그 사람들을 압니다.
p058-04	**Ich kenne ihn sehr gut.**	나는 그를 매우 잘 압니다.
p058-05	**Ich kenne ihn bereits.**	나는 그를 이미 알고 있습니다.
p058-06	**Ich kenne sie schon lange.**	나는 그녀를 이미 오래 알고 있습니다.
p058-07	**Ich kenne ihn überhaupt nicht.**	나는 그를 전혀 알지 못합니다.
p058-08	**Ich kenne hier niemand.**	나는 여기에 아무도 모릅니다.

● **niemand** (아무도 ~ 아니다)는 부정의 대명사입니다.
● **der Mann** (남자), **die Frau** (여자), **die Leute** (사람들), **ihn** (그를),
sehr (매우), **gut** (좋은), **bereits** (이미), **sie** (그녀), **schon** (이미),
lange (오랫동안), **überhaupt** (전혀), **nicht** (아니다), **hier** (여기)

The basics of grammar and sentence construction!
The most useful phrases and expressions!

pattern
세 번째 섹션 : 중요동사 패턴!

3rd Section 은 **대표적**인 **중요동사**를 **테마별**로 **정리**했습니다.
이번 섹션에서 가장 **중요한 점**은
독일어 동사는 **인칭에 따라 어미**가 **변화**한다는 것입니다.

P 058

③ 기본패턴의 확장!

p058-09	Ich kenne keinen von ihnen.	나는 그들 중에서 아무도 모릅니다.
p058-10	Ich kenne Heidi seit ein paar Jahren.	나는 하이디를 몇 년째 알고 있습니다.

- **keine** (아무 사람들도 아니다)의 의미로 복수형태입니다.
- **seit ein paar Jahren** (몇 년 이래로)
- **von** (~에서), **ihnen** (그들에게), **seit** (~한 이래로), **ein paar** (약간의/몇몇의), **das Jahr** (해/년)

④ 기본패턴의 응용!

p058-11	A) Kennen Sie diesen Mann?	당신은 이 남자를 압니까?
p058-12	B) Ich kenne ihn überhaupt nicht.	나는 그를 전혀 모릅니다.
p058-13	A) Kennen Sie diese Studentinnen?	당신은 이 여학생들을 압니까?
p058-14	B) Ich kenne keine von ihnen.	나는 그들 중 아무도 모릅니다.

- **dieser** (이), 지시대명사이며 정관사 어미변화를 합니다.
- **überhaupt** (전혀), **die Studentin** (여학생)

Learn foreign language!
GERMAN

Part 3. It's a completely new way to learn foreign language! | Pattern 059

Ich verstehe. [이히 페어슈테에.]
나는 이해합니다.

① 기본패턴의 핵심!

❶ **Ich verstehe ~.** 는 '나는 ~ 이해합니다.'입니다.
❷ **verstehen** (이해하다)는 규칙동사이며, 인칭변화형을 활용하여 다양한 주어의 문장을 만들 수 있습니다.
(**Ich verstehe, Du verstehst, Er/Sie/Es versteht,**
Wir verstehen, Ihr versteht, Sie verstehen 등입니다.)
❸ **verstehen sich selbst** 는 '자신 스스로 이해하다'의 뜻입니다.

② 기본패턴의 연습!

p059-01	Ich verstehe	nicht.	나는 이해하지 못합니다.
p059-02	Ich verstehe	nichts.	나는 아무것도 이해하지 못합니다.
p059-03	Ich verstehe	kein Französisch.	나는 프랑스어를 이해하지 못합니다.
p059-04	Ich verstehe	mich selbst nicht.	나는 내 자신을 이해하지 못합니다.
p059-05	Ich verstehe	Ihre Besorgnis.	나는 당신의 걱정을 이해합니다.
p059-06	Ich verstehe	Ihr Dilemma.	나는 당신의 딜레마를 이해합니다.
p059-07	Ich verstehe	Ihre Frage nicht.	나는 당신의 질문을 이해하지 못합니다.
p059-08	Ich verstehe	Ihren Gesichtspunkt.	나는 당신의 관점을 이해합니다.

● **nicht** (아니다), **nichts** (아무것도 아니다), **kein** (하나도 ~않다),
das Französisch (프랑스어), **mich** (나를), **selbst** (스스로), **die Besorgnis** (걱정/불안),
das Dilemma (딜레마), **die Frage** (질문), **der Gesichtspunkt** (관점/시점)

The basics of grammar and sentence construction!
The most useful phrases and expressions!

pattern

세 번째 섹션 : 중요동사 패턴!

3rd Section 은 대표적인 중요동사를 테마별로 정리했습니다.
이번 섹션에서 가장 중요한 점은
독일어 동사는 인칭에 따라 어미가 변화한다는 것입니다.

P 059

③ 기본패턴의 확장!

p059-09 **Ich verstehe, was Sie sagen.** 나는 당신이 무엇을 말하는지 이해합니다.

p059-10 **Ich verstehe nicht viel davon.** 나는 그것에 대해 많이 이해하지 못합니다.

- 종속접속사 **was** (무엇), 종속절에서는 동사가 후치됩니다.
- **viel** (많은), **davon** (그것에 대하여)

④ 기본패턴의 응용!

p059-11 **A) Verstehen Sie mich?** 당신은 나를 이해합니까?

p059-12 **B) Ich verstehe, was Sie meinen.** 나는 당신이 무엇이라고 생각하는지 이해합니다.

---

p059-13 **A) Verstehe ich das richtig?** 내가 그것을 올바로 이해하고 있습니까?

p059-14 **B) Ich verstehe das genauso wie Sie.** 나는 당신과 똑같이 이해하고 있습니다.

- **genauso wie ~** (~와 똑같이), 동등비교 표현입니다.
- **meinen** (생각하다/의미하다), **richtig** (올바른)

Learn foreign language!
GERMAN

Part 3. It's a completely new way to learn foreign language! | Pattern 060

Verstehen Sie? [페어슈테엔 지?]
당신은 이해합니까?

① 기본패턴의 핵심!

❶ **Ich verstehe ~.** 는 '나는 ~ 이해합니다.'입니다.
❷ **verstehen** (이해하다)는 규칙동사이며, 인칭변화형을 활용하여 다양한 주어의 문장을 만들 수 있습니다.
(**Ich verstehe, Du verstehst, Er/Sie/Es versteht, Wir verstehen, Ihr versteht, Sie verstehen** 등입니다.)
❸ **Verstehen Sie ~?** 는 '당신은 ~을 이해합니까?'입니다.

② 기본패턴의 연습!

p060-01	**Verstehen Sie**	**alles?**	당신은 모든 것을 이해합니까?
p060-02	**Verstehen Sie**	**mich?**	당신은 나를 이해합니까?
p060-03	**Verstehen Sie**	**mich nicht?**	당신은 나를 이해 못합니까?
p060-04	**Verstehen Sie**	**Deutsch?**	당신은 독일어를 이해합니까?
p060-05	**Verstehen Sie**	**den Satz?**	당신은 그 문장을 이해합니까?
p060-06	**Verstehen Sie**	**den Sinn?**	당신은 그 의미를 이해합니까?
p060-07	**Verstehen Sie**	**den Standpunkt?**	당신은 그 관점을 이해합니까?
p060-08	**Verstehen Sie**	**den Unterschied?**	당신은 그 차이점을 이해합니까?

● **alles** (모두), **mich** (나를), **nicht** (아니다), **das Deutsch** (독일어), **der Satz** (문장),
der Sinn (의미), **der Standpunkt** (관점/시점), **der Unterschied** (차이/구별)

세 번째 섹션 : 중요동사 패턴!

3rd Section 은 **대표적**인 **중요동사**를 **테마별**로 **정리**했습니다.
이번 섹션에서 가장 **중요한 점**은
독일어 동사는 **인칭에 따라 어미**가 **변화**한다는 것입니다.

P 060

③ 기본패턴의 확장!

p060-09	**Verstehen Sie viel von Politik?**	당신은 정치에 대해 많이 이해합니까?
p060-10	**Verstehen Sie, was ich meine?**	당신은 내가 무엇을 말하는지 이해합니까?

- **verstehen von ~** (~에 대해 이해하다)
- **was** (무엇)은 종속접속사이며, 종속절은 동사가 후치됩니다.
- **viel** (~많은), **von** (~에 대하여/~의), **die Politik** (정치/정치학), **meinen** (생각하다/의미하다)

④ 기본패턴의 응용!

p060-11	**A) Verstehen Sie den Standpunkt?**	당신은 그 관점을 이해합니까?
p060-12	**B) Nein, ich verstehe den Standpunkt nicht.**	아니오, 나는 그 관점을 이해하지 못합니다.

p060-13	**A) Verstehen Sie, worum es geht?**	그것이 무엇에 대한 것인지 당신은 이해합니까?
p060-14	**B) Ja, ich verstehe.**	네, 이해합니다.

- **es geht um** + 4격 (~에 관계하다), **Worum geht es?** (무엇에 관련한 것인가?)
- **nein** (아니오), **ja** (네)

The focus is on **conversation** and **communication**.

Start **speaking languages** immediately using **essential phrases**.

Learn foreign language!
GERMAN

Part 4. | Pattern 061

It's a completely new way to learn foreign language!

Ich plane. [이히 플라네.]
나는 계획합니다.

❶ 기본패턴의 핵심!

❶ **Ich plane ~.** 는 '나는 ~ 계획합니다.'입니다.
❷ **planen** (계획하다)는 규칙동사이며, 인칭변화형을 활용하여 다양한 주어의 문장을 만들 수 있습니다.
(**Ich plane, Du planst, Er/Sie/Es plant, Wir planen, Ihr plant, Sie planen** 등입니다.)
❸ **Ich plane, zu** + 동사원형.은 '나는 (동사원형)하는 것을 계획한다.'입니다.
zu + 동사원형은 종속문의 문장 끝에 옵니다.

❷ 기본패턴의 연습!

- p061-01 **Ich plane ein Projekt.** 나는 프로젝트 하나를 계획합니다.
- p061-02 **Ich plane meine Sommerferien.** 나는 나의 여름방학을 계획합니다.
- p061-03 **Ich plane meine nächste Reise.** 나는 나의 다음 여행을 계획합니다.
- p061-04 **Ich plane, eine Prüfung zu machen.** 나는 시험 보는 것을 계획합니다.
- p061-05 **Ich plane, ein Gitarrensolo zu spielen.** 나는 기타독주를 계획합니다.
- p061-06 **Ich plane, in Deutschland zu studieren.** 나는 독일에서 공부하는 것을 계획합니다.
- p061-07 **Ich plane, einige Tage in Hamburg zu bleiben.** 나는 함부르크에 몇 일 머물 것을 계획합니다.
- p061-08 **Ich plane, im Sommer nach Deutschland zu reisen.** 나는 여름에 독일로 여행가는 것을 계획합니다.

● **eine Prüfung zu machen** (시험 보다)
● **das Projekt** (프로젝트), **mein** (나의), **die Sommerferien** (여름방학), **nächst** (바로 다음의), **die Reise** (여행), **die Prüfung** (시험), **machen** (하다/만들다), **das Gitarrensolo** (기타독주), **spielen** (연주하다), **das Deutschland** (독일), **studieren** (공부하다/연구하다), **einige** (약간), **der Tag** (날/일), **bleiben** (머물다), **der Sommer** (여름), **nach** (~향해), **reisen** (여행하다)

pattern

세 번째 섹션 : 중요동사 패턴!

3rd Section 은 **대표적**인 **중요동사**를 **테마별**로 **정리**했습니다.
이번 섹션에서 가장 **중요한 점**은
독일어 동사는 **인칭에 따라 어미**가 **변화**한다는 것입니다.

P 061

③ 기본패턴의 확장!

p061-09 Ich plane, mit meiner Freundin nach Europa zu fahren. 나는 나의 여자친구와 유럽으로 차 타고 갈 것을 계획합니다.

p061-10 Ich plane, mit meinen Kollegen zu Mittag zu essen. 나는 나의 동료들과 함께 점심 식사를 계획합니다.

● **zu Mittag essen** (점심을 먹다)
● **die Freundin** (여자친구/애인), **die Europa** (유럽), **fahren** (운전하다), **der Kollge** (동료),
die Mittag (낮/점심), **essen** (먹다)

④ 기본패턴의 응용!

p061-11 A) Was machen Sie heute Abend? 당신은 오늘 저녁 무엇을 합니까?

p061-12 B) Ich plane meine Winterferien. 나는 나의 겨울방학을 계획합니다.

p061-13 A) Was planst du für die Sommerferien? 너는 여름방학을 위해 무엇을 계획하니?

p061-14 B) Ich plane, so viele Bücher wie möglich zu lesen. 나는 가능한 한 많은 책들을 읽을 것을 계획합니다.

● **so viel ~ wie möglich** (가능한 한 많은 ~) :
viel 다음에 명사가 오면, 성수에 따라 어미변화를 합니다.
● **so schnell wie möglich** (가능한 한 빨리)
● **was** (무엇), **machen** (하다), **heute** (오늘), **der Abend** (저녁),
die Winterferien (겨울방학), **viel** (많은), **das Buch** (책), **möglich** (가능한), **lesen** (읽다)

Learn foreign language!
GERMAN

Part 4. It's a completely new way to learn foreign language! | Pattern 062

Ich brauche. [이히 브라우헤.]
나는 필요합니다.

① 기본패턴의 핵심!

❶ **Ich brauche ~.** 는 '나는 ~ 필요로 합니다.'입니다.
❷ **brauchen** (필요로 하다)는 규칙동사이며,
인칭변화형을 활용하여 다양한 주어의 문장을 만들 수 있습니다.
(**Ich brauche, Du brauchst, Er/Sie/Es braucht, Wir brauchen, Ihr braucht, Sie brauchen** 등입니다.)

② 기본패턴의 연습!

p062-01	Ich brauche	Hilfe.	나는 도움을 필요로 합니다.
p062-02	Ich brauche	eine Pause.	나는 휴식을 필요로 합니다.
p062-03	Ich brauche	einen Job.	나는 직업을 필요로 합니다.
p062-04	Ich brauche	mehr Geld.	나는 더 많은 돈을 필요로 합니다.
p062-05	Ich brauche	viel Essen.	나는 많은 음식을 필요로 합니다.
p062-06	Ich brauche	keinen Grund.	나는 이유를 필요로 하지 않습니다.
p062-07	Ich brauche	Ihre Mitarbeit.	나는 당신의 협력을 필요로 합니다.
p062-08	Ich brauche	noch Zeit.	나는 좀 더 시간을 필요로 합니다.

● **die Hilfe** (도움), **die Pause** (휴식), **der Job** (직업), **mehr** (더 많은), **das Geld** (돈), **viel** (많은), **das Essen** (음식), **kein** (하나도 아니다), **der Grund** (근거/이유), **Ihr** (당신의), **die Mitarbeit** (협업/협력), **noch** (더), **die Zeit** (시간)

The basics of grammar and sentence construction!
The most useful phrases and expressions!

pattern any!

세 번째 섹션 : 중요동사 패턴!

3rd Section 은 **대표적**인 **중요동사**를 **테마별**로 **정리**했습니다.
이번 섹션에서 가장 **중요한 점**은
독일어 동사는 **인칭에 따라 어미**가 **변화**한다는 것입니다.

P 062

③ 기본패턴의 확장!

p062-09 **Ich brauche Zeit zum Vorbereiten.** 나는 준비할 시간을 필요로 합니다.

p062-10 **Ich brauche Zeit, um das zu vergessen.** 나는 그것을 잊기 위해서 시간을 필요로 합니다.

- **Zeit zum ~** (~할 시간)
- **um ... zu** + 동사원형은 '...을 ~하기 위해서'입니다.
- **das Vorbereiten** (준비), **das** (그것), **vergessen** (잊다)

④ 기본패턴의 응용!

p062-11 **A) Wie lautet Ihre Entscheidung?** 당신의 결정은 어떤 내용입니까?

p062-12 **B) Ich brauche etwas Zeit zum Nachdenken.** 나는 숙고할 약간의 시간을 필요로 합니다.

---

p062-13 **A) Entscheiden Sie sich bitte heute.** 당신은 오늘 결정을 내려 주세요.

p062-14 **B) Ich brauche mehr Zeit, um darüber nachzudenken.** 나는 그것에 대해 숙고할 시간이 더 필요합니다.

- **Wie lautet ~?** (어떤 내용입니까?)
- **Zeit zum Nachdenken** (숙고하기 위한 시간), **nachdenken über** (~에 대해 숙고하다)
- **wie** (어떻게), **lauten** (~라는 내용이다), **Ihr** (당신의), **die Entscheidung** (결정), **etwas** (어떤 것), **das Nachdenken** (숙고), **sich entscheiden** (결정하다), **heute** (오늘), **über** (~에 대해), **nachdenken** (숙고하다)

Learn foreign language!
GERMAN

Part 4. It's a completely new way to learn foreign language! | Pattern 063

Ich suche. [이히 주헤.]
나는 찾습니다.

❶ 기본패턴의 핵심!

❶ **Ich suche ~.** 는 '나는 ~ 찾습니다.'입니다.
❷ **suchen** (찾다/시도하다)는 규칙동사이며,
인칭변화형을 활용하여 다양한 주어의 문장을 만들 수 있습니다.
(**Ich suche, Du suchst, Er/Sie/Es sucht, Wir suchen, Ihr sucht, Sie suchen** 등입니다.)

❷ 기본패턴의 연습!

p063-01	Ich suche diese Adresse.	나는 이 주소를 찾고 있습니다.
p063-02	Ich suche eine Arbeit.	나는 직업를 찾고 있습니다.
p063-03	Ich suche eine Teilzeitarbeit.	나는 파트타임직을 찾고 있습니다.
p063-04	Ich suche eine Nachtarbeit.	나는 야간직을 찾고 있습니다.
p063-05	Ich suche eine Zeitarbeit.	나는 파트타임직을 찾고 있습니다.
p063-06	Ich suche ein Souvenir aus Deutschland.	나는 독일산 기념품을 찾고 있습니다.
p063-07	Ich suche eine Wohnung in Berlin.	나는 베를린에서 숙소를 찾고 있습니다.
p063-08	Ich suche jemanden zum Chatten.	나는 채팅할 누군가를 찾고 있습니다.

- **dieser** 지시대명사, 정관사 어미변화합니다.
- 대명사 **jemand** (어떤 사람/누군가), **jemanden** (4격 : 누군가를)
- **die Adresse** (주소), **die Arbeit** (직업/일), **die Teilzeitarbeit** (파트타임직), **die Nachtarbeit** (야간직), **die Zeitarbeit** (시간제 일자리), **das Souvenir** (기념품), **aus** (~으로부터), **das Deutschland** (독일), **die Wohnung** (주택/숙소), **die Chatten** (채팅), **zum Chatten** (채팅하기 위해서)

pattern

세 번째 섹션 : 중요동사 패턴!

3rd Section 은 **대표적**인 **중요동사**를 **테마별**로 **정리**했습니다.
이번 섹션에서 가장 **중요한 점**은
독일어 동사는 **인칭에 따라 어미**가 **변화**한다는 것입니다.

P 063

③ 기본패턴의 확장!

p063-09 **Ich suche ein Geschenk für meine Freundin.** 나는 나의 여친을 위해 선물을 찾고 있습니다.

p063-10 **Ich suche jemanden, um über Skype zu sprechen.** 나는 스카이프로 이야기하려고 누군가를 찾습니다.

- **ein Geschenk für** 4격 (~를 위한 선물)
- **um ... zu** + 동사원형은 '...을 ~하기 위하여'입니다.
- **das Geschenk** (선물), **mein** (나의), **die Freundin** (여자친구), **sprechen** (말하다)

④ 기본패턴의 응용!

p063-11 **A) Was für eine Arbeit suchen Sie?** 당신은 어떤 종류의 일자리를 찾고 있습니까?

p063-12 **B) Ich suche eine Nachtarbeit.** 나는 야간직을 찾고 있습니다.

---

p063-13 **A) Was suchen Sie in diesem Geschäft?** 당신은 이 상점에서 무엇을 찾고 있습니까?

p063-14 **B) Ich suche ein Geschenk für meine Freundin.** 나는 여친을 위해 선물 하나를 찾고 있습니다.

- **was für ein** ~ (어떤 종류의)
- **in diesem Geschäft** = **in** (전치사 3격) + **diesem** (지시대명사) + **Geschäft** (상점)
- **was** (무엇), **das Geschäft** (상점/사업/사무)

Learn foreign language!
GERMAN

Part 4. It's a completely new way to learn foreign language! | Pattern 064

Ich versuche. [이히 페어주헤.]
나는 시도합니다.

① 기본패턴의 핵심!

❶ **Ich versuche ~.** 는 '나는 ~ 시도합니다.'입니다.
❷ **versuchen** (시도하다/~하려고 하다)는 규칙동사이며,
인칭변화형을 활용하여 다양한 주어의 문장을 만들 수 있습니다.
(**Ich versuche, Du versuchst, Er/Sie/Es versucht, Wir versuchen, Ihr versucht, Sie versuchen** 등입니다.)
❸ **versuchen, zu** + 동사원형 (동사하는 것을 시도하다)

② 기본패턴의 연습!

p064-01	**Ich versuche es.**	나는 그것을 시도합니다.
p064-02	**Ich versuche, zu schlafen.**	나는 수면을 시도합니다.
p064-03	**Ich versuche, gut zu schlafen.**	나는 잘 자려고 시도합니다.
p064-04	**Ich versuche, nachzudenken.**	나는 숙고를 시도합니다.
p064-05	**Ich versuche, das zu übersetzen.**	나는 그것을 번역하려고 시도합니다.
p064-06	**Ich versuche, Geld zu sparen.**	나는 돈을 저축하려고 시도합니다.
p064-07	**Ich versuche, Deutsch zu lernen.**	나는 독일어를 배우려고 시도합니다.
p064-08	**Ich versuche, glücklich zu sein.**	나는 행복하려고 시도합니다.

● **nachzudenken** = **nachdenken** + **zu** (분리동사는 전철 사이에 **zu** 를 삽입합니다.)
● **es** (그것), **schlafen** (자다), **gut** (좋은), **das** (그것), **übersetzen** (번역하다), **das Geld** (돈),
sparen (저축하다), **lernen** (배우다), **glücklich** (행복한), **sein** (~이다)

pattern

세 번째 섹션 : 중요동사 패턴!

3rd Section 은 **대표적**인 **중요동사**를 **테마별**로 **정리**했습니다.
이번 섹션에서 가장 **중요한 점**은
독일어 동사는 **인칭에 따라 어미**가 **변화**한다는 것입니다.

P 064

③ 기본패턴의 확장!

p064-09 **Ich versuche immer, die Wahrheit zu sagen.** 나는 진실을 말하려고 항상 시도합니다.

p064-10 **Ich versuche nur, das Richtige zu tun.** 나는 단지 옳은 일을 하려고 시도합니다.

● **immer** (항상), **die Wahrheit** (진실), **sagen** (말하다), **nur** (단지), **das Richtige** (옳은 것), **tun** (하다)

④ 기본패턴의 응용!

p064-11 **A) Was machst du am Schreibtisch?** 너는 책상에서 무엇을 하니?

p064-12 **B) Ich versuche, das Problem zu lösen.** 나는 그 문제를 해결하려고 시도합니다.

---

p064-13 **A) Was wirst du jetzt tun?** 이제 너 무엇을 할 거니?

p064-14 **B) Ich versuche, deinen Rat zu befolgen.** 나는 너의 충고를 따르려고 시도할 거야.

● **am Schreibtisch** = **an** + **dem Schreibtisch** (책상에서) (**am** = **an** + **dem** 축약형)
● **was** (무엇), **machen** (하다), **du** (너), **der Schreibtisch** (책상), **das Problem** (문제), **lösen** (해결하다), **werden** (~할 것이다 : 미래시제 조동사), **jetzt** (지금), **dein** (너의), **das Rat** (조언/충고), **befolgen** (따르다)

Learn foreign language!
GERMAN

Part 4. It's a completely new way to learn foreign language! | Pattern 065

Ich empfehle. [이히 엠프펠레.]
나는 추천합니다.

① 기본패턴의 핵심!

❶ **Ich empfehle ~.** 는 '나는 ~ 추천합니다.'입니다.
❷ **empfehlen** (추천하다)는 불규칙동사이며, 인칭변화형을 활용하여 다양한 문장을 만들 수 있습니다.
(**Ich empfehle, Du empfiehlst, Er/Sie/Es empfiehlt,**
Wir empfehlen, Ihr empfehlt, Sie empfehlen 등입니다.)
❸ **empfehlen, zu** + 동사원형.은 '동사하는 것을 추천하다.'입니다. (**zu** 부정법 : **zu** + 동사원형)

② 기본패턴의 연습!

- p065-01 **Ich empfehle Ihnen das.** 나는 당신에게 그것을 추천합니다.
- p065-02 **Ich empfehle das nicht.** 나는 그것을 추천하지 않습니다.
- p065-03 **Ich empfehle Ihnen die Lektüre.** 나는 당신에게 그 강의를 추천합니다.
- p065-04 **Ich empfehle Ihnen den Film.** 나는 당신에게 그 영화를 추천합니다.
- p065-05 **Ich empfehle Ihnen ein interessantes Buch.** 나는 당신에게 흥미로운 책 하나를 추천합니다.
- p065-06 **Ich empfehle Ihnen einen guten Anwalt.** 나는 당신에게 좋은 변호사 한 명을 추천합니다.
- p065-07 **Ich empfehle Ihnen, nach Deutschland zu reisen.** 나는 당신에게 독일로 여행하는 것을 추천합니다.
- p065-08 **Ich empfehle Ihnen, das Buch auf Deutsch zu lesen.** 나는 당신에게 그 책을 독일어로 읽는 것을 추천합니다.

● **nach Deutschland** (독일로/향해), **auf Deutsch** (독일어로)
● **Ihnen** (당신에게), **das** (그것), **nicht** (아니다), **die Lektüre** (강의), **der Film** (영화), **interessant** (흥미로운), **das Buch** (책), **gut** (좋은), **der Anwalt** (변호사), **nach** (~로/향해) **das Deutschland** (독일), **reisen** (여행하다), **auf** (~위로), **das Deutsch** (독일어), **lesen** (읽다)

pattern

세 번째 섹션 : 중요동사 패턴!

3rd Section 은 대표적인 중요동사를 테마별로 정리했습니다.
이번 섹션에서 가장 중요한 점은
독일어 동사는 인칭에 따라 어미가 변화한다는 것입니다.

P 065

③ 기본패턴의 확장!

p065-09 Ich empfehle Ihnen, mit dem Taxi zum Hotel zu fahren. 나는 당신에게 호텔에 택시로 갈 것을 추천합니다.

p065-10 Ich empfehle Ihnen, das Buch auf Englisch noch einmal zu lesen. 나는 당신에게 그 책을 영어로 한 번 더 읽을 것을 추천합니다.

- **mit dem Taxi** (택시로), **zum Hotel** = **zu** + **dem Hotel** (호텔로)
- **auf Englisch** (영어로)
- **das Hotel** (호텔), **das Taxi** (택시), **fahren** (타고 가다), **noch** (더), **einmal** (한 번)

④ 기본패턴의 응용!

p065-11 A) Was empfehlen Sie mir für die Ferien? 당신은 나에게 방학을 위해 무엇을 추천합니까?

p065-12 B) Ich empfehle Ihnen diese Lektüre. 나는 당신에게 이 강의를 추천합니다.

p065-13 A) Soll ich das Buch auf Englisch lesen? 내가 그 책을 영어로 읽어야 하나요?

p065-14 B) Ich empfehle Ihnen, das Buch auf Koreanisch zu lesen. 나는 당신에게 그 책을 한국어로 읽을 것을 추천합니다.

- **für die Ferien** (방학을 위해)
- **sollen** (~해야 한다)는 화법조동사입니다.
화법조동사가 오면 본동사는 원형으로 문장의 맨 뒤에 옵니다. (화법조동사 파트를 참고해 주세요.)
- **die Ferien** (방학), **dieser** (이 : 지시대명사), **das Koreanisch** (한국어)

Learn foreign language!
GERMAN

Part 4. It's a completely new way to learn foreign language! | Pattern 066

Ich nehme. [이히 네메.]

나는 취합니다.

① 기본패턴의 핵심!

❶ **Ich nehme ~.** 는 '나는 ~ 취합니다.'입니다.
❷ **nehmen** (잡다/받다/취하다/이용하다/복용하다)는 불규칙동사이며, 영어의 **take** 처럼 다양한 의미로 사용되는 중요한 동사입니다.
❸ **nehmen** 동사의 인칭변화형을 활용하여 다양한 주어의 문장을 만들 수 있습니다. (**Ich nehme, Du nimmst, Er/Sie/Es nimmt, Wir nehmen, Ihr nehmt, Sie nehmen** 등입니다.)

② 기본패턴의 연습!

p066-01	**Ich nehme das.**	나는 그것을 취합니다.
p066-02	**Ich nehme alles hier.**	나는 여기에 모든 것을 취합니다.
p066-03	**Ich nehme das Buch.**	나는 그 책을 가집니다.
p066-04	**Ich nehme ein Taxi.**	나는 택시를 이용합니다.
p066-05	**Ich nehme den nächsten Bus.**	나는 다음 버스를 이용합니다.
p066-06	**Ich nehme eine Woche Urlaub.**	나는 1주일 휴가를 가집니다.
p066-07	**Ich nehme jetzt ein Bad.**	나는 지금 목욕을 합니다.
p066-08	**Ich nehme ein Medikament.**	나는 약을 복용합니다.

● **das** (그것), **alles** (모두), **hier** (여기), **das Buch** (책), **das Taxi** (택시), **nächst** (바로 다음에), **der Bus** (버스), **die Woche** (주/주간), **der Urlaub** (휴가), **jetzt** (지금/이제), **das Bad** (목욕), **das Medikament** (약)

pattern an

세 번째 섹션 : 중요동사 패턴!

3rd Section 은 **대표적**인 **중요동사**를 **테마별**로 **정리**했습니다.
이번 섹션에서 가장 **중요한 점**은
독일어 동사는 **인칭에 따라 어미**가 **변화**한다는 것입니다.

P 066

③ 기본패턴의 확장!

p066-09	**Ich nehme das als Kompliment.**	나는 그것을 칭찬으로 여깁니다.
p066-10	**Ich nehme das als Ersatzteil.**	나는 그것을 부품으로 취합니다.

- **als** (~으로서), **als Kompliment** (칭찬으로서), **als Ersatzteil** (부품으로서)
- **das Kompliment** (칭찬), **das Ersatzteil** (부품)

④ 기본패턴의 응용!

p066-11	**A) Gehen Sie zu Fuß?**	당신은 걸어서 갑니까?
p066-12	**B) Ich nehme ein Taxi.**	나는 택시를 이용합니다.

p066-13	**A) Wie verstehst du das?**	너는 그것을 어떻게 이해하니?
p066-14	**B) Ich nehme das als Kompliment.**	나는 그것을 칭찬으로 여겨.

- **zu Fuß** (걸어서)
- **gehen** (가다), **der Fuß** (다리/발), **wie** (어떻게), **verstehen** (이해하다)

Learn foreign language!
GERMAN

Part 4. It's a completely new way to learn foreign language! | Pattern 067

Ich benutze. [이히 베누체.]
나는 사용합니다.

① 기본패턴의 핵심!

❶ **Ich benutze ~.** 는 '나는 ~ 사용합니다.'입니다.
❷ **benutzen** (이용/사용/참고/적용하다)는 규칙동사이며,
인칭변화형을 활용하여 다양한 주어의 문장을 만들 수 있습니다.
(**Ich benutze, Du benutzt, Er/Sie/Es benutzt, Wir benutzen, Ihr benutzt, Sie benutzen** 등입니다.)
(**benutzen** 동사의 2-3인칭형태는 동일하며, 발음편의상 단수2인칭 어미 **-s** 가 축약되었습니다.)

② 기본패턴의 연습!

p067-01	Ich benutze	das.	나는 그것을 사용합니다.
p067-02	Ich benutze	das nicht.	나는 그것을 사용하지 않습니다.
p067-03	Ich benutze	das jeden Tag.	나는 그것을 매일 사용합니다.
p067-04	Ich benutze	den Computer.	나는 컴퓨터를 사용합니다.
p067-05	Ich benutze	den Staubsauger.	나는 진공청소기를 사용합니다.
p067-06	Ich benutze	Internet.	나는 인터넷을 사용합니다.
p067-07	Ich benutze	Chrome.	나는 크롬(브라우저)을 사용합니다.
p067-08	Ich benutze	Facebook häufig.	나는 페이스북을 자주 사용합니다.

● **das** (그것), **nicht** (아니다), **jeden Tag** (매일), **der Computer** (컴퓨터), **der Staubsauger** (진공청소기), **das Internet** (인터넷), **häufig** (자주)

The basics of grammar and sentence construction!
The most useful phrases and expressions!

세 번째 섹션 : 중요동사 패턴!

P 067

3rd Section 은 **대표적**인 **중요동사**를 **테마별**로 **정리**했습니다.
이번 섹션에서 가장 **중요한 점**은
독일어 동사는 **인칭에 따라 어미**가 **변화**한다는 것입니다.

③ 기본패턴의 확장!

p067-09 **Ich benutze meine Visa Karte.** 나는 나의 Visa 카드를 사용합니다.

p067-10 **Ich benutze meinen gesunden Menschenverstand.** 나는 나의 상식을 사용합니다.

- **mein** (나의), **die Karte** (카드/신용카드), **gesund** (건강한), **der Menschenverstand** (오성/인지)

④ 기본패턴의 응용!

p067-11 **A) Benutzt du Facebook oft?** 너는 페이스북을 자주 사용하니?

p067-12 **B) Ich benutze Facebook häufig.** 나는 페이스북을 자주 사용합니다.

---

p067-13 **A) Wie bezahlen Sie?** 당신은 어떻게 지불하시겠습니까?

p067-14 **B) Ich benutze meine Visa Karte.** 나는 나의 Visa 카드를 사용합니다.

- **oft** (자주), **wie** (어떻게), **bezahlen** (지불하다)

The focus is on **conversation** and **communication**.

Start **speaking languages** immediately using **essential phrases**.

Learn foreign language!
GERMAN

Part 4. It's a completely new way to learn foreign language! | Pattern 068

Ich habe ~ vor. [이히 하베 ~ 포어.]
나는 ~ 계획입니다.

① 기본패턴의 핵심!

❶ **Ich habe ~ vor.** 는 '나는 ~ 계획입니다.'입니다.
❷ **vorhaben** (앞에 두고 있다/계획이다)는 분리동사이며, 분리전철(**vor**)은 문장의 맨 뒤에 옵니다.
❸ **vorhaben** 동사의 인칭변화형을 활용하여 다양한 주어의 문장을 만들 수 있습니다.
(**Ich habe vor, Du habst vor, Er/Sie/Es habt vor, Wir haben vor, Ihr habt vor, Sie haben vor** 등입니다.)
❹ **haben vor, zu** + 동사원형(**zu** 부정법).은 '동사원형하는 것을 할 계획이다.'입니다.

② 기본패턴의 연습!

p068-01	**Ich habe etwas vor.**	나는 뭔가 할 계획입니다.
p068-02	**Ich habe heute viel vor.**	나는 오늘 많은 계획이 있습니다.
p068-03	**Ich habe heute etwas anderes vor.**	나는 오늘 다른 것을 할 계획입니다.
p068-04	**Ich habe vor, Deutsch zu lernen.**	나는 독일어를 배울 계획입니다.
p068-05	**Ich habe vor, einen neuen Wagen zu kaufen.**	나는 새로운 차를 구입할 계획입니다.
p068-06	**Ich habe vor, mein Zimmer zu putzen.**	나는 나의 방을 청소할 계획입니다.
p068-07	**Ich habe vor, meinen Beruf zu wechseln.**	나는 나의 직업을 바꿀 계획입니다.
p068-08	**Ich habe vor, morgen nach Berlin zu fliegen.**	나는 내일 Berlin 으로 날아갈 계획입니다.

● **etwas** (어떤 것), **heute** (오늘), **viel** (많은), **anderes** (다른 것), **lernen** (배우다), **neu** (새로운), **der Wagen** (자동차), **kaufen** (사다), **mein** (나의), **das Zimmer** (방), **putzen** (청소하다), **der Beruf** (직업), **wechseln** (바꾸다), **morgen** (내일), **nach** (~향하여), **fliegen** (비행하다)

The basics of **grammar** and **sentence construction**!
The most useful **phrases** and **expressions**!

pattern

세 번째 섹션 : 중요동사 패턴!

3rd Section 은 **대표적**인 **중요동사**를 **테마별**로 **정리**했습니다.
이번 섹션에서 가장 **중요한 점**은
독일어 동사는 **인칭에 따라 어미**가 **변화**한다는 것입니다.

P 068

③ 기본패턴의 확장!

p068-09 **Ich habe vor, heute ins Kino zu gehen.** 나는 오늘 영화관에 갈 계획입니다.

p068-10 **Ich habe vor, mit meinem Freund Tennis zu spielen.** 나는 내 친구와 테니스를 칠 계획입니다.

- **ins Kino** = **in** + **das Kino** (영화관으로)
- **das Kino** (영화관), **gehen** (가다), **mit** (~와 함께), **der Freund** (남자친구/애인), **das Tennis** (테니스), **spielen** (경기하다/놀다/연주하다)

④ 기본패턴의 응용!

p068-11 **A) Was haben Sie heute Abend vor?** 당신은 오늘 저녁에 무엇을 할 계획입니까?

p068-12 **B) Ich habe vor, heute Abend ins Theater zu gehen.** 나는 오늘 저녁 극장에 갈 계획입니다.

p068-13 **A) Was hast du am Wochenende vor?** 너는 주말에 무엇을 할 거니?

p068-14 **B) Ich habe vor, mit meinem Freund Fussball zu spielen.** 나는 내 친구와 축구할 계획입니다.

- **ins Theater** = **in** + **das Theater** (극장으로), **am Wochenende** (주말에)
- **der Abend** (저녁), **das Theater** (극장), **was** (무엇), **an** (~에), **das Wochenende** (주말), **der Fussball** (축구)

Learn foreign language!
GERMAN

Part 4. It's a completely new way to learn foreign language! | Pattern 069

Ich schlage ~ vor. [이히 슐라게 ~ 포어.]
나는 ~을 제안합니다.

① 기본패턴의 핵심!

❶ **Ich schlage ~ vor.** 는 '나는 ~ 제안합니다.'입니다.
❷ **vorschlagen** (제안하다)는 분리동사입니다. 분리동사는 분리전철(**vor**)이 문장 맨 뒤에 옵니다.
❸ **vorschlagen** 동사의 인칭변화형을 활용하여 다양한 주어의 문장을 만들 수 있습니다.
(**Ich schlage, Du schlägst, Er/Sie/Es schlägt, Wir schlagen, Ihr schlagt, Sie schlagen** 등입니다.)
❹ **schlagen vor, zu** + 동사원형(**zu** 부정법).은 '동사원형하는 것을 제안하다.'입니다.

② 기본패턴의 연습!

p069-01	Ich schlage einen Plan vor.	나는 계획을 제안합니다.
p069-02	Ich schlage einen Kompromiss vor.	나는 화해를 제안합니다.
p069-03	Ich schlage eine Abstimmung vor.	나는 투표를 제안합니다.
p069-04	Ich schlage vor, den Plan zu ändern.	나는 계획을 바꿀 것을 제안합니다.
p069-05	Ich schlage vor, ins Kino zu gehen.	나는 영화관에 갈 것을 제안합니다.
p069-06	Ich schlage vor, das Meeting zu verschieben.	나는 미팅을 연기할 것을 제안합니다.
p069-07	Ich schlage vor, die Konferenz zu verlegen.	나는 회의를 옮길 것을 제안합니다.
p069-08	Ich schlage vor, das Treffen abzusagen.	나는 만남을 취소할 것을 제안합니다.

● **abzusagen = ab + zu + sagen** (**absagen** 거절하다)
(분리동사는 분리전철 다음에 **zu** 를 삽입합니다.)
● **der Plan** (계획), **der Kompromiss** (화해), **die Abstimmung** (투표), **ändern** (바꾸다),
das Kino (영화관), **gehen** (가다), **das Meeting** (미팅), **verschieben** (연기하다),
die Konferenz (회의), **verlegen** (옮기다), **das Treffen** (만남), **absagen** (취소하다)

pattern

세 번째 섹션 : 중요동사 패턴!

3rd Section 은 **대표적**인 **중요동사**를 **테마별**로 **정리**했습니다.
이번 섹션에서 가장 **중요한 점**은
독일어 동사는 **인칭에 따라 어미**가 **변화**한다는 것입니다.

P 069

③ 기본패턴의 확장!

p069-09 **Als Mitglied schlage ich vor, den Plan zurückzustellen.** 나는 구성원으로서 계획을 보류할 것을 제안합니다.

p069-10 **Als Vorsitzender schlage ich vor, das Meeting zu verschieben.** 나는 의장으로서 미팅을 연기할 것을 제안합니다.

- **als ~** (~으로서), **als Mitglied** (구성원으로서), **als Vorsitzender** (의장으로서)
- **das Mitglied** (구성원), **zurückstellen** (보류하다), **der Vorsitzender** (의장)

④ 기본패턴의 응용!

p069-11 **A) Wie gehen wir jetzt vor?** 우리 이제 어떻게 진행할까요?

p069-12 **B) Ich schlage eine Abstimmung vor.** 나는 투표를 제안합니다.

---

p069-13 **A) Können wir das Treffen absagen?** 우리 만남을 취소할 수 있습니까?

p069-14 **B) Ich schlage vor, das Treffen zu verschieben.** 나는 만남을 연기할 것을 제안합니다.

- **können** (~할 수 있다)
(화법조동사 : 화법조동사가 오면 본동사는 문장의 맨 뒤로 갑니다.)
- **vorgehen** (전진하다), **jetzt** (지금/이제)

Learn foreign language!
GERMAN

Part 4. It's a completely new way to learn foreign language! | Pattern 070

Ich stimme ~ zu. [이히 슈팀메 ~ 추.]
나는 ~에 동의합니다.

❶ 기본패턴의 핵심!

❶ **Ich stimme ~ zu.** 는 '나는 ~ 동의합니다.'입니다.
❷ **zustimmen** (동의하다/찬성하다)는 규칙동사이며, 인칭변화형을 활용하여 다양한 문장을 만들 수 있습니다.
(**Ich stimme zu, Du stimmst zu, Er/Sie/Es stimmt zu, Wir stimmen zu, Ihr stimmt zu, Sie stimmen zu** 등입니다.)
❸ **zustimmen** + 3격은 (~에(게) 찬성하다/동의하다)입니다.

❷ 기본패턴의 연습!

p070-01	Ich stimme Ihnen zu.	나는 당신에게 동의합니다.
p070-02	Ich stimme Ihnen vollkommen zu.	나는 당신에게 완전히 동의합니다.
p070-03	Ich stimme Ihnen teilweise zu.	나는 당신에게 부분적으로 동의합니다.
p070-04	Ich stimme Ihnen nicht zu.	나는 당신에게 동의하지 않습니다.
p070-05	Ich stimme dem Plan zu.	나는 계획에 동의합니다.
p070-06	Ich stimme dem Vorschlag zu.	나는 제안에 동의합니다.
p070-07	Ich stimme Ihrer Meinung zu.	나는 당신의 의견에 동의합니다.
p070-08	Ich stimme Ihrer Aussage zu.	나는 당신의 진술에 동의합니다.

● **vollkommen** (완전한), **teilweise** (부분적인), **nicht** (아니다), **der Plan** (계획), **der Vorschlag** (제안), **Ihr** (당신의), **die Meinung** (의견), **die Aussage** (진술)

The basics of grammar and sentence construction!
The most useful phrases and expressions!

pattern

세 번째 섹션 : 중요동사 패턴!

3rd Section 은 **대표적**인 **중요동사**를 **테마별**로 **정리**했습니다.
이번 섹션에서 가장 **중요한 점**은
독일어 동사는 **인칭에 따라 어미**가 **변화**한다는 것입니다.

P 070

③ 기본패턴의 확장!

p070-09	Ich stimme aus vollem Herzen zu.	나는 진심으로 동의합니다.
p070-10	Ich stimme Ihnen in diesem Punkt zu.	나는 당신에게 이 관점에서 동의합니다.

- **aus vollem Herzen** (진심으로/정말로), **in diesem Punkt** (이 관점에서)
- **aus** (~로부터), **voll** (완전한/가득찬), **das Herz** (가슴/심장), **in** (~에서), **dieser** (이), **der Punkt** (관점)

④ 기본패턴의 응용!

p070-11	A) Sind Sie damit einverstanden?	당신은 그것에 동의합니까?
p070-12	B) Ich stimme vollkommen zu.	나는 완전히 동의합니다.

p070-13	A) Was sagen Sie zu diesem Punkt?	당신은 이 관점에 대해 무엇을 말합니까?
p070-14	B) Ich stimme Ihnen in diesem Punkt zu.	나는 당신에게 이 관점에서 동의합니다.

- **einverstanden mit ~** (~에 동의하다)
- **Was sagen Sie dazu?** (당신은 그것에 대해 무엇을 말합니까? = 어떻게 생각하십니까?)
- **damit** (그것과 함께), **was** (무엇), **zu** (~에게), **sagen** (말하다)

Learn foreign language!
GERMAN

Part 5. It's a completely new way to learn foreign language! | Pattern 071

Ich liebe. [이히 리베.]
나는 사랑합니다.

❶ 기본패턴의 핵심!

❶ **Ich liebe ~.** 는 '나는 ~ 사랑합니다.'입니다.
❷ **lieben** (사랑하다/좋아하다)는 규칙동사이며,
인칭변화형을 활용하여 다양한 주어의 문장을 만들 수 있습니다.
(**Ich liebe, Du liebst, Er/Sie/Es liebt, Wir lieben, Ihr liebt, Sie lieben** 등입니다.)

❷ 기본패턴의 연습!

p071-01	Ich liebe	Sie.	나는 당신을 사랑합니다.
p071-02	Ich liebe	meine Familie unendlich.	나는 나의 가족을 한없이 사랑합니다.
p071-03	Ich liebe	mein Vaterland.	나는 나의 조국을 사랑합니다.
p071-04	Ich liebe	Lesen.	나는 독서를 좋아합니다.
p071-05	Ich liebe	Radfahren.	나는 자전거 타기를 좋아합니다.
p071-06	Ich liebe	auch Reisen.	나는 여행 역시 좋아합니다.
p071-07	Ich liebe	Fußball.	나는 축구를 좋아합니다.
p071-08	Ich liebe	Filme sehr.	나는 영화를 매우 좋아합니다.

● **mein** (나의), **die Familie** (가족), **unendlich** (끝없는), **das Vaterland** (조국/고국),
das Lesen (독서), **das Radfahren** (자전거 타기), **auch** (역시), **das Reisen** (여행),
der Fußball (축구), **der Film** (영화), **sehr** (매우)

pattern

세 번째 섹션 : 중요동사 패턴!

3rd Section 은 **대표적**인 **중요동사**를 **테마별**로 **정리**했습니다.
이번 섹션에서 가장 **중요한 점**은
독일어 동사는 **인칭에 따라 어미**가 **변화**한다는 것입니다.

P 071

③ 기본패턴의 확장!

p071-09 **Ich liebe Sie trotzdem.** 나는 그럼에도 불구하고 당신을 사랑합니다.

p071-10 **Darum liebe ich Sie.** 그래서 나는 당신을 사랑합니다.

- **trotzdem** (그럼에도 불구하고 (부사), ~임에도 불구하고 (접속사))
- **darum** (그러므로/그런 까닭에 (부사))

④ 기본패턴의 응용!

p071-11 **A) Was essen Sie gerne?** 당신은 무엇을 즐겨 드십니까?

p071-12 **B) Ich liebe koreanisches Essen.** 나는 한식을 좋아합니다.

---

p071-13 **A) Ich bin schon verlobt.** 나는 이미 약혼했습니다.

p071-14 **B) Ich liebe Sie trotzdem.** 그럼에도 불구하고 나는 당신을 사랑합니다.

- **was** (무엇), **essen** (먹다), **gern** (기꺼이/즐겨), **koreanisch** (한국적인), **das Essen** (음식/식사), **schon** (이미), **verlobt** (약혼한)

Learn foreign language!
GERMAN

Part 5. It's a completely new way to learn foreign language! | Pattern 072

Ich hasse. [이히 하쎄.]
나는 싫어합니다.

① 기본패턴의 핵심!

❶ **Ich hasse ~.** 는 '나는 ~ 싫어합니다.'입니다.
❷ **hassen** (싫어하다/미워하다) 동사의 인칭변화형을 활용하여 다양한 주어의 문장을 만들 수 있습니다.
(**Ich hasse, Du hasst, Er/Sie/Es hasst, Wir hassen, Ihr hasst, Sie hassen** 등입니다.)
(단수2인칭 어미는 **hass + st** 에서 **s** 하나가 탈락합니다.)
❸ 참고적으로 독일어에는 같은 자음 3개가 연속하지 않습니다.

② 기본패턴의 연습!

p072-01	**Ich hasse Insekten.**	나는 곤충(들)을 싫어합니다.
p072-02	**Ich hasse Schlangen wirklich.**	나는 뱀(들)을 정말 싫어합니다.
p072-03	**Ich hasse Regentage.**	나는 비 오는 날(들)을 싫어합니다.
p072-04	**Ich hasse Montage sehr.**	나는 월요일(들)을 정말로 싫어합니다.
p072-05	**Ich hasse Warten.**	나는 기다리는 것을 싫어합니다.
p072-06	**Ich hasse Mathematik nicht.**	나는 수학을 싫어하지 않습니다.
p072-07	**Ich hasse Politik.**	나는 정치를 싫어합니다.
p072-08	**Ich hasse fettiges Essen.**	나는 기름진 음식을 싫어합니다.

● 어떤 집단을 대표적으로 지칭할 때 별도의 관사 없이 복수로 표현합니다.
● **das Insekt** (곤충), **die Schlange** (뱀), **wirklich** (진정한), **der Regentag** (비 오는 날), **der Montag** (월요일), **sehr** (매우), **das Warten** (기다림), **nicht** (아니다), **die Mathematik** (수학), **die Politik** (정치/정치학), **fettig** (기름진), **das Essen** (음식/식사)

세 번째 섹션 : 중요동사 패턴!

3rd Section 은 **대표적**인 **중요동사**를 **테마별**로 **정리**했습니다.
이번 섹션에서 가장 **중요한 점**은
독일어 동사는 **인칭에 따라 어미**가 **변화**한다는 것입니다.

P 072

③ 기본패턴의 확장!

p072-09	**Ich hasse es, früh aufzustehen.**	나는 일찍 일어나는 것을 싫어합니다.
p072-10	**Offen gesagt, ich hasse Sie.**	솔직히 말하면, 나는 당신을 싫어합니다.

● **hassen, zu** + 동사원형.은 '~하는 것을 싫어합니다.'입니다.
(동사원형은 종속문의 마지막에 옵니다.)
● **offen gesagt** (솔직히 말하면), **kurz gesagt** (짧게 말하면),
einfach gesagt (간단히 말하면) 등으로 조건을 말할 수 있습니다.
● **früh** (일찍), **aufstehen** (일어나다/기상하다) (분리동사는 분리전철 다음에 **zu** 를 넣습니다.)

④ 기본패턴의 응용!

p072-11	**A) Stehen Sie gerne früh auf?**	당신은 일찍 잘 일어납니까?
p072-12	**B) Ich hasse es, früh aufzustehen.**	나는 일찍 일어나는 것을 싫어합니다.

p072-13	**A) Können wir Freunde sein?**	우리 친구할 수 있을까요?
p072-14	**B) Offen gesagt, ich hasse Sie.**	솔직히 말하면, 나는 당신을 싫어합니다.

● **gern** (즐겨), **können** (할 수 있다), **der Freund** (친구)

Learn foreign language!
GERMAN

Part 5. It's a completely new way to learn foreign language! | Pattern 073

Ich hoffe, ~. [이히 호페, ~.]
나는 ~하는 것을 희망합니다.

① 기본패턴의 핵심!

❶ **Ich hoffe ~.** 는 '나는 ~ 희망합니다.'입니다.
❷ **hoffen** (희망하다/기대하다)는 규칙동사이며, 인칭변화형을 활용하여 다양한 문장을 만들 수 있습니다.
(**Ich hoffe, Du hoffst, Er/Sie/Es hofft, Wir hoffen, Ihr hofft, Sie hoffen** 등입니다.)
❸ **Ich hoffe, ~.** (나는 ~하기를 바란다.)의 뜻입니다.
(**Ich hoffe, dass ~.** (종속접속사 **dass** (~인 것)이 생략되었다고 생각하시면 됩니다.)

② 기본패턴의 연습!

p073-01	Ich hoffe, es klappt.	나는 그것이 이루어지기를 희망합니다.
p073-02	Ich hoffe, es funktioniert.	나는 그것이 작동하기를 희망합니다.
p073-03	Ich hoffe, das reicht.	나는 그것이 충분하기를 희망합니다.
p073-04	Ich hoffe, das stimmt.	나는 그것이 맞기를 희망합니다.
p073-05	Ich hoffe, das hilft.	나는 그것이 도움이 되기를 희망합니다.
p073-06	Ich hoffe, es regnet morgen.	나는 내일 비가 오기를 희망합니다.
p073-07	Ich hoffe, das passiert nicht.	나는 그것이 일어나지 않기를 희망합니다.
p073-08	Ich hoffe, es gefällt Ihnen.	나는 그것이 당신의 마음에 들기를 희망합니다.

● **es gefällt** + 3격 (~의 마음에 들다)
● **es** (그것), **klappen** (이루어지다), **funktionieren** (작동하다), **das** (그것), **reichen** (닿다/충분하다), **stimmen** (맞다/일치하다), **helfen** (돕다), **regnen** (비가 오다), **morgen** (내일), **passieren** (발생하다), **nicht** (아니다), **gefallen** (마음에 들다), **Ihnen** (당신에게)

pattern

세 번째 섹션 : 중요동사 패턴!

3rd Section 은 **대표적**인 **중요동사**를 **테마별**로 **정리**했습니다.
이번 섹션에서 가장 **중요한 점**은
독일어 동사는 **인칭에 따라 어미**가 **변화**한다는 것입니다.

P 073

③ 기본패턴의 확장!

p073-09 **Ich hoffe, Sie bald wiederzusehen.** 나는 당신을 곧 다시 보기를 희망합니다.

p073-10 **Ich hoffe, von Ihnen zu hören.** 나는 당신을 곧 다시 통화하기를 희망합니다.

- **wiederzusehen** = **wiedersehen** + **zu** (분리동사는 전철 다음에 **zu** 가 삽입됩니다.)
- **hören** (듣다)는 전화 대화 시에 '소식을 듣다 > 통화하다'의 의미로 사용되기도 합니다.
- **bald** (곧), **wiedersehen** (다시 보다), **von Ihnen** (당신에 대해서), **hören** (듣다)

④ 기본패턴의 응용!

p073-11 **A) Ich gehe jetzt nach Hause.** 나는 이제 집으로 가겠습니다.

p073-12 **B) Ich hoffe, Sie bald wiederzusehen.** 나는 당신을 곧 다시보기를 희망합니다.

---

p073-13 **A) Was erhoffen Sie sich von diesem Unternehmen?** 당신은 이 회사에서 무엇을 기대합니까?

p073-14 **B) Ich hoffe, Entwicklungsschritte in Ihrem Unternehmen zu machen.** 나는 귀사에서 진보하길 희망합니다.

- **von dem Unternehmen** (회사에서/로부터), **in Ihrem Unternehmen** (당신의 기업에서/귀사에서)
- **gehen** (가다), **jetzt** (지금), **nach** (~향하여), **das Haus** (집), **was** (무엇), **sich erhoffen** (기대하다), **dieser** (이), **das Unternehmen** (기업/회사), **der Entwicklungsschritt** (진보/진전), **Ihr** (당신의), **machen** (하다/만들다)

Part 5. It's a completely new way to learn foreign language! | Pattern 074

Ich verspreche ~. [이히 페어슈프레헤.]
나는 ~ 약속합니다.

① 기본패턴의 핵심!

❶ **Ich verspreche ~.** 는 '나는 ~ 약속합니다.'입니다.
❷ **versprechen** (약속하다)는 불규칙동사이며, 인칭변화형을 활용하여 다양한 문장을 만들 수 있습니다.
(**Ich verspreche, Du versprichst, Er/Sie/Es verspricht,**
Wir versprechen, Ihr versprecht, Sie versprechen 등입니다.)
❸ **versprechen, zu** + 동사원형.은 '동사하는 것을 약속하다.'입니다.

② 기본패턴의 연습!

p074-01	**Ich verspreche es Ihnen.**	나는 그것을 당신에게 약속합니다.
p074-02	**Ich verspreche nichts.**	나는 아무것도 약속하지 않습니다.
p074-03	**Ich verspreche, nochmal nachzudenken.**	나는 다시 한 번 숙고할 것을 약속합니다.
p074-04	**Ich verspreche, still zu sein.**	나는 조용히 있을 것을 약속합니다.
p074-05	**Ich verspreche, nichts zu sagen.**	나는 아무것도 말하지 않을 것을 약속합니다.
p074-06	**Ich verspreche, Ihnen zu helfen.**	나는 당신을 도울 것을 약속합니다.
p074-07	**Ich verspreche, es niemandem zu sagen.**	나는 누구한테도 그것을 말하지 않을 것을 약속합니다.
p074-08	**Ich verspreche Ihnen, es zu tun.**	나는 당신에게 그것을 하리라 약속합니다.

● **nachzudenken** = **nachdenken** + **zu** (분리동사는 분리전철 다음에 **zu** 가 들어갑니다.)
● **es** (그것), **Ihnen** (당신에게), **nichts** (아무것도 ~않다), **nochmal** (한 번 더), **nachdenken** (숙고하다), **still** (조용한), **sein** (~이다/존재하다), **sagen** (말하다), **helfen** (돕다), **niemand** (아무도 ~이 아니다), **niemandem** (아무에게 ~이 아니다), **tun** (하다)

pattern

세 번째 섹션 : 중요동사 패턴!

3rd Section 은 **대표적**인 **중요동사**를 **테마별**로 **정리**했습니다.
이번 섹션에서 가장 **중요한 점**은
독일어 동사는 **인칭에 따라 어미**가 **변화**한다는 것입니다.

P 074

③ 기본패턴의 확장!

p074-09 Ich verspreche Ihnen, es nicht weiterzusagen. 나는 당신에게 그것을 유포하지 않을 것을 약속합니다.

p074-10 Ich verspreche Ihnen, es nicht mehr zu tun. 나는 당신에게 그것을 더 이상 하지 않을 것을 약속합니다.

- **weiter** (널리/계속하여) + **sagen** (말하다) = **weitersagen** (유포하다)
- **mehr** (더/이상으로)

④ 기본패턴의 응용!

p074-11 A) Kommen Sie morgen pünktlich? 당신은 내일 정시에 옵니까?

p074-12 B) Ich verspreche es ihnen. 나는 그것을 당신에게 약속합니다.

p074-13 A) Werden Sie es nie wieder tun? 당신은 그것을 더 이상 결코 다시 하지 않을 것입니까?

p074-14 B) Ich verspreche Ihnen, es nie wieder zu tun.
나는 당신에게 그것을 더 이상 결코 다시 하지 않을 것을 약속합니다.

- **werden** (되다)는 미래조동사이며, 본동사는 동사의 원형으로 문장 맨 뒤에 옵니다.
- **kommen** (오다), **morgen** (내일), **pünktlich** (정확한), **nie wieder** (더 이상 결코 아니다)

Learn foreign language!
GERMAN

Part 5. It's a completely new way to learn foreign language! | Pattern 075

Ich bitte um ~. [이히 비테 움 ~.]
나는 ~를 청합니다.

① 기본패턴의 핵심!

❶ **Ich bitte um ~.** 는 '나는 ~를 청합니다.'입니다.
❷ **bitten um ~** (~을 부탁하다/청하다) : **um** (주위에(를)/~ 돌아)는 4격전치사입니다.
❸ **bitten** 동사의 인칭변화형을 활용하여 다양한 주어의 문장을 만들 수 있습니다.
(**Ich bitte, Du bittest, Er/Sie/Es bittet, Wir bitten, Ihr bittet, Sie bitten** 등입니다.)
(**Du bittest, Er/Sie/Es bittet,** 단수 2/3격어미는 발음편의상 **-e-** 가 추가되었습니다.)

② 기본패턴의 연습!

p075-01	Ich bitte um	Verzeihung.	나는 용서를 청합니다.
p075-02	Ich bitte um	Ihre Antwort.	나는 당신의 대답을 청합니다.
p075-03	Ich bitte um	Ihre Geduld.	나는 당신의 인내를 청합니다.
p075-04	Ich bitte um	Ihre Aufmerksamkeit.	나는 당신의 주의를 청합니다.
p075-05	Ich bitte um	Ihr Verständnis.	나는 당신의 이해를 청합니다.
p075-06	Ich bitte um	Ihre Erlaubnis.	나는 당신의 허락을 청합니다.
p075-07	Ich bitte um	Ihren Kommentar.	나는 당신의 비평을 청합니다.
p075-08	Ich bitte um	politisches Asyl.	나는 정치적 망명을 청합니다.

● **die Verzeihung** (용서), **Ihr** (당신의), **die Antwort** (대답), **die Geduld** (인내), **die Aufmerksamkeit** (주의), **das Verständnis** (이해), **die Erlaubnis** (허가), **der Kommentar** (비평), **politisch** (정치적인), **das Asyl** (망명)

pattern

세 번째 섹션 : 중요동사 패턴!

3rd Section 은 **대표적**인 **중요동사**를 **테마별**로 **정리**했습니다.
이번 섹션에서 가장 **중요한 점**은
독일어 동사는 **인칭에 따라 어미**가 **변화**한다는 것입니다.

P 075

③ 기본패턴의 확장!

p075-09 Ich bitte Sie um Referenzen. 나는 당신에게 추천장을 청합니다.

p075-10 Ich bitte um Verzeihung für dieses Missverständnis. 나는 이러한 오해에 대해 용서를 청합니다.

- **bitten** + 4격인칭대명사 + **um** + 명사 (누구에게 ~을 부탁하다)
- **Verzeihung für** 4격 명사 (~에 대한 용서)
- **die Referenzen** (추천장/소개), **das Missverständnis** (오해)

④ 기본패턴의 응용!

p075-11 A) Was möchten Sie in diesem Land? 당신은 이 나라에서 무엇을 원합니까?

p075-12 B) Ich bitte um politisches Asyl. 나는 정치적 망명을 청합니다.

p075-13 A) Wieso sind Sie noch nicht hier? 당신은 왜 아직 여기에 없습니까?

p075-14 B) Ich bitte um Ihr Verständnis für meine Verspätung. 나는 나의 지각에 대해 당신에게 이해를 청합니다.

- **was** (무엇), **möchten** (원하다), **das Land** (나라/땅), **wieso** (어째서/왜), **noch** (아직), **nicht** (아니다), **hier** (여기), **mein** (나의), **die Verspätung** (지각/연착)

Learn foreign language!
GERMAN

Part 5. It's a completely new way to learn foreign language! | Pattern 076

Ich wünsche Ihnen ~. [이히 뷘쉐 이넨 ~.]
나는 당신에게 ~를 기원합니다.

① 기본패턴의 핵심!

❶ **Ich wünsche Ihnen ~.** 는 '나는 당신에게 ~를 기원합니다.'입니다.
❷ **wünschen** (원하다/바라다)는 규칙동사이며, 인칭변화형을 활용하여 다양한 문장을 만들 수 있습니다.
(**Ich wünsche, Du wünschst, Er/Sie/Es wünscht, Wir wünschen, Ihr wünscht, Sie wünschen** 등입니다.)
❸ **wünschen** + 3격 + 4격은 '누구에게 ~을 기원하다'입니다.

② 기본패턴의 연습!

p076-01 **Ich wünsche Ihnen alles Gute.** 나는 당신에게 모든 좋은 것을 기원합니다.

p076-02 **Ich wünsche Ihnen viel Glück.** 나는 당신에게 많은 행운을 기원합니다.

p076-03 **Ich wünsche Ihnen viel Vergnügen.** 나는 당신에게 많은 즐거움을 기원합니다.

p076-04 **Ich wünsche Ihnen Gesundheit und Glück.** 나는 당신에게 건강과 행운을 기원합니다.

p076-05 **Ich wünsche Ihnen eine gute Reise.** 나는 당신에게 좋은 여행을 기원합니다.

p076-06 **Ich wünsche Ihnen einen schönen Tag.** 나는 당신에게 좋은 하루를 기원합니다.

p076-07 **Ich wünsche Ihnen ein frohes neues Jahr.** 나는 당신에게 즐거운 새해를 기원합니다.

p076-08 **Ich wünsche Ihnen einen guten Appetit.** 나는 당신에게 좋은 식욕을 기원합니다.

● 나는 당신에게 좋은 식욕을 기원합니다. > 맛있게 드십시오.
● **alles** (모두), **das Gute** (좋은 일), **viel** (모두), **das Glück** (행운),
das Vergnügen (즐거움/기쁨), **die Gesundheit** (건강), **das Glück** (행운), **gut** (좋은), **die Reise** (여행),
schön (멋진/좋은), **der Tag** (날/일), **froh** (기쁜), **neu** (새로운), **das Jahr** (해/년), **der Appetit** (식욕)

The basics of grammar and sentence construction!
The most useful phrases and expressions!

pattern

세 번째 섹션 : 중요동사 패턴!

3rd Section 은 **대표적**인 **중요동사**를 **테마별**로 **정리**했습니다.
이번 섹션에서 가장 **중요한 점**은
독일어 동사는 **인칭에 따라 어미**가 **변화**한다는 것입니다.

P
076

③ 기본패턴의 확장!

p076-09 **Ich wünsche Ihnen Erfolg bei Ihrer Arbeit.** 나는 당신에게 당신의 일(직업)에서 성과를 기원합니다.

p076-10 **Ich wünsche Ihnen den Mut, Ihre Meinung zu äußern.** 나는 당신에게 당신의 의견을 표현할 용기를 기원합니다.

● **der Mut, zu** + 동사원형은 '~할 용기'입니다.
● **der Erfolg** (성과), **bei** (~에/곁에), **die Arbeit** (일/업무), **der Mut** (용기), **die Meinung** (의견), **äußern** (나타내다)

④ 기본패턴의 응용!

p076-11 **A) Morgen fliege ich nach Deutschland.** 나는 내일 독일로 날아갑니다.

p076-12 **B) Ich wünsche Ihnen eine gute Reise.** 나는 당신에게 좋은 여행을 기원합니다.

---

p076-13 **A) Wir besprechen morgen das Thema.** 우리는 내일 그 테마에 대해 토론합니다.

p076-14 **B) Ich wünsche Ihnen den Mut, Ihre Meinung zu äußern.** 나는 당신에게 당신의 의견을 표현할 용기를 기원합니다.

● **morgen** (내일), **fliegen** (날아가다), **nach** (~향하여), **das Deutschland** (독일), **besprochen** (토론하다), **das Thema** (테마)

Learn foreign language!
GERMAN

Part 5. It's a completely new way to learn foreign language! | Pattern 077

Ich danke Ihnen ~. [이히 당케 이넨 ~.]
나는 당신에게 ~ 감사합니다.

① 기본패턴의 핵심!

❶ **Ich danke Ihnen ~.** 은 '나는 당신에게 ~ 감사합니다.'입니다.
❷ **danken** (감사하다)는 목적어를 필요로 하는 타동사입니다.
❸ **Ich danke Ihnen für** + 4격 (나는 4격에 대해 당신에게 감사합니다.)
❹ **danken** 동사의 인칭변화형을 활용하여 다양한 주어의 문장을 만들 수 있습니다.
(**Ich danke, Du dankst, Er/Sie/Es dankt, Wir danken, Ihr dankt, Sie danken** 등입니다.)

② 기본패턴의 연습!

p077-01	Ich danke Ihnen herzlich dafür.	나는 당신에게 그것에 대해 진심으로 감사합니다.
p077-02	Ich danke Ihnen für das Geschenk.	나는 당신에게 선물에 대해 감사합니다.
p077-03	Ich danke Ihnen für Ihre Mitarbeit.	나는 당신에게 당신의 협력에 대해 감사합니다.
p077-04	Ich danke Ihnen für Ihren Vorschlag.	나는 당신에게 당신의 제안에 대해 감사합니다.
p077-05	Ich danke Ihnen für Ihre Toleranz.	나는 당신에게 당신의 관용에 대해 감사합니다.
p077-06	Ich danke Ihnen für Ihre Hilfe.	나는 당신에게 당신의 도움에 대해 감사합니다.
p077-07	Ich danke Ihnen für Ihren Rat.	나는 당신에게 당신의 조언에 대해 감사합니다.
p077-08	Ich danke Ihnen für Ihren Besuch.	나는 당신에게 당신의 방문에 대해 감사합니다.

● **herzlich** (진정한), **das Geschenk** (선물), **Ihr** (당신의), **die Mitarbeit** (협동/협력), **der Vorschlag** (제안), **die Toleranz** (관용), **die Hilfe** (도움/구조/후원), **der Rat** (조언/충고), **der Besuch** (방문)

pattern aha!

세 번째 섹션 : 중요동사 패턴!

3rd Section 은 **대표적**인 **중요동사**를 **테마별**로 **정리**했습니다.
이번 섹션에서 가장 **중요한 점**은
독일어 동사는 **인칭에 따라 어미**가 **변화**한다는 것입니다.

P 077

③ 기본패턴의 확장!

p077-09 **Ich danke Ihnen für die Einladung zum Abendessen.** 나는 당신의 저녁식사 초대에 대해 감사합니다.

p077-10 **Ich danke Ihnen im Voraus.** 나는 당신에게 미리 감사드립니다.

- **im Voraus** (미리/앞서서), **zum Abendessen** (저녁식사에/로),
- **die Einladung** (초대), **das Abendessen** (저녁식사)

④ 기본패턴의 응용!

p077-11 **A) Kommen Sie mit mir in die Bibliothek!** 나와 함께 도서관으로 갑시다!

p077-12 **B) Ich danke Ihnen für Ihren Vorschlag.** 나는 당신에게 당신의 제안에 대해 감사합니다.

p077-13 **A) Ich hoffe, mein Rat hilft Ihnen weiter.** 나는 나의 조언이 당신에게 계속 도움이 되기를 바랍니다.

p077-14 **B) Ich danke Ihnen für Ihren Rat.** 나는 당신에게 당신의 조언에 대해 감사합니다.

- **kommen** (오다), **mit** (~와 함께), **mir** (~에게), **in** (~안에/안으로), **die Bibliothek** (도서관),
hoffen (바라다), **mein** (나의), **helfen** (돕다), **weiter** (계속하여)

Learn foreign language!
GERMAN

Part 5. It's a completely new way to learn foreign language! | Pattern 078

Ich denke ~. [이히 뎅케 ~.]
나는 ~라고 생각합니다.

① 기본패턴의 핵심!

❶ **Ich denke ~.** 는 '나는 ~ 생각합니다.'입니다.
❷ **denken** (생각하다)는 자신의 생각을 피력할 때 사용합니다.
❸ **denken** (생각하다)는 규칙동사이며,
인칭변화형을 활용하여 다양한 주어의 문장을 만들 수 있습니다.
(**Ich denke, Du denkst, Er/Sie/Es denkt, Wir denken, Ihr denkt, Sie denken** 등입니다.)

② 기본패턴의 연습!

p078-01	Ich denke so.	나는 그렇게 생각합니다.
p078-02	Ich denke anders.	나는 다르게 생각합니다.
p078-03	Ich denke, also bin ich.	나는 생각한다, 고로 존재한다.
p078-04	Ich denke, Anna liebt Manuel.	나는 안나가 마누엘을 사랑한다고 생각합니다.
p078-05	Ich denke, Sie sind freundlich.	나는 당신이 호의적이라고 생각합니다.
p078-06	Ich denke, das ist O.K.	나는 그것이 좋다고 생각합니다.
p078-07	Ich denke, Sie haben Unrecht.	나는 당신이 부당하다고 생각합니다.
p078-08	Ich denke, er lügt.	나는 그가 거짓말하고 있다고 생각합니다.

● **haben Unrecht** (그르다), **haben Recht** (옳다)
● **so** (그렇게), **anders** (다른 방향으로), **also** (그래서), **sein** (존재하다),
lieben (사랑하다), **freundlich** (호의적인/다정한), **das Unrecht** (부정/부당), **lügen** (거짓말하다)

The basics of grammar and sentence construction!
The most useful phrases and expressions!

세 번째 섹션 : 중요동사 패턴!

3rd Section 은 **대표적**인 **중요동사**를 **테마별**로 **정리**했습니다.
이번 섹션에서 가장 **중요한 점**은
독일어 동사는 **인칭에 따라 어미**가 **변화**한다는 것입니다.

P 078

③ 기본패턴의 확장!

p078-09 **Ich denke an Sie.** 나는 당신을 생각합니다.

p078-10 **Ich denke genauso wie du.** 나는 너와 똑같이 생각해.

- **denken an** + 4격은 '~를 생각하다'입니다.
- **genauso wie ~** 는 '~와 똑같이'이며, 동등비교 표현입니다.

④ 기본패턴의 응용!

p078-11 **A) Schaffst du das alleine?** 너 그것을 혼자서 해결하니?

p078-12 **B) Ich denke, ich schaffe das.** 나는 내가 그것을 해결하리라 생각해.

---

p078-13 **A) Warum brauchst du so viel Zeit zum Nachdenken?** 너는 숙고에 왜 그렇게 많은 시간이 필요하니?

p078-14 **B) Ich denke zweimal, bevor ich handele.** 나는 내가 행동하기 전에 두 번 생각합니다.

- **bevor** (~하기 전에/~에 앞서서)는 종속접속사이며, 종속절의 동사는 후치됩니다.
- **zum Nachdenken** (숙고에)
- **schaffen** (완성하다/해결하다), **allein** (혼자서), **warum** (왜), **brauchen** (필요하다), **viel** (많은), **die Zeit** (시간), **das Nachdenken** (숙고), **zweimal** (두 번), **handeln** (행동하다)

Learn foreign language!
GERMAN

Part 5. It's a completely new way to learn foreign language! | Pattern 079

Ich finde, ~. [이히 핀데, ~.]
나는 ~라고 생각합니다.

① 기본패턴의 핵심!

❶ **Ich finde ~.** 는 '나는 ~라고 생각합니다.'입니다.
❷ **Ich finde ~** 는 **Ich denke ~** 처럼 '~라고 생각하다/깨닫다'의 뜻입니다.
❸ **finden** (찾다/발견/생각하다) 동사의 인칭변화형을 활용하여 다양한 주어의 문장을 만들 수 있습니다.
(**Ich finde, Du findest, Er/Sie/Es findet, Wir finden, Ihr findet, Sie finden** 등입니다.)
(발음 편의상 단수2/3, 복수2인칭에서 어간모음 **–e-** 가 추가됩니다.)

② 기본패턴의 연습!

p079-01	Ich finde	es sinnlos.	나는 그것이 의미 없다고 생각합니다.
p079-02	Ich finde	es interessant.	나는 그것이 흥미롭다고 생각합니다.
p079-03	Ich finde	es spannend.	나는 그것이 스릴 있다고 생각합니다.
p079-04	Ich finde	es lustig.	나는 그것이 유쾌하다고 생각합니다.
p079-05	Ich finde,	Sie sind mutig.	나는 당신이 용감하다고 생각합니다.
p079-06	Ich finde,	Sie sind nett.	나는 당신이 친절하다고 생각합니다.
p079-07	Ich finde,	Sie sind hübsch.	나는 당신이 예쁘다고 생각합니다.
p079-08	Ich finde,	das ist lächerlich.	나는 그것이 웃기다고 생각합니다.

● **es** (그것), **sinnlos** (무의미한), **interessant** (흥미로운), **spannend** (긴장시키는), **lustig** (유쾌한), **mutig** (용감한), **nett** (친절한), **hübsch** (예쁜/귀여운), **lächerlich** (우스운)

pattern

세 번째 섹션 : 중요동사 패턴!

3rd Section 은 **대표적**인 **중요동사**를 **테마별**로 **정리**했습니다.
이번 섹션에서 가장 **중요한 점**은
독일어 동사는 **인칭에 따라 어미**가 **변화**한다는 것입니다.

P 079

③ 기본패턴의 확장!

p079-09 **Ich finde, das ist schwer zu glauben.** 나는 그것이 믿기 어렵다고 생각합니다.

p079-10 **Ich finde es sinnlos, dass wir nur daran denken.** 나는 우리가 그것에 대해 생각만 하는 것은 의미 없다고 생각합니다.

- **Das ist ~ zu** + 동사원형.은 '동사원형하는 것은 ~하다.'입니다.
- **dass** (~하는 것), 종속접속사가 오면 동사는 후치됩니다.
(종속접속사가 생략되면 동사는 정치-정상적인 위치-됩니다.)
- **denken an** + 4격 (~에 대해 생각하다), **daran** (그것에 대해/그로 인해서)
- **schwer** (어려운), **glauben** (믿다), **nur** (단지), **daran** (그것에 대해), **denken** (생각하다)

④ 기본패턴의 응용!

p079-11 **A) Wie finden Sie dieses Buch?** 당신은 이 책을 어떻게 생각합니까?

p079-12 **B) Ich finde das Buch interessant.** 나는 그 책이 흥미롭다고 생각합니다.

p079-13 **A) Wie finden Sie dieses Buch?** 당신은 이 책을 어떻게 생각합니까?

p079-14 **B) Ich finde es spannend.** 나는 그것이 스릴 있다고 생각합니다.

- **wie** (어떻게), **dieser** (이), **das Buch** (책)

Learn foreign language!
GERMAN

Part 5. It's a completely new way to learn foreign language! | Pattern 080

Ich meine ~. [이히 마이네 ~.]
나는 ~라고 생각합니다.

① 기본패턴의 핵심!

❶ **Ich meine ~.** 는 '나는 ~라고 생각합니다.'입니다.
❷ **meinen** (생각하다/느끼다)는 규칙동사입니다.
❸ **Ich meine** 는 **Ich denke / Ich finde** 와 같은 의미이며, 보다 더 회화체 표현입니다.
❹ **meinen** 동사의 인칭변화형을 활용하여 다양한 주어의 문장을 만들 수 있습니다.
(**Ich meine, Du meinst, Er/Sie/Es meint, Wir meinen, Ihr meint, Sie meinen** 등입니다.)

② 기본패턴의 연습!

p080-01	**Ich meine so.**	나는 그렇다고 생각합니다.
p080-02	**Ich meine ja.**	나는 '네'라고 생각합니다.
p080-03	**Ich meine nein.**	나는 '아니오'라고 생각합니다.
p080-04	**Ich meine das nicht.**	나는 그것은 아니라고 생각합니다.
p080-05	**Meiner Meinung nach haben Sie Recht.**	나의 생각에 따르면 당신이 옳습니다.
p080-06	**Meiner Meinung nach ist das sinnlos.**	나의 생각에 따르면 그것은 의미 없습니다.
p080-07	**Meiner Meinung nach ist das falsch.**	나의 생각에 따르면 그것은 틀렸습니다.
p080-08	**Meiner Meinung nach ist das eine gute Idee.**	나의 생각에 따르면 그것은 좋은 아이디어입니다.

● **meiner Meinung nach ~** (나의 생각에 따르면 ~), **seiner Meinung nach ~** (그의 견해에 따르면 ~)
● **Recht haben** (옳다/맞다)
● **so** (그렇게), **ja** (네), **nein** (아니오), **das** (그것), **nicht** (아니다), **sinnlos** (무의미한), **falsch** (틀린), **gut** (좋은), **die Idee** (아이디어)

pattern

세 번째 섹션 : 중요동사 패턴!

3rd Section 은 **대표적**인 **중요동사**를 **테마별**로 **정리**했습니다.
이번 섹션에서 가장 **중요한 점**은
독일어 동사는 **인칭에 따라 어미**가 **변화**한다는 것입니다.

P 080

③ 기본패턴의 확장!

p080-09 Ich meine, es wird regnen. 나는 비가 올 것이라고 생각합니다.

p080-10 Meiner Meinung nach ist Deutsch eine schöne Sprache. 나의 생각에 독일어는 아름다운 언어입니다.

● **werden** (~되다)는 미래조동사이며, 본동사는 동사의 원형으로 문장의 맨 뒤에 옵니다.
● **meinen** (생각하다/여기다), **regnen** (비가 오다), **das Deutsch** (독일어), **schön** (아름다운), **die Sprache** (언어)

④ 기본패턴의 응용!

p080-11 A) Was meinen Sie dazu? 당신은 그것에 대해 어떻게 생각합니까?

p080-12 B) Meiner Meinung nach haben Sie Unrecht. 나의 생각에 따르면 당신은 부당합니다.

p080-13 A) Wie wird das Wetter am Nachmittag? 오후에 날씨가 어떻게 될까요?

p080-14 B) Ich meine, es wird regnen. 나는 비가 올 것이라고 생각합니다.

● **Unrecht haben** (그르다/옳지 않다)
● **am Vormittag** (오전에), **am Nachmittag** (오후에)
● **was** (무엇), **dazu** (그것에 대해/그 목적으로), **wie** (어떻게), **das Wetter** (날씨), **der Nachmittag** (오후), **regnen** (비가 오다)

4th Section

pattern German

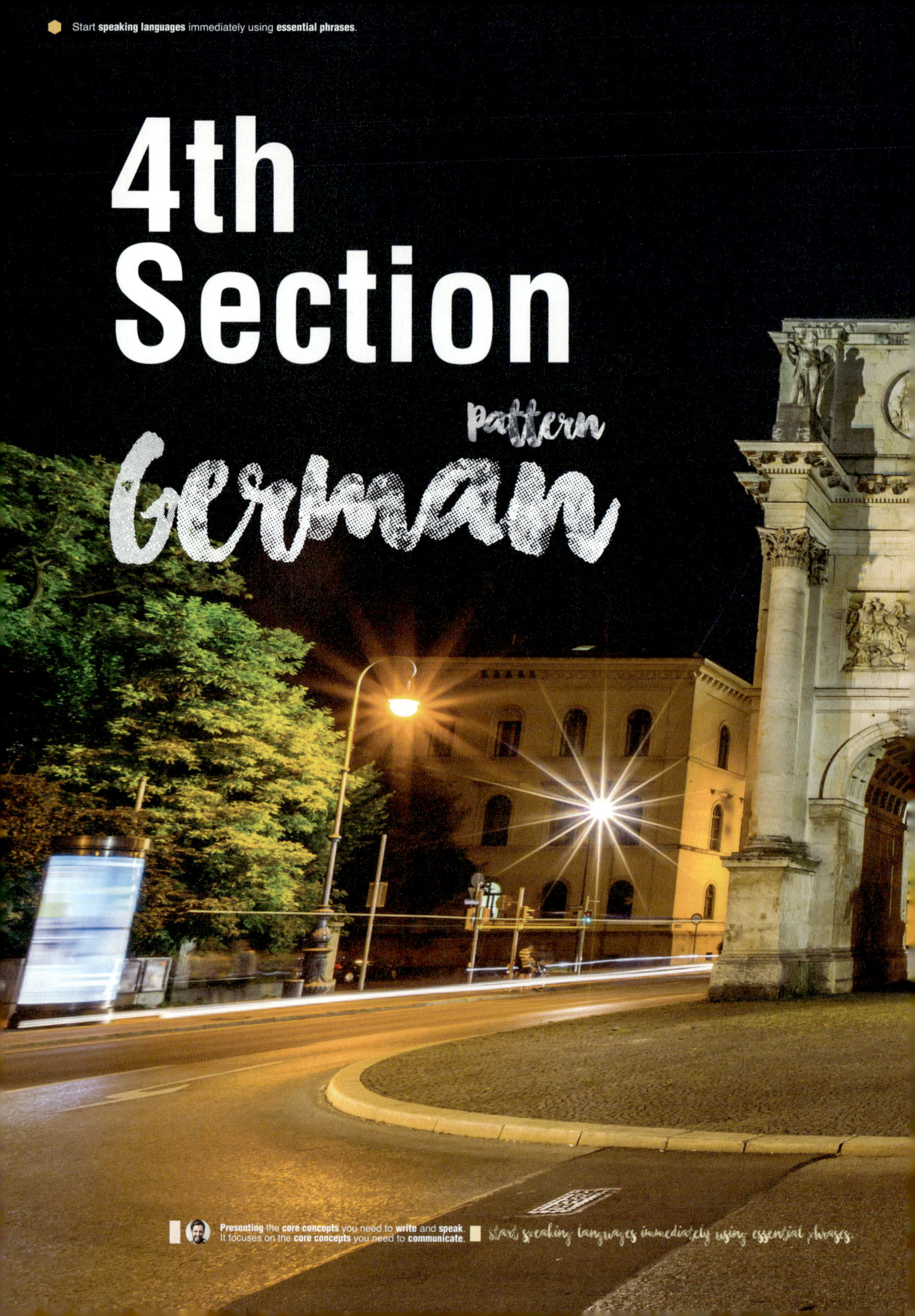

DEM BAYERISCHEN HEERE

4th Section

pattern

Grammar

네 번째 섹션 : 핵심문법 패턴!

4th Section 은 **핵심문법**을 **정리**했습니다.
독일어 문법의 **핵심**을 이루는 요소를 활용한 **핵심 패턴**들입니다.

Presenting the **core concepts** you need to **write** and **speak**.
It focuses on the **core concepts** you need to **communicate**.

Start speaking languages immediately using essential phrases.

4th Section
핵심문법 섹션 :

4th Section 은 핵심문법을 정리했습니다.
독일어 문법의 핵심을 이루는 요소를 활용한 핵심 패턴들입니다.
(자세한 문법설명은 부록편을 참고하여 주십시오!)

사용빈도가 가장 높은 문법을 활용하는 패턴을 정리했습니다.
순서에 관계 없이 우선 필요한 것부터 선택하여 학습하시면 됩니다.

Part 01. 비인칭문, 2줄요약!

❶ 독일어의 **es** 는 영어의 **it** 처럼 비인칭(주체가 인물이 아닌)을 나타냅니다.
❷ 비인칭주어(날씨/기후/시간 등), 가주어, 비인칭 숙어표현 등 다양하게 활용됩니다.

Part 02. 재귀동사, 2줄요약!

❶ '재귀'란 스스로에게 다시 돌아가는 것을 말합니다.
❷ 독일어는 재귀대명사와 재귀동사로 표현합니다.

Part 03. 의문문, 2줄요약!

❶ 의문문! 모든 대화의 시작이며, 궁금증의 해결입니다.
❷ 독일어에서 의문사는 의문대명사/형용사/부사, 종속접속사 등 다양하게 사용됩니다.

Part 04. 화법조동사, 2줄요약!

❶ 화법조동사는 다채롭게 말하는 법을 돕는 동사들입니다.
❷ **können** (~할 수 있다), **müssen** (~해야만 한다), **wollen** (~할 것이다), **sollen** (~하여야 한다), **dürfen** (~해도 된다), **mögen** (좋아하다)

The focus is on **conversation** and **communication**.

Start **speaking languages** immediately using **essential phrases**.

Learn foreign language!
GERMAN

Part 1. It's a completely new way to learn foreign language! | Pattern 081

Es ist ~. [에스 이스트 ~.]
날씨가 ~합니다.

① 기본패턴의 핵심!

❶ **Es ist** +형용사. (날씨/기후가 ~하다.)로 날씨/기후를 표현할 수 있습니다.

② 기본패턴의 연습!

p081-01	Es ist	warm.	날씨가 따듯합니다.
p081-02	Es ist	kühl.	날씨가 서늘합니다.
p081-03	Es ist	heiß.	날씨가 덥습니다.
p081-04	Es ist	kalt.	날씨가 춥습니다.
p081-05	Es ist	sonnig.	날씨가 화창합니다.
p081-06	Es ist	bewölkt.	날씨가 흐립니다.
p081-07	Es ist	windig.	바람이 붑니다.
p081-08	Es ist	neblig.	안개가 끼었습니다.

● **Es ist schwül.** (날씨가 찌는 듯한 무더움/끈적끈적합니다.)
● **warm** (따듯한), **kühl** (서늘한), **heiß** (더운), **kalt** (추운), **sonnig** (화창한), **bewölkt** (구름 낀/흐린), **windig** (바람 부는), **neblig** (안개 낀/흐린)

The basics of grammar and sentence construction!
The most useful phrases and expressions!

pattern

네 번째 섹션 : 핵심문법 패턴!

4th Section 은 **핵심문법**을 **정리**했습니다.
독일어 문법의 **핵심**을 이루는 요소를 활용한 **핵심 패턴**들입니다.

P 081

③ 기본패턴의 확장!

p081-09	Mir ist kalt.	나는 춥습니다.
p081-10	Es ist kalt hier, sogar im Sommer.	여기는 여름에도 춥습니다.

- '날씨가 나에게 춥다.' 즉, '나는 춥다'가 됩니다.
- **Mir ist kalt.** (추워요.), **mir** 를 문두로 끌어오면 **es** 는 생략할 수 있습니다.
- **hier** (여기), **sogar** (조차/게다가), **der Sommer** (여름)

④ 기본패턴의 응용!

p081-11	A) Wie ist es draußen?	밖에 날씨가 어떻습니까?
p081-12	B) Es ist eiskalt.	날씨가 아주 춥습니다.
p081-13	A) Warum zitterst du?	너 왜 떨고 있니?
p081-14	B) Mir ist kalt.	나 추워.

- **das Eis** (얼음) + **kalt** (추운) = **eiskalt** (얼음같이 추운)
- **draußen** (밖에서/외부에), **drinnen** (안에서/내부에)
- **wie** (어떻게), **warum** (왜), **zittern** (떨다)

Learn foreign language!
GERMAN

Part 1. It's a completely new way to learn foreign language! | Pattern 082

Es ist ~. [에스 이스트 ~.]
날씨가 ~합니다.

① 기본패턴의 핵심!

❶ **Es ist** + 형용사. (날씨/기후가 ~하다.)로 날씨/기후를 표현할 수 있습니다.
❷ **Es ist schön.** 은 **Das Wetter ist schön.** 으로 바꾸어 써도 됩니다. (**das Wetter** 날씨)
❸ **Es ist** + 날씨를 나타내는 비인칭동사. (날씨가 ~하다.)

② 기본패턴의 연습!

p082-01	Es ist gut.	날씨가 좋습니다.
p082-02	Es ist schlecht.	날씨가 나쁩니다.
p082-03	Es ist schön.	날씨가 멋집니다.
p082-04	Es regnet.	비가 옵니다.
p082-05	Es schneit kaum.	거의 눈이 오지 않습니다.
p082-06	Es nieselt ständig.	계속해서 안개비가 옵니다.
p082-07	Es blitzt häufig.	자주 번개 칩니다.
p082-08	Es donnert heftig.	심하게 천둥 칩니다.

● **gut** (좋은), **schlecht** (나쁜), **schön** (멋진), **kaum** (거의 ~않다), **ständig** (끊임없이), **häufig** (자주), **heftig** (심한/격한)
● 날씨를 나타내는 비인칭동사들이 있습니다. **es** 와 함께 사용합니다.
● **regnen** (비가 오다), **schneien** (눈이 오다), **nieseln** (안개비가 오다), **blitzen** (번개 치다), **donnern** (천둥 치다)

The basics of grammar and sentence construction!
The most useful phrases and expressions!

네 번째 섹션 : 핵심문법 패턴!

4th Section 은 **핵심문법**을 **정리**했습니다.
독일어 문법의 **핵심**을 이루는 요소를 활용한 **핵심 패턴**들입니다.

P 082

③ 기본패턴의 확장!

p082-09	**Es regnet in Strömen.**	억수로 비가 옵니다.
p082-10	**Es schneit seit drei Tagen.**	3일째 눈이 옵니다.

- **in Strömen** (억수로)
- **seit** (~이래/이후) 3격전치사입니다.
- **das Strömen** (호우), **drei** (3), **der Tag** (날/일)

④ 기본패턴의 응용!

p082-11	**A) Wie ist das Wetter?**	날씨가 어떻습니까?
p082-12	**B) Das Wetter ist windig.**	날씨는 바람이 붑니다.
p082-13	**A) Wie ist das Wetter bei euch?**	너희의 날씨는 어떠니?
p082-14	**B) Es donnert und regnet.**	천둥 치고 비 와.

- **bei** (곁에/근처에) 3격전치사입니다.
- **wie** (어떻게), **windig** (바람 부는), **euch** (너희들에게), **und** (그리고)

Learn foreign language!
GERMAN

Part 1. It's a completely new way to learn foreign language! | Pattern 083

Es ist ~. [에스 이스트 ~.]
시간이 ~입니다.

The basics of grammar and sentence construction!

① 기본패턴의 핵심!

❶ **Es ist ~.** (시간이 ~하다/이다.)로 시간/때를 표현할 수 있습니다.

② 기본패턴의 연습!

The most useful phrases and expressions!

p083-01	Es ist	spät.	시간이 늦었습니다.
p083-02	Es ist	früh.	시간이 이릅니다.
p083-03	Es ist	Essenszeit.	식사시간입니다.
p083-04	Es ist	Mittag.	정오입니다.
p083-05	Es ist	Frühling.	봄입니다.
p083-06	Es ist	Sommer.	여름입니다.
p083-07	Es ist	Regenzeit.	장마입니다.
p083-08	Es ist	Weihnachten.	크리스마스입니다.

● **spät** (늦은), **früh** (이른), **die Essenszeit** (식사시간), **der Mittag** (정오/한낮), **der Frühling** (봄), **der Sommer** (여름), **die Regenzeit** (장마), **die Weihnachten** (크리스마스/성탄절)

pattern ah!

네 번째 섹션 : 핵심문법 패턴!

4th Section 은 **핵심문법**을 **정리**했습니다.
독일어 문법의 **핵심**을 이루는 요소를 활용한 **핵심 패턴**들입니다.

P 083

③ 기본패턴의 확장!

p083-09 Es ist schon Herbst. 이미 가을입니다.

p083-10 Nun ist es mitten in der Nacht. 이제 한밤중입니다.

- **mitten in der Nacht** (밤의 한 가운데)
- **schon** (이미), **der Herbst** (가을), **nun** (이제/지금), **mitten** (가운데에/중앙에), **die Nacht** (밤)

④ 기본패턴의 응용!

p083-11 A) Es ist Schlafenszeit. 취침시간입니다.

p083-12 B) Dann bringe ich die Kinder ins Bett. 그러면 아이들을 침대로 데려갈게요.

p083-13 A) Nun ist es Zeit zu gehen. 이제 갈 시간입니다.

p083-14 B) Ich begleite Sie zum Gartentor. 내가 당신을 정원 입구까지 배웅할게요.

- **ins Bett = in + das Bett** (침대로), **zum Gartentor = zu + dem Gartentor** (정원 입구에/로)
- **Zeit zu** + 동사원형 (~할 시간)
- **die Schlafenszeit** (취침시간), **dann** (그러면/그러고 나서), **bringen** (데려가다), **das Kind** (아이), **die Zeit** (시간), **gehen** (가다), **begleiten** (동행하다), **der Gartentor** (정원 입구)

Learn foreign language!
GERMAN

Part 1. It's a completely new way to learn foreign language! | Pattern 084

Es ist ~. [에스 이스트 ~.]
~시입니다.

① 기본패턴의 핵심!

❶ **Es ist ~ Uhr.** 또는 **Es ist ~.** (~시이다.)로 시간을 표현할 수 있습니다.
(**Es ist drei Uhr. > Es ist drei.** 3시입니다.)
❷ **Es ist drei Uhr zehn.** (3시 10분입니다.) '분'은 표시하지 않고, 숫자만 말합니다.

② 기본패턴의 연습!

p084-01	Es ist	jetzt ein Uhr.	지금은 1시입니다.
p084-02	Es ist	fast zwei Uhr.	거의 2시입니다.
p084-03	Es ist	schon drei Uhr.	이미 3시입니다.
p084-04	Es ist	gleich vier Uhr.	곧 4시입니다.
p084-05	Es ist	genau sechs Uhr.	딱 6시입니다.
p084-06	Es ist	sieben Uhr zehn.	7시 10분입니다.
p084-07	Es ist	acht Uhr fünfzehn.	8시 15분입니다.
p084-08	Es ist	neun Uhr dreißig.	9시 30분입니다.

● **jetzt** (지금), **die Uhr** (시), **fast** (거의), **schon** (이미), **gleich** (곧), **genau** (정확한/딱 들어맞는), **fünfzehn** (15), **dreißig** (30)
● **eins** (1 : 시간을 말할 때는 **ein**), **zwei** (2), **drei** (3), **vier** (4), **fünf** (5), **sechs** (6), **sieben** (7), **acht** (8), **neun** (9), **zehn** (10), **elf** (11), **zwölf** (12)

The basics of grammar and sentence construction!
The most useful phrases and expressions!

pattern ap

네 번째 섹션 : 핵심문법 패턴!

4th Section 은 **핵심문법**을 **정리**했습니다.
독일어 문법의 **핵심**을 이루는 요소를 활용한 **핵심 패턴**들입니다.

P 084

③ 기본패턴의 확장!

p084-09 **Es ist Viertel vor vier.** 15분 전 4시입니다.

p084-10 **Es ist halb drei.** 2시 반입니다.

- 시간을 나타내는 단위로 **vor** (전), **nach** (후)가 있습니다.
fünf vor zehn (5분 전 10시), **fünf nach zehn** (5분 지난 10시)
- **halb** (반/30분). '반'은 독일어에서 '30분 전'의 의미로, 10시 반은 **halb elf** (30분 전 11시)로 말합니다.
- **das Viertel** (1/4, 15분)

④ 기본패턴의 응용!

p084-11 **A) Wie viel Uhr ist es jetzt?** 지금 몇 시입니까?

p084-12 **B) Es ist jetzt genau elf Uhr.** 지금은 정확히 11시입니다.

p084-13 **A) Wie spät ist es?** 몇 시입니까?

p084-14 **B) Es ist Viertel vor vier.** 15분 전 4시입니다.

- **wie viel Uhr** (몇 시), **wie spät** (얼마나 늦은)
- **Viertel** 은 60분의 1/4, 즉 15분을 뜻합니다.
- **wie** (얼마나), **viel** (많은), **spät** (늦은), **das Viertel** (1/4)

Learn foreign language!
GERMAN

Part 1. It's a completely new way to learn foreign language! | Pattern 085

Es ist Zeit, zu ~. [에스 이스트 차이트, 추 ~.]
~할 시간입니다.

① 기본패턴의 핵심!

● Es ist Zeit, zu + 동사원형.은 '~할 시간이다.' 입니다.

② 기본패턴의 연습!

p085-01	Es ist Zeit, zu essen.	식사할 시간입니다.
p085-02	Es ist Zeit, zu schlafen.	잠잘 시간입니다.
p085-03	Es ist Zeit, zu feiern.	축하할 시간입니다.
p085-04	Es ist Zeit, Deutsch zu lernen.	독일어를 배울 시간입니다.
p085-05	Es ist Zeit, ins Bett zu gehen.	침대로 갈 시간입니다.
p085-06	Es ist Zeit, nach Hause zu gehen.	집으로 갈 시간입니다.
p085-07	Es ist Zeit, zur Schule zu gehen.	학교에 갈 시간입니다.
p085-08	Es ist Zeit, die Kinder ins Bett zu bringen.	아이들을 침대로 데려갈 시간입니다.

● **schlafen gehen** (자다 가다 > 자러 가다), **spazieren gehen** (산책하러 가다)
● **ins Bett** (침대로), **nach Hause** (집으로), **zur Schule** (학교에)
● **essen** (먹다), **schlafen** (자다), **feiern** (축하하다), **das Deutsch** (독일어), **lernen** (배우다), **das Bett** (침대), **gehen** (가다), **das Haus** (집), **die Schule** (학교), **das Kind** (아이), **bringen** (가져오다/데려오다)

pattern aha!

네 번째 섹션 : 핵심문법 패턴!

4th Section 은 **핵심문법**을 **정리**했습니다.
독일어 문법의 **핵심**을 이루는 요소를 활용한 **핵심 패턴**들입니다.

P 085

③ 기본패턴의 확장!

p085-09	Es ist Zeit, aufzustehen.	일어날 시간입니다.
p085-10	Es ist keine Zeit, um noch etwas zu trinken.	뭔가 더 마시기에는 시간이 없습니다.

- **aufstehen** (기상하다) 전철(**auf-**) 다음에 **zu** 를 삽입합니다.
- **Es ist keine Zeit.** (시간이 없다.)
- **um zu** + 동사원형 (~하기 위하여)
- **noch** (더), **etwas** (어떤 것), **trinken** (마시다)

④ 기본패턴의 응용!

p085-11	A) Es ist Zeit, hier zu verschwinden.	여기에서 사라질 시간입니다.
p085-12	B) Ich packe meine Sachen.	나는 나의 소지품을 싸겠습니다.

p085-13	A) Wir werden darüber reden.	우리는 그것에 대해 말할 것입니다.
p085-14	B) Es ist noch zu früh, um darüber zu reden.	그것에 대해 이야기하기에는 아직 너무 이릅니다.

- **werden** (~되다), 미래조동사로 동사의 원형과 함께 쓰입니다.
동사의 원형은 문장의 맨 뒤에 옵니다. (동사후치)
- **reden über ~** (~에 대해 말하다)
- **hier** (여기), **verschwinden** (사라지다), **packen** (포장하다/싸다), **mein** (나의), **die Sache** (소지품), **darüber** (그것에 대해), **reden** (말하다), **noch** (아직), **zu** (너무 ~한), **früh** (이른), **um ... zu ~** (~하기 위하여)

The focus is on **conversation** and **communication**.

Start **speaking languages** immediately using **essential phrases**.

Learn foreign language!
GERMAN

Part 1. It's a completely new way to learn foreign language! | Pattern 086

Es ist ~, zu ~. [에스 이스트 ~, 추 ~.]
~하는 것은 ~입니다.

① 기본패턴의 핵심!

● **Es ist ~, zu** + 동사원형. 은 '~하는 것은 ~입니다.'입니다.
zu + 동사원형에서 동사원형은 문장의 맨 뒤에 옵니다.

② 기본패턴의 연습!

p086-01	Es ist illegal, hier zu rauchen.	여기에서 흡연하는 것은 불법입니다.
p086-02	Es ist naiv, das zu glauben.	그것을 믿는 것은 순진한 것입니다.
p086-03	Es ist falsch, Menschen anzulügen.	사람을 속이는 것은 옳지 않습니다.
p086-04	Es ist wichtig, Fremdsprachen zu können.	외국어들을 할 수 있는 것은 중요합니다.
p086-05	Es ist schwierig, dieses Thema zu verstehen.	이 테마를 이해하는 것은 어렵습니다.
p086-06	Es ist lustig, ihr zuzuhören.	그녀에게 귀를 기울이는 것은 유쾌합니다.
p086-07	Es ist nötig, sich zu entscheiden.	스스로 결정하는 것이 필요합니다.
p086-08	Es ist zwecklos, ihn um Hilfe zu bitten.	그에게 도움을 청하는 것은 무의미합니다.

● **anlügen** + 4격 (~를 속이다), **zuhören** + 3격 (~에게 귀를 기울이다)
● **bitten um Hilfe** (도움을 청하다)
● **illegal** (불법의), **hier** (여기), **rauchen** (흡연하다), **naiv** (순진한/소박한), **glauben** (믿다), **falsch** (틀린), **der Mensch** (사람/인간), **wichtig** (중요한), **die Fremdsprache** (외국어), **können** (할 수 있다), **schwierig** (어려운), **das Thema** (테마), **verstehen** (이해하다), **lustig** (유쾌한), **nötig** (필요한), **sich entscheiden** (결정하다), **zwecklos** (무의미한/쓸데없는)

pattern ai

네 번째 섹션 : 핵심문법 패턴!

4th Section 은 **핵심문법**을 **정리**했습니다.
독일어 문법의 **핵심**을 이루는 요소를 활용한 **핵심 패턴**들입니다.

P 086

③ 기본패턴의 확장!

p086-09 Es ist nicht sicher, ob sie kommt. 그녀가 올지 안 올지 확실하지 않습니다.

p086-10 Es ist zweifelhaft, ob es wahr ist. 그것이 진실한 것인지는 의심스럽습니다.

- **ob** (~인지 ~아닌지)는 종속접속사이며, 종속절의 동사는 후치됩니다.
- **sicher** (확실한), **sie** (그녀), **kommen** (오다), **zweifelhaft** (의심스러운), **wahr** (진실한)

④ 기본패턴의 응용!

p086-11 A) Lernst du gern Französisch? 프랑스어를 즐겨 배우니?

p086-12 B) Ja, aber es ist schwer, Französisch zu lernen. 응, 그러나 프랑스어를 배우는 것은 어려워.

p086-13 A) Ich lerne zur Zeit Deutsch. 나는 요즘 독일어를 배웁니다.

p086-14 B) Es ist wichtig, Fremdsprachen zu können. 외국어들을 할 수 있는 것은 중요합니다.

- **zur Zeit** (요즘)
- **lernen** (배우다), **gern** (즐겨), **das Französisch** (프랑스어), **ja** (네), **schwer** (어려운), **aber** (그러나), **die Zeit** (시간), **das Deutsch** (독일어)

Learn foreign language!
GERMAN

Part 1. It's a completely new way to learn foreign language! | Pattern 087

Es ist zu ~, um ... zu ~. [에스 이스트 추 ~, 움 ... 추 ~.]
~하기 위해서는 너무 ~합니다.

① 기본패턴의 핵심!

❶ **Es ist zu ~, um ... zu** + 동사원형. (~하기 위해서는 너무 ~합니다.)
zu + 동사원형에서 동사의 원형은 문장의 맨 뒤에 옵니다.

② 기본패턴의 연습!

p087-01	Es ist zu weit, um zu laufen.	뛰기에는 너무 멉니다.
p087-02	Es ist zu dunkel, um wegzugehen.	떠나기에는 너무 어둡습니다.
p087-03	Es ist zu früh, um aufzustehen.	일어나기에는 너무 이릅니다.
p087-04	Es ist zu heiß, um hier zu arbeiten.	여기에서 일하기에는 너무 덥습니다.
p087-05	Es ist zu kalt, um draußen Fußball zu spielen.	밖에서 축구를 하기에는 너무 춥습니다.
p087-06	Es ist zu eng, um das Auto hier zu parken.	여기에 차를 주차하기에는 너무 좁습니다.
p087-07	Es ist zu wichtig, um es zu übersehen.	그것을 간과하기에는 너무 중요합니다.
p087-08	Es ist zu schön, um wahr zu sein.	사실이기에는 너무 아름답습니다.

● **weit** (먼), **laufen** (달리다), **dunkel** (어두운), **weggehen** (떠나다), **früh** (이른), **aufstehen** (일어나다), **heiß** (더운), **arbeiten** (일하다), **kalt** (추운), **draußen** (밖에서), **der Fußball** (축구), **spielen** (경기하다), **eng** (좁은), **das Auto** (자동차), **parken** (주차하다), **wichtig** (중요한), **übersehen** (간과하다), **schön** (아름다운), **wahr** (정말인), **sein** (~이다)

네 번째 섹션 : 핵심문법 패턴!

4th Section 은 **핵심문법**을 **정리**했습니다.
독일어 문법의 **핵심**을 이루는 요소를 활용한 **핵심 패턴**들입니다.

P 087

③ 기본패턴의 확장!

p087-09	**Es ist nie zu spät, um anzufangen.**	시작하기에 결코 너무 늦지 않습니다.
p087-10	**Es ist mir zu teuer, um es zu kaufen.**	구매하기에는 너무 비쌉니다.

- **nie** (결코 ~ 아니다), **spät** (늦은), **anfangen** (시작하다), **mir** (나에게), **teuer** (비싼), **kaufen** (사다)

④ 기본패턴의 응용!

p087-11	**A) Sie werden in diesem Büro arbeiten.**	당신은 이 사무실에서 일하게 될 것입니다.
p087-12	**B) Es ist zu heiß, um hier zu arbeiten.**	여기에서 일하기에는 너무 덥습니다.

p087-13	**A) Dieses Auto gefällt mir besonders.**	이 자동차는 나의 마음에 특히 듭니다.
p087-14	**B) Es ist mir zu teuer, um es zu kaufen.**	구매하기에는 너무 비쌉니다.

- **werden** (~되다) 미래를 나타내는 조동사로, 동사의 원형은 문장 맨 뒤에 옵니다.
- **in** (3격전치사) + **diesem** (지시대명사) + **Büro** (명사) = 이 사무실에서
- **es gefällt** + 3격 (~의 마음에 들다)
- **das Büro** (사무실), **das Auto** (자동차), **mir** (나에게), **besonders** (특히)

Learn foreign language!
GERMAN

Part 1. It's a completely new way to learn foreign language! | Pattern 088

Es gibt ~. [에스 깁트 ~.]
~가 있습니다.

① 기본패턴의 핵심!

● **Es gibt** + 4격명사. (~가 있습니다/존재합니다.)는 대표적인 비인칭 숙어입니다.

② 기본패턴의 연습!

p088-01	Es gibt	ein Problem.	하나의 문제가 있습니다.
p088-02	Es gibt	eine Möglichkeit.	하나의 가능성이 있습니다.
p088-03	Es gibt	keine Lösung.	해결책은 없습니다.
p088-04	Es gibt	noch einen Platz.	아직 좌석이 하나 더 있습니다.
p088-05	Es gibt	Ausnahmen.	예외들이 있습니다.
p088-06	Es gibt	viele Vorteile.	많은 장점들이 있습니다.
p088-07	Es gibt	viele Faktoren.	많은 요인들이 있습니다.
p088-08	Es gibt	hier nichts.	여기에는 아무것도 없습니다.

● **das Problem** (문제/난점), **die Möglichkeit** (가능성), **die Lösung** (해결책/해답), **noch** (더), **der Platz** (좌석/장소), **die Ausnahme** (예외), **viel** (많은), **der Vorteil** (장점), **der Faktor** (요인/요소), **hier** (여기), **nichts** (아무것도 아닌 것)

The basics of grammar and sentence construction!
The most useful phrases and expressions!

pattern aha!

네 번째 섹션 : 핵심문법 패턴!

4th Section 은 **핵심문법**을 **정리**했습니다.
독일어 문법의 **핵심**을 이루는 요소를 활용한 **핵심 패턴**들입니다.

P 088

③ 기본패턴의 확장!

p088-09 Es gibt ein Hotel hier in der Nähe. 근처에 호텔이 하나 있습니다.

p088-10 Es gibt viele Möglichkeiten im Leben. 삶에는 많은 가능성들이 있습니다.

- **in der Nähe** (근처에), **im Leben** (삶에서)
- **das Hotel** (호텔), **die Nähe** (근처), **das Leben** (삶)

④ 기본패턴의 응용!

p088-11 A) Welche Filme haben wir zur Auswahl? 우리는 선택지로 어떤 영화들을 가지고 있습니까?

p088-12 B) Es gibt drei Möglichkeiten. 3 가지 가능성이 있습니다.

---

p088-13 A) Ich brauche dringend Geld. 나는 급하게 돈이 필요합니다.

p088-14 B) Es gibt hier in der Nähe einen Geldautomaten. 이 근처에 현금자동입출금기가 있습니다.

- **zur Auswahl** (선택지로)
- **welcher** (어떤), **der Film** (영화), **haben** (가지다), **die Auswahl** (선택), **drei** (3),
brauchen (필요하다), **dringend** (절박한), **das Geld** (돈), **der Geldautomaten** (ATM/자동현금입출금기)

Learn foreign language!
GERMAN

Part 1. It's a completely new way to learn foreign language! | Pattern 089

Es gibt kein ~. [에스 깁트 카인 ~.]
~가 없습니다.

① 기본패턴의 핵심!

● **Es gibt kein** + 4격 명사. (~가 없습니다/존재하지 않습니다.)는 비인칭 숙어입니다.

② 기본패턴의 연습!

p089-01	Es gibt keine	Grenzen.	한계는 없습니다.
p089-02	Es gibt keine	Alternative.	대안이 없습니다.
p089-03	Es gibt keine	Auswahl.	선택지가 없습니다.
p089-04	Es gibt keinen	Ausweg.	출구가 없습니다.
p089-05	Es gibt keine	Chance.	기회가 없습니다.
p089-06	Es gibt keinen	Zufall.	우연은 없습니다.
p089-07	Es gibt keine	andere Möglichkeit.	다른 가능성은 없습니다.
p089-08	Es gibt keine	perfekte Lösung.	완벽한 해법은 없습니다.

● **die Grenz** (경계/한계), **die Alternative** (대안), **der Auswahl** (선택), **der Ausweg** (출구/해결책), **die Chance** (기회), **der Zufall** (우연), **ander** (다른), **die Möglichkeit** (가능성), **perfekt** (완벽한), **die Lösung** (해법/해결책)

The basics of grammar and sentence construction!
The most useful phrases and expressions!

네 번째 섹션 : 핵심문법 패턴!

4th Section 은 **핵심문법**을 **정리**했습니다.
독일어 문법의 **핵심**을 이루는 요소를 활용한 **핵심 패턴**들입니다.

P 089

③ 기본패턴의 확장!

p089-09 Es gibt keine Regel ohne Ausnahme. 예외 없는 규칙은 없습니다.

p089-10 Es gibt keinen Grund zur Eile. 서두를 이유가 없습니다.

- **ohne Ausnahme** (예외 없이), **zur Eile** (서둘러서)
- **der Regel** (규칙), **die Ausnahme** (예외), **der Grund** (이유/원인), **die Eile** (서두름/신속)

④ 기본패턴의 응용!

p089-11 A) Das ist ein Zufall. 그것은 우연입니다.

p089-12 B) Es gibt keinen Zufall. 우연은 없습니다.

---

p089-13 A) Mit dem Taxi fahren wir schneller. 우리는 택시로 더 빨리 갑니다.

p089-14 B) Es gibt keinen Grund zur Eile. 서두를 이유가 없습니다.

- **mit dem Taxi** (택시로)
- **der Zufall** (우연), **das Taxi** (택시), **fahren** (운전하다), **wir** (우리), **schneller** (더 빠른)

Learn foreign language!
GERMAN

Part 1. It's a completely new way to learn foreign language! | Pattern 090

Gibt es ~? [깁트 에스 ~?]
~가 있습니까?

① 기본패턴의 핵심!

❶ **Gibt es** + 4격 명사? (~가 있습니까?/존재합니까?)는 비인칭 숙어입니다.
❷ **Es gibt ~.** (~가 있습니다/존재합니다.)의 의문형입니다.

② 기본패턴의 연습!

p090-01	Gibt es	ein Problem?	문제 (하나)가 있습니까?
p090-02	Gibt es	eine Möglichkeit?	가능성이 있습니까?
p090-03	Gibt es	eine Tankstelle?	주유소가 있습니까?
p090-04	Gibt es	eine Gebühr?	사용료가 있습니까?
p090-05	Gibt es	ein Café?	카페가 있습니까?
p090-06	Gibt es	ein Restaurant?	식당이 있습니까?
p090-07	Gibt es	einen Aufzug?	엘리베이터가 있습니까?
p090-08	Gibt es	Fragen?	질문들이 있습니까?

● **Gibt es Fragen?** (질문들이 있습니까?)는 복수형으로 쓰였습니다.
● **das Problem** (문제/난점), **die Möglichkeit** (가능성), **die Tankstelle** (주유소), **die Gebühr** (수수료/요금), **das Café** (카페), **das Restaurant** (식당), **der Aufzug** (엘리베이터), **die Frage** (질문)

The basics of grammar and sentence construction!
The most useful phrases and expressions!

네 번째 섹션 : 핵심문법 패턴!

4th Section 은 **핵심문법**을 **정리**했습니다.
독일어 문법의 **핵심**을 이루는 요소를 활용한 **핵심 패턴**들입니다.

P 090

③ 기본패턴의 확장!

p090-09 **Gibt es dafür eine App?** 그것에 대한 어플리케이션이 있습니까?

p090-10 **Gibt es etwas Neues in Deutschland?** 독일에 뭔가 새로운 것이 있습니까?

- **Neues** 는 형용사 **neu** (새로운)의 명사형입니다.
- **dafür** (그것에 대하여), **die App** (어플리케이션), **etwas** (어떤 것), **das Deutschland** (독일)

④ 기본패턴의 응용!

p090-11 **A) Gibt es hier in der Nähe einen Parkplatz?** 여기 근처에 주차장이 있습니까?

p090-12 **B) Zwei Straßen weiter gibt es ein Parkhaus.** 두 거리 다음에 실내주차장이 있습니다.

p090-13 **A) Gibt es in Deutschland Rassendiskriminierung?** 독일에 인종차별이 있습니까?

p090-14 **B) Laut Verfassung gibt es keine Rassendiskriminierung.** 헌법에 따라 인종차별이 없습니다.

- **in der Nähe** (근처에)
- **die Nähe** (근처), **der Parkplatz** (주차장), **zwei** (2), **die Straße** (거리), **weiter** (이어서), **das Parkhaus** (실내주차장), **die Rassendiskriminierung** (인종차별), **laut** (~에 의하면/따라서), **die Verfassung** (헌법)

Learn foreign language!
GERMAN

Part 1. It's a completely new way to learn foreign language! | Pattern 091

Es tut mir leid, ~. [에스 툿 미어 라이트, ~.]
~ 유감입니다.

Germ

① 기본패턴의 핵심!

❶ **Es tut mir leid, ~.** 는 '~해서 유감입니다/애석합니다/미안합니다.' 등 다양한 의미로 사용되는 대표적인 비인칭숙어입니다.
❷ **tut** 는 **tun** (하다) 동사의 3인칭 형태입니다.

② 기본패턴의 연습!

p091-01	Es tut mir leid.	유감입니다.
p091-02	Es tut mir sehr leid.	매우 유감입니다.
p091-03	Es tut mir wirklich leid.	정말로 유감입니다.
p091-04	Es tut mir leid, ich habe kein Geld.	나는 돈이 없습니다, 미안합니다.
p091-05	Es tut mir leid, ich muss gehen.	나는 가야합니다, 미안합니다.
p091-06	Es tut mir leid, alles ist besetzt.	(자리가) 모두 다 찼습니다, 죄송합니다.
p091-07	Es tut mir leid, wir sind total ausverkauft.	우리는 완전 매진입니다, 미안합니다.
p091-08	Es tut mir leid, es ist nicht mehr verfügbar.	그것은 더 이상 가용하지 않습니다, 죄송합니다.

● **müssen** (~해야 한다)는 의무를 나타내는 화법조동사입니다.
(화법조동사 파트 참고) 화법조동사가 오면 본동사는 원형으로 문장의 맨 뒤에 옵니다.
(**Ich muss gehen.** : 나는 가야만 합니다.)
● **sehr** (매우), **wirklich** (정말로), **haben** (가지다), **das Geld** (돈), **gehen** (가다), **alles** (모두), **besetzt** (점유된), **total** (전체의), **ausverkauft** (품절된), **nicht mehr** (더 이상 아니다), **verfügbar** (가용한)

The basics of grammar and sentence construction!
The most useful phrases and expressions!

pattern 419

네 번째 섹션 : 핵심문법 패턴!

4th Section 은 **핵심문법**을 **정리**했습니다.
독일어 문법의 **핵심**을 이루는 요소를 활용한 **핵심 패턴**들입니다.

P 091

③ 기본패턴의 확장!

p091-09 **Es tut mir leid, dass ich jetzt gehen muss.** 내가 지금 가야만 하는 것이 유감입니다.

p091-10 **Es tut mir leid, das zu hören.** 그것을 들어서 유감입니다.

- **Es tut mir leid, dass ~** 동사후치.에서 종속접속사 **dass** (~인 것)을 생략하면, 동사는 정치됩니다. **Es tut mir leid, dass ich gehen muss.** 는 **Es tut mir leid, ich muss gehen.** 으로 쓸 수 있습니다.
- **Es tut mir leid, zu** + 동사원형. (**zu** 부정사) (~하는 것이 유감입니다.)
- **jetzt** (지금), **hören** (듣다)

④ 기본패턴의 응용!

p091-11 **A) Ist hier ein Tisch frei?** 여기 테이블 (하나 비어) 있습니까?

p091-12 **B) Es tut mir leid, alles ist besetzt.** 유감입니다, 모든 자리가 찼습니다.

p091-13 **A) Kommen Sie mit?** 나와 같이 가시겠습니까?

p091-14 **B) Es tut mir leid, aber ich muss nach Hause.** 그런데 나는 집으로 가야 합니다, 죄송합니다.

- **Ich muss nach Hause gehen.** 은 **Ich muss nach Hause.** 로 줄여서 쓸 수 있습니다.
- **der Tisch** (테이블), **frei** (빈/자유로운), **mitkommen** (함께 오다/가다 : 분리동사), **aber** (그러나), **nach** (~향하여), **das Haus** (집)

The focus is on **conversation** and **communication**.

Start **speaking languages** immediately using **essential phrases**.

Learn foreign language!
GERMAN

Part 1. It's a completely new way to learn foreign language! | Pattern 092

Es gefällt mir ~. [에스 게펠트 미어 ~.]
내 마음에 ~듭니다.

① 기본패턴의 핵심!

❶ **Es gefällt mir ~.** (내 마음에 ~듭니다.)는 비인칭숙어입니다.
❷ **gefällt** 는 **gefallen** (마음에 든다) 동사의 3인칭 형태입니다. (불규칙동사입니다.)

② 기본패턴의 연습!

p092-01	Es gefällt mir	sehr gut.	내 마음에 매우 듭니다.
p092-02	Es gefällt mir	überhaupt nicht.	내 마음에 전혀 들지 않습니다.
p092-03	Es gefällt mir	ganz und gar.	내 마음에 전적으로 듭니다.
p092-04	Es gefällt mir	besonders gut.	내 마음에 특히 듭니다.
p092-05	Es gefällt mir	hier nicht.	여기는 내 마음에 들지 않습니다.
p092-06	Es gefällt mir, alleine zu spazieren.		혼자 산책하는 것이 내 마음에 듭니다.
p092-07	Es gefällt mir, Hausaufgaben zu machen.		과제를 하는 것이 내 마음에 듭니다.
p092-08	Es gefällt mir, bei der Bank zu arbeiten.		은행에서 일하는 것이 내 마음에 듭니다.

- **bei der Bank** (은행에서), '직장에서'는 전치사 **bei** 를 사용합니다.
- **sehr** (매우), **gut** (좋은), **überhaupt** (도무지/전반적으로), **ganz und gar** (전적으로), **besonders** (특히), **allein** (혼자서), **spazieren** (산책하다), **die Hausaufgabe** (과제/숙제), **machen** (하다/만들다), **die Bank** (은행), **arbeiten** (일하다)

pattern

네 번째 섹션 : 핵심문법 패턴!

4th Section 은 **핵심문법**을 **정리**했습니다.
독일어 문법의 **핵심**을 이루는 요소를 활용한 **핵심 패턴**들입니다.

P 092

③ 기본패턴의 확장!

p092-09 **Es gefällt mir, mit Ihnen zu sprechen.** 당신과 함께 말하는 것이 내 마음에 듭니다.

p092-10 **Es gefällt mir sehr, mit Ihnen zu essen.** 당신과 함께 먹는 것이 아주 내 마음에 듭니다.

- **Es gefällt mir, zu** + 동사원형. (~하는 것은 내 마음에 듭니다.)
- **mit Ihnen** (당신과 함께)
- **sprechen** (말하다), **essen** (먹다)

④ 기본패턴의 응용!

p092-11 **A) Wie gefällt es Ihnen in Bonn?** 본에서 당신 마음은 어떻습니까? (본이 어떠세요?)

p092-12 **B) Es gefällt mir in Bonn.** 본에 있어서 내 마음에 듭니다.

p092-13 **A) Was gefällt Ihnen an diesem Restaurant?** 이 식당에 대해 마음에 드십니까?

p092-14 **B) Es gefällt mir sehr, mit Ihnen zu essen.** 당신과 함께 먹는 것이 내 마음에 매우 듭니다.

- 본에서 당신 마음은 어떻습니까? > 본이 어떠세요?
- **Wie gefällt es Ihnen ~? / Was gefällt Ihnen ~?** 둘 다 '당신 마음에 드십니까?'의 의미입니다.
- **in Bonn** (본에서), **an diesem Restaurant** (이 식당에 대해)
- **an** (~에), **das Restaurant** (레스토랑/식당)

The focus is on conversation and communication.

Start speaking languages immediately using essential phrases.

Learn foreign language!
GERMAN

Part 1. It's a completely new way to learn foreign language! | Pattern 093

Es lohnt sich, zu ~. [에스 론트 지히, 추 ~.]

~하는 것은 가치가 있습니다.

① 기본패턴의 핵심!

❶ **Es lohnt sich, zu** + 동사원형.은 '~ 할 가치가 있다/~해볼 만하다'의 비인칭숙어입니다.
❷ **lohnt** 는 **lohnen** (보답하다) 동사의 3인칭 형태이며,
sich lohnen (보람이 있다/유익하다) 형태로 사용되는 재귀동사입니다.

② 기본패턴의 연습!

- p093-01 **Es lohnt sich, Latein zu lernen.** 라틴어를 배우는 것은 가치가 있습니다.
- p093-02 **Es lohnt sich, das Buch zu lesen.** 그 책을 읽는 것은 가치가 있습니다.
- p093-03 **Es lohnt sich, dieses Museum zu besuchen.** 이 박물관을 방문하는 것은 가치가 있습니다.
- p093-04 **Es lohnt sich, diese Idee auszuführen.** 이 아이디어를 수행하는 것은 가치가 있습니다.
- p093-05 **Es lohnt sich, diesen Film anzuschauen.** 이 영화를 보는 것은 가치가 있습니다.
- p093-06 **Es lohnt sich, den Vorschlag zu überdenken.** 그 제안을 숙고하는 것은 가치가 있습니다.
- p093-07 **Es lohnt sich nicht, dorthin zu gehen.** 거기로 가는 것은 가치가 없습니다.
- p093-08 **Es lohnt sich, die Gründe zu betrachten.** 원인을 관찰하는 것은 가치가 있습니다.

● '라틴어를 배우는 것은 가치가 있습니다. > 라틴어는 배워볼 만합니다.'로 해석할 수 있습니다.
● **das Latein** (라틴어), **lernen** (배우다), **das Buch** (책), **lesen** (읽다),
das Museum (박물관), **besuchen** (방문하다), **die Idee** (아이디어), **ausführen** (수행하다),
der Film (영화), **anschauen** (보다), **der Vorschlag** (제안), **überdenken** (숙고하다),
dorthin (거기로), **gehen** (가다), **der Grund** (이유/원인), **betrachten** (관찰하다)

pattern AIQ!

네 번째 섹션 : 핵심문법 패턴!

4th Section 은 **핵심문법**을 **정리**했습니다.
독일어 문법의 **핵심**을 이루는 요소를 활용한 **핵심 패턴**들입니다.

P 093

③ 기본패턴의 확장!

p093-09 **Es lohnt sich, darauf zu warten.** 그것을 기다리는 것은 가치가 있습니다.

p093-10 **Es lohnt sich nicht, diesen Wagen zu reparieren.** 이 차를 수리하는 것은 가치가 없습니다.

- **warten auf** + 4격 (~을 기다리다)
- **Es lohnt sich** 의 부정은 **Es lohnt sich nicht** (~하는 것은 가치가 없습니다.)입니다.
- **darauf** (그 위에), **dieser** (이), **der Wagen** (자동차), **reparieren** (수리하다)

④ 기본패턴의 응용!

p093-11 **A) Was denken Sie über diese Idee?** 당신은 이 아이디어에 대해 어떻게 생각하십니까?

p093-12 **B) Es lohnt sich, diese Idee auszuführen.** 이 아이디어를 수행하는 것은 가치가 있습니다.

---

p093-13 **A) Dieses Thema ist sehr aktuell in der Gesellschaft.** 이 테마는 사회적으로 매우 유행입니다.

p093-14 **B) Es lohnt sich, über dieses Thema zu diskutieren.** 이 테마에 대해 토론하는 것은 가치가 있습니다.

- **denken über** (~에 대해 생각하다) **über** 는 4격 전치사입니다.
- **in der Gesellschaft** (사회에서), **über dieses Thema** (이 테마에 대하여)
- **die Idee** (아이디어), **das Thema** (테마), **aktuell** (현재의/유행하는), **die Gesellschaft** (사회), **diskutieren** (토론하다)

Learn foreign language!
GERMAN

Part 1. It's a completely new way to learn foreign language! | Pattern 094

Es kommt auf ~ an. [에스 콤트 아우프 ~ 안.]
~에 달려있습니다.

① 기본패턴의 핵심!

❶ **Es kommt auf ~ an.** 은 '~에게 중요하다/~에 달려있다/~에 좌우된다.' 의 비인칭숙어입니다.
❷ **ankommen** (도착하다)는 분리동사이며, 전철 **an** 은 분리되어 후치됩니다.

② 기본패턴의 연습!

p094-01	Es kommt darauf an.	그것에 달려 있습니다.
p094-02	Es kommt auf Sie an.	당신한테 달려 있습니다.
p094-03	Es kommt auf die Umstände an.	환경에 달려 있습니다.
p094-04	Es kommt auf das Wetter an.	날씨에 달려 있습니다.
p094-05	Es kommt auf die Absicht an.	목적에 달려 있습니다.
p094-06	Es kommt auf den Gegenstand an.	대상에 달려 있습니다.
p094-07	Es kommt auf das Ziel an.	목표에 달려 있습니다.
p094-08	Es kommt auf die Entfernung an.	거리에 달려 있습니다.

● **darauf** (그 위에), **der Umstand** (사정/형편), **die Umstände** (환경), **das Wetter** (날씨), **die Absicht** (목적), **der Gegenstand** (대상), **das Ziel** (목표), **die Entfernung** (거리)

The basics of grammar and sentence construction!
The most useful phrases and expressions!

pattern

네 번째 섹션 : 핵심문법 패턴!

4th Section 은 **핵심문법**을 **정리**했습니다.
독일어 문법의 **핵심**을 이루는 요소를 활용한 **핵심 패턴**들입니다.

P 094

③ 기본패턴의 확장!

p094-09 Es kommt nicht auf so eine Kleinigkeit an. 그런 사소한 것에 달려 있지 않습니다.

p094-10 Es kommt nicht auf die Größe an. 크기에 달려 있지 않습니다.

- **Es kommt auf ~ an** 의 부정은 **Es kommt nicht auf ~ an** (~에 달려 있지 않다)입니다.
- **so** (그러한), **die Kleinigkeit** (사소한 일/하찮은 일), **die Größe** (크기)

④ 기본패턴의 응용!

p094-11 A) Worauf kommt es an? 무엇이 중요합니까?

p094-12 B) Es kommt auf das Resultat an. 결과에 달려 있습니다.

p094-13 A) Kommt es auf den genauen Farbton an? 구체적인 색상이 중요합니까?

p094-14 B) Es kommt nicht auf so eine Kleinigkeit an. 그런 사소한 것에 달려 있지 않습니다.

- **Es kommt auf ~ an.** 의 의문형은 **Worauf kommt es an?/ Kommt es auf ~ an?** (무엇이 중요합니까/~이 중요합니까?)입니다.
- **worauf** (무엇에 대해/무엇 위에), **das Resultat** (결과), **genau** (정확한), **der Farbton** (색상)

The focus is on **conversation** and **communication**.

Start **speaking languages** immediately using **essential phrases**.

Learn foreign language!
GERMAN

Part 1. It's a completely new way to learn foreign language! | Pattern 095

Es handelt sich um ~. [에스 한델트 지히 움 ~.]
~를 다룹니다.

① 기본패턴의 핵심!

❶ **Es handelt sich um** + 4격.은 '~이 문제다/~을 다루다/~에 관한 문제다.'의 비인칭숙어입니다.
❷ **handelt** 는 **handeln** (논하다/다루다) 동사의 3인칭 형태입니다.

② 기본패턴의 연습!

- p095-01 **Es handelt sich um Hungersnot.** 기근을 다룹니다.
- p095-02 **Es handelt sich um Luftverschmutzung.** 대기오염을 다룹니다.
- p095-03 **Es handelt sich um Umweltverschmutzung.** 환경오염을 다룹니다.
- p095-04 **Es handelt sich um Flüchtlinge.** 난민을 다룹니다.
- p095-05 **Es handelt sich um Terror.** 테러를 다룹니다.
- p095-06 **Es handelt sich um Arbeitslosigkeit.** 실업을 다룹니다.
- p095-07 **Es handelt sich um den Weltfrieden.** 세계평화를 다룹니다.
- p095-08 **Es handelt sich um das Elektromobil.** 전기자동차를 다룹니다.

● **die Hungersnot** (기근), **die Luftverschmutzung** (대기오염), **die Umweltverschmutzung** (환경오염), **der Flüchtling** (난민), **der Terror** (테러), **die Arbeitslosigkeit** (실업), **der Weltfrieden** (세계평화), **das Elektromobil** (전기자동차)

pattern go!

네 번째 섹션 : 핵심문법 패턴!

4th Section 은 **핵심문법**을 **정리**했습니다.
독일어 문법의 **핵심**을 이루는 요소를 활용한 **핵심 패턴**들입니다.

P 095

③ 기본패턴의 확장!

p095-09 **Es handelt sich um eine Frage von Leben und Tod.** 삶과 죽음에 관한 물음을 다룹니다.

p095-10 **Es handelt sich um die Lösung eines ökonomischen Problems.** 경제적인 문제의 해결을 다룹니다.

- **die Frage von ~** (~에 대한 물음)
- **das Leben** (삶), **und** (그리고), **der Tod** (죽음), **die Lösung** (해결/해법), **ökonomisch** (경제적인), **das Problem** (문제/과제)

④ 기본패턴의 응용!

p095-11 **A) Worum handelt es sich?** 무엇을 다룹니까?

p095-12 **B) Es handelt sich um Luftverschmutzung.** 대기오염을 다룹니다.

---

p095-13 **A) Worin besteht das Problem?** 문제가 어디에 있습니까?

p095-14 **B) Es handelt sich um ein Missverständnis.** 어떤 오해에 대한 문제입니다.

- **worum** (무엇 때문에), **worin** (무엇 안에), **bestehen** (존재하다), **das Missverständnis** (오해)

Learn foreign language!
GERMAN

Part 2. It's a completely new way to learn foreign language! | Pattern 096

Ich freue mich ~. [이히 프로이에 미히 ~.]
나는 ~ 기쁩니다.

① 기본패턴의 핵심!

❶ **sich freuen** (기뻐하다)는 대표적인 재귀동사입니다.
❷ **freuen** (기뻐하다) 동사의 인칭변화형을 활용하여 다양한 주어의 문장을 만들 수 있습니다.
(**Ich freue, Du freust, Er/Sie/Es freut, Wir freuen, Ihr freut, Sie freuen** 등입니다.)
❸ **sich freuen auf ~** 는 '스스로 ~에 대해 기뻐하다'로 앞으로 다가올 일을 말합니다.
❹ **Ich freue mich, zu** +동사원형.은 '나는 ~하는 것이 기쁩니다.'입니다.

② 기본패턴의 연습!

p096-01	**Ich freue mich.**	나는 기쁩니다.
p096-02	**Ich freue mich auch.**	나도 역시 기쁩니다.
p096-03	**Ich freue mich aufs Wochenende.**	나는 (다가올) 주말에 대해 기쁩니다.
p096-04	**Ich freue mich schon auf den Urlaub.**	나는 벌써 휴가에 대해 기쁩니다.
p096-05	**Ich freue mich, hier zu sein.**	나는 여기에 있는 것이 기쁩니다.
p096-06	**Ich freue mich, Sie kennenzulernen.**	나는 당신을 알게 되어 기쁩니다.
p096-07	**Ich freue mich, Sie wiederzusehen.**	나는 당신을 재회하는 것이 기쁩니다.
p096-08	**Ich freue mich darauf, bei Ihnen zu arbeiten.**	나는 귀사에서 일하는 것이 기쁩니다.

● '나는 나 스스로 기쁩니다.' > 우리말로는 간단하게 '나는 기쁩니다.'로 표현합니다.
● **auch** (역시), **aufs = auf + das** (그것에 대하여), **das Wochenende** (주말), **schon** (이미), **der Urlaub** (휴가), **hier** (여기), **sein** (~이다/있다), **kennenlernen** (사귀어 알다), **wiedersehen** (재회하다), **bei Ihnen** (귀사에서), **arbeiten** (일하다)

pattern ah!

네 번째 섹션 : 핵심문법 패턴!

4th Section 은 **핵심문법**을 **정리**했습니다.
독일어 문법의 **핵심**을 이루는 요소를 활용한 **핵심 패턴**들입니다.

P 096

③ 기본패턴의 확장!

p096-09 **Ich freue mich darauf, meine Kenntnisse bei Ihnen einzusetzen.**
나는 나의 지식을 귀사에 적용하게 되는 것이 기쁩니다.

p096-10 **Ich freue mich über eine Einladung zum persönlichen Gespräch.**
나는 개인면담에 초대된 것을 기뻐합니다.

● **freuen über ~** 는 '~에 대해 기뻐하다'로 지나간 일에 대한 표현입니다.
● **mein** (나의), **die Kenntnis** (지식), **einsetzen** (적용하다), **die Einladung** (초대), **persönlich** (개인적인), **das Gespräch** (대화/문답/통화)

④ 기본패턴의 응용!

p096-11 **A) Ich freue mich, Sie kennenzulernen.** 나는 당신을 알게 되어 기쁩니다.

p096-12 **B) Sehr erfreut.** 매우 기쁩니다.

---

p096-13 **A) Wir brauchen genau diese Fertigkeiten in der Firma.**
우리는 회사에서 정확히 (당신의) 이러한 능력들을 필요로 합니다.

p096-14 **B) Ich freue mich darauf, meine Fertigkeiten bei Ihnen einzusetzen.**
나는 나의 능력을 귀사에 적용하게 되는 것이 기쁩니다.

● **Sehr erfreut.** (매우 기쁩니다.)는 '나는 매우 기쁩니다.' (**Ich bin sehr erfreut.**)의 축약형입니다. 응대할 땐 간단하게 **Sehr erfreut.** 라고 하시면 됩니다.
● **erfreut** (기쁜), **brauchen** (필요하다), **genau** (정확한), **dieser** (이), **die Fertigkeit** (능력), **die Firma** (회사)

Learn foreign language!
GERMAN

Part 2. It's a completely new way to learn foreign language! | Pattern 097

Ich fühle mich ~. [이히 퓔레 미히 ~.]
나는 ~ 느낍니다.

① 기본패턴의 핵심!

❶ **Ich fühle mich ~.** 는 '나는 (스스로) ~ 느낌입니다.'입니다.
❷ **fühlen** (느끼다/~ 감정을 가지다)는 규칙변화동사이며,
인칭변화형을 활용하여 다양한 주어의 문장을 만들 수 있습니다.
(**Ich fühle, Du fühlst, Er/Sie/Es fühlt, Wir fühlen, Ihr fühlt, Sie fühlen** 등입니다.)
❸ **sich fühlen** 은 '스스로 ~ 느끼다'입니다.

② 기본패턴의 연습!

p097-01	Ich fühle mich	wohl.	나는 (스스로) 좋은 느낌입니다.
p097-02	Ich fühle mich	nicht wohl.	나는 불편합니다.
p097-03	Ich fühle mich	krank.	나는 아픕니다.
p097-04	Ich fühle mich	müde.	나는 피곤합니다.
p097-05	Ich fühle mich	schläfrig.	나는 졸립니다.
p097-06	Ich fühle mich	schlecht.	나는 (기분이) 나쁩니다.
p097-07	Ich fühle mich	schuldig.	나는 죄스럽습니다.
p097-08	Ich fühle mich	ohnmächtig.	나는 무기력합니다.

● 나는 (스스로) 좋은 느낌입니다. > 나는 편합니다.로 해석할 수 있습니다.
● **wohl** (좋은), **krank** (아픈), **müde** (피곤한), **schläfrig** (졸린), **schlecht** (나쁜), **schuldig** (죄스러운), **ohnmächtig** (무기력한)

네 번째 섹션 : 핵심문법 패턴!

4th Section 은 **핵심문법**을 **정리**했습니다.
독일어 문법의 **핵심**을 이루는 요소를 활용한 **핵심 패턴**들입니다.

P 097

③ 기본패턴의 확장!

p097-09	Ich fühle mich schuldig dafür.	나는 그것에 대해 죄스러움을 느낍니다.
p097-10	Ich fühle mich wohl bei Ihnen.	나는 당신 곁에서 편안함을 느낍니다.

- **dafür** (그것을 위하여/그것에 관해서)
- **bei** (근처에/곁에서)는 3격전치사. **bei Ihnen** (당신 곁에서)

④ 기본패턴의 응용!

p097-11	A) Wie fühlen Sie sich?	당신은 어떻게 느끼십니까?
p097-12	B) Ich fühle mich gut.	나는 좋습니다.
p097-13	A) Ich fühle mich einsam.	나는 외롭습니다.
p097-14	B) Ich lade Sie zum Abendessen bei mir ein.	당신을 나의 집에서 저녁식사에 초대하겠습니다.

- **zum Abendessen** (저녁식사), **bei mir** (나의 집에서)
- **wie** (어떻게), **gut** (좋은), **einsam** (외로운), **einladen** (초대하다 : 분리동사)

Learn foreign language!
GERMAN

Part 2. It's a completely new way to learn foreign language! | Pattern 098

Ich interessiere mich für ~. [이히 인터레씨어레 미히 퓌어 ~.]
나는 ~에 대해 흥미가 있습니다.

① 기본패턴의 핵심!

❶ **Ich interessiere mich für ~.** 는 '나는 ~에 대해 흥미가 있습니다.'입니다.
❷ **interessieren** (흥미를 일으키다)는 규칙변화동사이며, 인칭변화형으로 다양한 문장을 만들 수 있습니다.
(**Ich interessiere, Du interessierst, Er/Sie/Es interessiert,**
Wir interessieren, Ihr interessiert, Sie interessieren 등입니다.)
❸ **sich interessieren für** + 4격은 '~에 대해 흥미/관심을 가지다'입니다.

② 기본패턴의 연습!

p098-01 **Ich interessiere mich für Reisen.** 나는 여행에 흥미가 있습니다.

p098-02 **Ich interessiere mich für Sport.** 나는 스포츠에 흥미가 있습니다.

p098-03 **Ich interessiere mich für Shopping.** 나는 쇼핑에 흥미가 있습니다.

p098-04 **Ich interessiere mich für Fremdsprachen.** 나는 외국어에 흥미가 있습니다.

p098-05 **Ich interessiere mich für Singen.** 나는 가창에 흥미가 있습니다.

p098-06 **Ich interessiere mich für die IT-Industrie.** 나는 IT산업에 흥미가 있습니다.

p098-07 **Ich interessiere mich besonders dafür.** 나는 특히 그것에 흥미가 있습니다.

p098-08 **Ich interessiere mich nicht dafür.** 나는 그것에 흥미가 없습니다.

● **die Reise** (여행), **der Sport** (스포츠), **das Shopping** (쇼핑),
die Fremdsprache (외국어), **das Singen** (노래부르기), **die IT-Industrie** (IT산업),
besonders (특히), **dafür** (그것에 대하여)

The basics of grammar and sentence construction!
The most useful phrases and expressions!

pattern ahh!

네 번째 섹션 : 핵심문법 패턴!

4th Section 은 **핵심문법**을 **정리**했습니다.
독일어 문법의 **핵심**을 이루는 요소를 활용한 **핵심 패턴**들입니다.

P 098

③ 기본패턴의 확장!

p098-09 **Ich interessiere mich nicht für Computer sondern für Fußball.**
나는 컴퓨터가 아니고 축구에 흥미 있습니다.

p098-10 **Ich interessiere mich nicht nur für Musik sondern auch für Politik.**
나는 음악뿐만 아니라 정치에도 흥미 있습니다.

- **nicht A sondern B** 는 '**A** 가 아니라 **B** 이다'입니다.
- **nicht nur A sondern auch B** 는 '**A** 뿐만 아니라 **B** 도 역시'입니다.
- **der Computer** (컴퓨터), **der Fußball** (축구), **die Musik** (음악), **die Politik** (정치)

④ 기본패턴의 응용!

p098-11 **A) Wofür interessieren Sie sich in Ihrer Freizeit?**
당신은 당신의 여가시간에 무엇에 대해 흥미를 가집니까?

p098-12 **B) Ich interessiere mich für Kochen.** 나는 요리에 흥미 있습니다.

---

p098-13 **A) Haben Sie noch andere Interessen außer Fußball?**
당신은 축구 외에 또 다른 흥미를 가지고 있습니까?

p098-14 **B) Ich interessiere mich für Computer, nicht nur für Fußball.**
나는 축구뿐만 아니라, 컴퓨터에 흥미 있습니다.

- **in Ihrer Freizeit** (당신의 여가시간에), **nicht nur** (뿐만 아니라)
- **wofür** (무엇 때문에/무엇에 대해), **Ihr** (당신의), **die Freizeit** (여가시간),
das Kochen (요리), **haben** (가지다), **noch** (더), **ander** (다른), **das Interesse** (흥미/관심), **außer** (그밖에)

Learn foreign language!
GERMAN

Part 2. It's a completely new way to learn foreign language! | Pattern 099

Ich bewerbe mich ~. [이히 베베르베 미히 ~.]
나는 ~ 지원합니다.

① 기본패턴의 핵심!

❶ **Ich bewerbe mich ~.** 는 '나는 ~에 지원합니다.'입니다.
❷ **sich bewerben** (구하다/지원하다/지망하다)는 불규칙변화동사이며, 인칭변화형을 활용하여 다양한 주어의 문장을 만들 수 있습니다. (**Ich bewerbe, Du bewirbst, Er/Sie/Es bewirbt, Wir bewerben, Ihr bewerbt, Sie bewerben** 등입니다.)
❸ **sich bewerben auf** + 4격은 '~에 대해 지원하다', **sich bewerben um** + 4격은 '~을 얻으려고 애쓰다'.

② 기본패턴의 연습!

p099-01 **Ich bewerbe mich auf den Job.** 나는 그 직업에 지원합니다.

p099-02 **Ich bewerbe mich auf diese Arbeitsstelle.** 나는 이 일자리에 지원합니다.

p099-03 **Ich bewerbe mich auf den Verein.** 나는 동호회에 지원합니다.

p099-04 **Ich bewerbe mich auf den Vorsitz des Vereins.** 나는 동호회 의장에 지원합니다.

p099-05 **Ich bewerbe mich um das Stipendium.** 나는 장학금을 받으려고 합니다.

p099-06 **Ich bewerbe mich heute um ein Visum.** 나는 오늘 비자를 받으려고 합니다.

p099-07 **Ich bewerbe mich um eine bessere Arbeit.** 나는 좀 더 나은 일을 얻으려고 합니다.

p099-08 **Ich bewerbe mich um einen Studienplatz.** 나는 대학에 지원하려 합니다.

● **der Job** (직업), **dieser** (이), **die Arbeitsstelle** (일자리), **der Vorsitz** (의장), **der Verein** (클럽), **das Stipendium** (장학금), **heute** (오늘), **das Visum** (비자), **besser** (더 좋은 : **gut** 의 비교급), **die Arbeit** (일), **der Studienplatz** (대학정원)

The basics of grammar and sentence construction!
The most useful phrases and expressions!

pattern ap!

네 번째 섹션 : 핵심문법 패턴!

4th Section 은 **핵심문법**을 **정리**했습니다.
독일어 문법의 **핵심**을 이루는 요소를 활용한 **핵심 패턴**들입니다.

P 099

③ 기본패턴의 확장!

p099-09 **Ich bewerbe mich um einen Praktikumsplatz.** 나는 인턴자리를 지원하려 합니다.

p099-10 **Ich bewerbe mich um die Stelle als Manager.** 나는 매니저로서의 그 자리를 지원합니다.

- **als ~** (~으로서 : 접속사)
- **der Praktikumsplatz** (현장실습직/인턴직), **die Stelle** (자리), **der Manager** (매니저)

④ 기본패턴의 응용!

p099-11 **A) Studieren ist teuer.** (대학에서) 공부하는 것은 비쌉니다.

p099-12 **B) Ich bewerbe mich um ein Stipendium.** 나는 장학금을 받으려고 합니다.

---

p099-13 **A) Um was für eine Stelle bewerben Sie sich?** 당신은 어떤 종류의 자리를 지원합니까?

p099-14 **B) Ich bewerbe mich um eine Stelle als Manager.** 나는 매니저 자리를 지원합니다.

- **was für ein ~** (어떤 종류의)
- **das Studieren** (공부/면학), **teuer** (비싼)

Learn foreign language!
GERMAN

Part 2. It's a completely new way to learn foreign language! | Pattern 100

Ich wasche mir ~. [이히 바쉐 미어 ~.]
나는 ~를 씻습니다.

① 기본패턴의 핵심!

❶ **Ich wasche mir ~.** 는 '나는 ~를 씻습니다.'입니다.
❷ **waschen** (씻다/닦다/빨래하다)는 불규칙변화동사이며, 인칭변화형을 활용하여 다양한 주어의 문장을 만들 수 있습니다. (**Ich wasche, Du wäschst, Er/Sie/Es wäscht, Wir waschen, Ihr wascht, Sie waschen** 등입니다.)
❸ **sich das Gesicht waschen** 은 '(내 몸의) 얼굴을 씻다'가 됩니다.

② 기본패턴의 연습!

p100-01	**Ich wasche mir die Hände.**	나는 (내 몸의) 손을 씻습니다.
p100-02	**Ich wasche mir das Gesicht.**	나는 얼굴을 씻습니다.
p100-03	**Ich wasche mir jeden Tag das Gesicht.**	나는 매일 얼굴을 씻습니다.
p100-04	**Ich wasche mir nicht jeden Tag die Haare.**	나는 머리를 매일 감지 않습니다.
p100-05	**Ich wasche mir vor dem Essen die Hände.**	나는 식사 전에 손을 씻습니다.
p100-06	**Ich putze mir die Zähne.**	나는 이를 닦습니다.
p100-07	**Ich putze mir drei Mal am Tag die Zähne.**	나는 하루에 세 번 이를 닦습니다.
p100-08	**Ich putze mir die Zähne nach dem Essen.**	나는 식사 후에 이를 닦습니다.

● 치아, 가구 등 닦고 윤을 낼 때는 **putzen** (닦다/청소하다)를 사용합니다.
● **ein Mal am Tag** (하루에 한 번)
● **die Hand** (손), **das Gesicht** (얼굴), **jeder** (각각의/매), **der Tag** (날/일), **das Haar** (머리카락), **vor** (~(의) 전에/이전에/앞에 : 3격 전치사), **das Essen** (식사), **der Zahn** (치아), **drei** (3), **das Mal** (회/때/번), **nach** (~ 후에)

pattern

네 번째 섹션 : 핵심문법 패턴!

4th Section 은 **핵심문법**을 **정리**했습니다.
독일어 문법의 **핵심**을 이루는 요소를 활용한 **핵심 패턴**들입니다.

P 100

③ 기본패턴의 확장!

p100-09	Ich wasche mich.	나는 (나를) 씻습니다.
p100-10	Ich wasche mich mit Seife.	나는 비누로 씻습니다.

- '나는 나 자신을 씻는다'는 4격 재귀대명사를 사용합니다.
- **mit** (~으로), **die Seife** (비누)

④ 기본패턴의 응용!

p100-11	A) Was machst du nach dem Essen?	너는 식사 후에 무엇을 하니?
p100-12	B) Ich putze mir die Zähne.	나는 이를 닦아.
p100-13	A) Wie oft wäschst du dich?	너는 얼마나 자주 씻니?
p100-14	B) Ich wasche mir die Hände so oft wie möglich.	나는 가능한 한 자주 손을 씻어.

- **so oft wie möglich** (가능한 한 그렇게 자주), **so ~ wie** (~와 같은)
- **was** (무엇), **machen** (하다/만들다), **wie oft** (얼마나 자주), **möglich** (가능한)

The focus is on **conversation** and **communication**.
Start **speaking languages** immediately using **essential phrases**.

Learn foreign language!
GERMAN

Part 2. It's a completely new way to learn foreign language! | Pattern 101

Ich rasiere mich ~. [이히 라지어레 미히 ~.]
나는 ~ 면도합니다.

① 기본패턴의 핵심!

❶ **Ich rasiere mich ~.** 는 '나는 ~ 면도합니다.'입니다.
❷ **rasieren** (면도하다)는 규칙변화동사이며, 인칭변화형을 활용하여 다양한 문장을 만들 수 있습니다.
(**Ich rasiere, Du rasierst, Er/Sie/Es rasiert, Wir rasieren, Ihr rasiert, Sie rasieren** 등입니다.)
❸ **sich rasieren** 처럼 **sich erkälten** (감기 들다)도 같은 방식으로 표현합니다.
(**Ich erkälte, Du erkältest, Er/Sie/Es erkältet, Wir erkälten, Ihr erkältet, Sie erkälten** 등입니다.)

② 기본패턴의 연습!

p101-01	Ich rasiere mich.	나는 면도합니다.
p101-02	Ich rasiere mich nicht.	나는 면도하지 않습니다.
p101-03	Ich rasiere mich jeden Morgen.	나는 매일 아침 면도합니다.
p101-04	Ich rasiere mich einmal pro Tag.	나는 하루에 한 번 면도합니다.
p101-05	Ich erkälte mich.	나는 감기 듭니다.
p101-06	Ich erkälte mich leicht.	나는 쉽게 감기 듭니다.
p101-07	Ich erkälte mich nicht oft.	나는 자주 감기 들지 않습니다.
p101-08	Ich erkälte mich nie.	나는 결코 감기 들지 않습니다.

● **jeder** (각각의/매), **der Morgen** (아침/오전), **einmal** (한 번), **pro** (~마다), **der Tag** (날/일), **leicht** (쉬운), **oft** (자주), **nie** (결코 ~ 아니다)

pattern 4

네 번째 섹션 : 핵심문법 패턴!

4th Section 은 **핵심문법**을 **정리**했습니다.
독일어 문법의 **핵심**을 이루는 요소를 활용한 **핵심 패턴**들입니다.

P 101

③ 기본패턴의 확장!

p101-09	**Ich rasiere mich beim Duschen.**	나는 샤워하면서 면도합니다.
p101-10	**Ich erkälte mich oft im Winter.**	나는 겨울에 자주 감기 듭니다.

- **beim Duschen** (샤워하면서), **im Winter** (겨울에), **im Sommer** (여름에)
- **die Dusche** (샤워), **der Winter** (겨울), **der Sommer** (여름)

④ 기본패턴의 응용!

p101-11	**A) Wann rasierst du dich?**	너는 언제 면도하니?
p101-12	**B) Ich rasiere mich jede Nacht.**	나는 매일 밤 면도합니다.

p101-13	**A) Erkälten Sie sich oft?**	당신은 자주 감기 듭니까?
p101-14	**B) Ich erkälte mich oft im Frühling.**	나는 봄에 자주 감기 듭니다.

- **wann** (언제), **die Nacht** (밤), **der Frühling** (봄)

The focus is on **conversation** and **communication.**

Start **speaking languages** immediately using **essential phrases.**

Learn foreign language!
GERMAN

Part 2. It's a completely new way to learn foreign language! | Pattern 102

Ich setze mich ~. [이히 제체 미히 ~.]
나는 ~ 앉습니다.

① 기본패턴의 핵심!

❶ **Ich setze mich ~.** 는 '나는 ~ 앉습니다.'입니다.
❷ **setzen** (앉히다/놓다)는 단수 2/3인칭과 복수2인칭의 형태가 같습니다.
❸ **setzen** 동사의 인칭변화형을 활용하여 다양한 주어의 문장을 만들 수 있습니다.
(**Ich setze, Du setzt, Er/Sie/Es setzt, Wir setzen, Ihr setzt, Sie setzen** 등입니다.)
❹ **sich verstecken** (숨다) 역시 같은 방식으로 사용됩니다.

② 기본패턴의 연습!

p102-01	Ich setze mich.		나는 앉습니다.
p102-02	Ich setze mich	auf den Stuhl.	나는 의자 위에 앉습니다.
p102-03	Ich setze mich	an den Schreibtisch.	나는 책상에 (접하여) 앉습니다.
p102-04	Ich setze mich	daneben.	나는 그 옆에 앉습니다.
p102-05	Ich verstecke mich.		나는 숨습니다.
p102-06	Ich verstecke mich	nicht.	나는 숨지 않습니다.
p102-07	Ich verstecke mich	unter dem Bett.	나는 침대 아래 숨습니다.
p102-08	Ich verstecke mich	hinter dem Baum.	나는 나무 뒤에 숨습니다.

● **sich setzen** 은 '앉다'이며, **sich setzen auf** + 4격은 '~위에 앉다'입니다.
● **auf den Stuhl** (의자 위에), **an den Schreibtisch** (책상에),
unter dem Bett (침대 아래), **hinter dem Baum** (나무 뒤에),
● **der Stuhl** (의자), **der Schreibtisch** (책상), **daneben** (그 옆에),
unter (아래), **das Bett** (침대), **hinter** (뒤에), **der Baum** (나무)

The basics of grammar and sentence construction!
The most useful phrases and expressions!

pattern ah!

네 번째 섹션 : 핵심문법 패턴!

4th Section 은 **핵심문법**을 **정리**했습니다.
독일어 문법의 **핵심**을 이루는 요소를 활용한 **핵심 패턴**들입니다.

P 102

③ 기본패턴의 확장!

p102-09 Ich setze mich auf den Stuhl aus Holz. 나는 나무로 된 의자 위에 앉습니다.

p102-10 Ich verstecke mich hinter dem Vorhang. 나는 커튼 뒤에 숨습니다.

- **aus Holz** (나무로 된), **aus Stahl** (철로 된)
- **hinter dem Vorhang** (커튼/막 뒤에),
- **aus** (~으로 된), **das Holz** (나무/목재), **der Stahl** (강철), **der Vorhang** (커튼/막)

④ 기본패턴의 응용!

p102-11 A) Wo möchten Sie sich setzen? 당신은 어디에 앉고 싶습니까?

p102-12 B) Ich setze mich auf die Bank. 나는 벤치 위에 앉습니다.

---

p102-13 A) Wo versteckst du dich? 너는 어디에 숨니?

p102-14 B) Ich verstecke mich hinter dem Baum. 나는 나무 뒤에 숨어.

- **auf die Bank** (벤치 위에)
- **wo** (어디), **möchten** (원하다), **die Bank** (벤치)

Learn foreign language!
GERMAN

Part 2. It's a completely new way to learn foreign language! | **Pattern 103**

Ich erinnere mich ~. [이히 에어인너레 미히 ~.]
나는 ~ 기억합니다.

① 기본패턴의 핵심!

❶ **Ich erinnere mich ~.** 는 '나는 ~기억합니다.'입니다.
❷ **erinnern** (생각나게 하다)는 규칙변화동사이며, 인칭변화형으로 다양한 문장을 만들 수 있습니다.
(**Ich erinnere, Du erinnerst, Er/Sie/Es erinnert, Wir erinnern, Ihr erinnert, Sie erinnern** 등입니다.)
❸ **sich erinnern an ~** 은 '~에 대해 생각해내다/회상하다'입니다.
❹ **sich konzentrieren auf ~** '~에 대해 집중하다'도 같은 방식입니다.

② 기본패턴의 연습!

p103-01 **Ich erinnere mich daran.** 나는 그것을 기억합니다.

p103-02 **Ich erinnere mich nicht daran.** 나는 그것을 기억하지 못합니다.

p103-03 **Ich erinnere mich an alles.** 나는 모든 것을 기억합니다.

p103-04 **Ich erinnere mich an nichts.** 나는 아무것도 기억하지 못합니다.

p103-05 **Ich erinnere mich nicht an das Wort.** 나는 그 단어를 기억하지 못합니다.

p103-06 **Ich konzentriere mich auf meine Arbeit.** 나는 나의 일에 집중합니다.

p103-07 **Ich konzentriere mich nicht lange auf das Thema.** 나는 그 테마에 대해 오래 집중하지 못합니다.

p103-08 **Ich konzentriere mich nicht auf den Vortrag.** 나는 그 강의에 집중하지 못합니다.

● **daran** (그 일에 대하여), **alles** (모두), **nichts** (아무것도 않다), **das Wort** (단어),
mein (나의), **die Arbeit** (일), **lang** (긴), **das Thema** (테마), **der Vortrag** (강의/강연)

The basics of grammar and sentence construction!
The most useful phrases and expressions!

pattern AN

네 번째 섹션 : 핵심문법 패턴!

4th Section 은 **핵심문법**을 **정리**했습니다.
독일어 문법의 **핵심**을 이루는 요소를 활용한 **핵심 패턴**들입니다.

P 103

③ 기본패턴의 확장!

p103-09	Ich erinnere mich gut an den Tag.	나는 그 날을 잘 기억합니다.
p103-10	Ich konzentriere mich sehr auf die Fragen.	나는 그 질문에 매우 집중합니다.

- **gut** (좋은), **der Tag** (날/일), **sehr** (매우), **die Frage** (물음/질문)

④ 기본패턴의 응용!

p103-11	A) Erinnern Sie sich an Ihre erste Liebe?	당신은 당신의 첫사랑을 기억합니까?
p103-12	B) Ich erinnere mich gut an dieses Gefühl.	나는 이 감정을 잘 기억합니다.
p103-13	A) Heute spielst du nicht gut. Was ist los?	너 오늘 (경기를)잘 못하네. 무슨 일 있니?
p103-14	B) Ich konzentriere mich nicht auf mein Spiel.	나는 나의 경기에 집중하지 못하겠어.

- **Was ist los?** (무슨 일 있나요?)
- **Ihr** (당신의), **erst** (최초의), **die Liebe** (사랑/애정), **gut** (좋은), **dieser** (이), **das Gefühl** (감정/기분), **heute** (오늘), **spielen** (경기하다), **das Spiel** (경기/게임)

Learn foreign language!
GERMAN

Part 2. It's a completely new way to learn foreign language! | Pattern 104

Ich kümmere mich ~. [이히 큄머레 미히 ~.]
나는 ~ 걱정합니다.

① 기본패턴의 핵심!

❶ **Ich kümmere mich ~.** 는 '나는 ~ 걱정합니다.'입니다.
❷ **kümmern** (걱정하다)의 인칭변화형을 활용하여 다양한 문장을 만들 수 있습니다.
(**Ich kümmere, Du kümmerst, Er/Sie/Es kümmert,**
Wir kümmern, Ihr kümmert, Sie kümmern 등입니다.)
❸ **sich schämen für** + 4격 (~을 부끄러워하다)도 같은 방식입니다.

② 기본패턴의 연습!

p104-01	Ich kümmere mich	darum.	나는 그것을 걱정합니다.
p104-02	Ich kümmere mich	um die Kinder.	나는 아이들을 돌봅니다.
p104-03	Ich kümmere mich	um das Problem.	나는 그 문제를 걱정합니다.
p104-04	Ich kümmere mich	um meine Großeltern.	나는 나의 조부모님을 보살핍니다.
p104-05	Ich schäme mich	dafür.	나는 그것을 부끄러워합니다.
p104-06	Ich schäme mich	für meine Faulheit.	나는 나의 나태함을 부끄러워합니다.
p104-07	Ich schäme mich	für meinen Fehler.	나는 나의 실수를 부끄러워합니다.
p104-08	Ich schäme mich	für mein Verhalten.	나는 나의 태도를 부끄러워합니다.

● **sich kümmern um** + 4격은 '~을 돌보다/신경 쓰다'입니다.
● **darum** (그것에 관하여), **das Kind** (아이), **das Problem** (문제), **die Großeltern** (조부모), **dafür** (그것에 대하여), **die Faulheit** (나태함), **der Fehler** (실수), **das Verhalten** (태도)

pattern

네 번째 섹션 : 핵심문법 패턴!

4th Section 은 **핵심문법**을 **정리**했습니다.
독일어 문법의 **핵심**을 이루는 요소를 활용한 **핵심 패턴**들입니다.

P 104

③ 기본패턴의 확장!

p104-09 **Ich schäme mich nicht, arm zu sein.** 나는 가난한 것이 부끄럽지 않습니다.

p104-10 **Ich schäme mich zu Tode.** 나는 죽도록 부끄럽습니다.

- **Ich schäme mich, zu** + 동사원형.은 '나는 ~하는 것이 부끄럽다.'입니다.
- **zu Tode** (죽도록)
- **arm** (가난한), **sein** (~이다), **der Tod** (죽음)

④ 기본패턴의 응용!

p104-11 **A) Wie gehen wir mit diesem Problem um?** 우리는 이 문제를 어떻게 처리합니까?

p104-12 **B) Ich kümmere mich um das Problem.** 나는 그 문제를 걱정합니다.

---

p104-13 **A) Wie beurteilst du dein damaliges Verhalten?** 너는 너의 당시 행동을 어떻게 평가하니?

p104-14 **B) Ich schäme mich für mein Verhalten.** 나는 나의 태도를 부끄러워합니다.

- **umgehen mit** + 3격은 '~을 다루다/처리하다'입니다.
- **wie** (어떻게), **umgehen** (다루다/취급하다), **dieser** (이), **das Problem** (문제), **beurteilen** (평가하다/판단하다), **dein** (너의), **damalig** (당시의), **das Verhalten** (태도)

Learn foreign language!
GERMAN

Part 2. It's a completely new way to learn foreign language! | Pattern 105

Ich treffe mich mit ~. [이히 트레페 미히 밋 ~.]
나는 ~와 함께 만납니다.

Ger

① 기본패턴의 핵심!

❶ **Ich treffe mich mit ~.** 는 '나는 ~와 함께 만납니다.'입니다.
❷ **treffen** (우연히 만나다)는 불규칙변화동사이며, 인칭변화형을 활용하여 다양한 문장을 만들 수 있습니다.
(**Ich treffe, Du triffst, Er/Sie/Es trifft, Wir treffen, Ihr trefft, Sie treffen** 등입니다.)
❸ **sich treffen mit** + 3격은 '~와 함께 만나다'입니다.
❹ **sich bedanken bei** + 3격은 '~에게 감사하다'로 같은 방식입니다.

② 기본패턴의 연습!

p105-01	Ich treffe mich heute mit Maria.	나는 오늘 마리아와 함께 만납니다.
p105-02	Ich treffe mich heute Nachmittag mit ihm.	나는 오늘 오후 그와 함께 만납니다.
p105-03	Ich treffe mich morgen mit einem Freund.	나는 내일 친구와 함께 만납니다.
p105-04	Ich treffe mich mit ihr in meiner Freizeit.	나는 나의 여가시간에 그녀와 함께 만납니다.
p105-05	Ich bedanke mich herzlich.	나는 진심으로 감사합니다.
p105-06	Ich bedanke mich bei Ihnen.	나는 당신에게 감사합니다.
p105-07	Ich bedanke mich bei allen Helfern.	나는 도와주는 모든 사람들에게 감사합니다.
p105-08	Ich bedanke mich für Ihren Vorschlag.	나는 당신의 제안에 대해 감사합니다.

● **Ich bedanke mich für** + 4격은 '~나는 ~에 대해 감사한다'입니다.
● **in meiner Freizeit** (나의 여가 시간에)
● **heute** (오늘), **der Nachmittag** (오후), **ihm** (그에게), **morgen** (내일),
der Freund (친구), **ihr** (그녀에게), **herzlich** (진심으로), **Ihnen** (당신에게),
all (모든), **der Helfer** (조력자), **Ihnen** (당신에게), **Ihr** (당신의), **der Vorschlag** (제안)

pattern

네 번째 섹션 : 핵심문법 패턴!

4th Section 은 **핵심문법**을 **정리**했습니다.
독일어 문법의 **핵심**을 이루는 요소를 활용한 **핵심 패턴**들입니다.

P 105

③ 기본패턴의 확장!

p105-09 Ich treffe mich mit Camilla zum Essen. 나는 식사에 카밀라와 함께 만납니다.

p105-10 Ich bedanke mich im Namen aller. 나는 모두의 이름으로 감사합니다.

- **zum Essen** (식사에), **im Namen aller** (모두의 이름으로)
- **das Essen** (식사), **der Name** (이름), **aller** (모두의)

④ 기본패턴의 응용!

p105-11 A) Essen Sie heute alleine? 오늘 혼자서 식사하세요?

p105-12 B) Ich treffe mich mit Camilla zum Essen. 나는 식사에 카밀라와 함께 만납니다.

---

p105-13 A) Alles ist bereit für das Fest. 축제를 위한 모든 것이 준비되었습니다.

p105-14 B) Ich bedanke mich im Namen aller für die Mühe. 나는 수고에 대해 모두의 이름으로 감사합니다.

- **allein** (혼자), **alles** (모든 것), **bereit** (준비가 된), **für** (~을 위하여), **das Fest** (축제), **die Mühe** (수고)

Learn foreign language!
GERMAN

Part 3. It's a completely new way to learn foreign language! | Pattern 106

Wer ist ~? [베어 이스트 ~?]
~ 누구입니까?

① 기본패턴의 핵심!

❶ 의문사 **wer** 는 '누구'입니다.
❷ **Wer ist ~?** 는 '~ 누구입니까?'입니다.
❸ 의문사가 있는 의문문의 어순은 '의문사 + 동사 + (주어)?'입니다.
❹ **Wer spricht, bitte?** (누가 말하고 있으시죠?)는 전화통화 상에서 '누구세요?'에 해당합니다.

② 기본패턴의 연습!

p106-01	Wer ist da?	거기 누구입니까?
p106-02	Wer ist hier?	여기 계신 분은 누구입니까?
p106-03	Wer ist das?	그것은 누구입니까?
p106-04	Wer ist dran?	누구 차례입니까?
p106-05	Wer sind Sie?	당신은 누구입니까?
p106-06	Wer sagt das?	누가 그것을 말합니까?
p106-07	Wer spricht, bitte?	당신은 누구입니까?
p106-08	Wer spricht gerade?	누가 지금 말합니까?

● **dran sein** (차례가 되다)
● **da** (거기), **hier** (여기), **dran/darann** (거기에 가까이), **sagen** (이야기하다), **sprechen** (말하다), **gerade** (바로 지금/바로)

pattern AH!

네 번째 섹션 : 핵심문법 패턴!

4th Section 은 **핵심문법**을 **정리**했습니다.
독일어 문법의 **핵심**을 이루는 요소를 활용한 **핵심 패턴**들입니다.

P 106

③ 기본패턴의 확장!

p106-09	Wer hat heute Dienst?	오늘 누가 근무입니까?
p106-10	Ich weiß nicht, wer Sie sind.	나는 당신이 누구인지 모릅니다.

- **Dienst haben** (당직하다)
- **Ich weiß (nicht), wer ~.** (나는 안다(모른다), 누구 ~인지.)
- **haben** (가지다), **heute** (오늘), **der Dienst** (근무/직무), **wissen** (알다)

④ 기본패턴의 응용!

p106-11	A) Wer spricht, bitte?	(전화하시는 분) 누구십니까?
p106-12	B) Hier spricht Johanna Kunz.	나는(여기는) 요한나 쿤츠입니다.

p106-13	A) Wer ist schuld daran?	누가 그것에 대해 죄가 있습니까?
p106-14	B) Der Motorradfahrer.	오토바이 운전자입니다.

- **schuld an ~** (~에 대해 죄가 있는)
- **schuld** (죄가 있는), **der Motorradfahrer** (오토바이 운전자)

The focus is on **conversation** and **communication**.

Start **speaking languages** immediately using **essential phrases**.

Learn foreign language!
GERMAN

Part 3. It's a completely new way to learn foreign language! | Pattern 107

Was ist ~? [바스 이스트 ~?]
~ 무엇입니까?

① 기본패턴의 핵심!

❶ 의문사 **was** 는 '무엇'입니다.
❷ **Was ist ~?** 는 '~ 무엇입니까?'입니다.
❸ 의문사가 있는 의문문의 어순은 '의문사 + 동사 + (주어)?'입니다.
❹ **Was meinen Sie?** (당신은 무엇을 의미합니까? > 당신은 어떻게 생각합니까?)
Was denken Sie? (당신은 어떻게 생각합니까?), **Woran denken Sie?** (당신은 무엇에 대해 생각합니까?)

② 기본패턴의 연습!

p107-01	Was ist	das?	그것은 무엇입니까?
p107-02	Was ist	los?	무슨 일입니까?
p107-03	Was meinen	Sie?	당신은 어떻게 생각합니까?
p107-04	Was denken	Sie?	당신은 어떻게 생각합니까?
p107-05	Was bedeutet	das?	그것은 무슨 뜻입니까?
p107-06	Was machen	Sie?	당신은 무엇을 합니까?
p107-07	Was wünschen	Sie?	당신은 무엇을 원합니까?
p107-08	Was erwarten	Sie?	당신은 무엇을 기대합니까?

● **los** (풀린), **meinen** (생각/의미하다), **denken** (생각/의도하다),
bedeuten (의미하다), **machen** (하다), **wünschen** (원하다), **erwarten** (기대하다)

pattern all

네 번째 섹션 : 핵심문법 패턴!

4th Section 은 **핵심문법**을 **정리**했습니다.
독일어 문법의 **핵심**을 이루는 요소를 활용한 **핵심 패턴**들입니다.

P 107

③ 기본패턴의 확장!

p107-09	Was haben Sie vor?	당신은 무엇을 할 계획입니까?
p107-10	Was sind Sie von Beruf?	당신의 직업은 무엇입니까?

- **Was sind Sie von Beruf?** 직역하면 '직업에 대해서/있어서 당신은 무엇입니까?'이며, '당신의 직업은 무엇입니까?'의 뜻입니다.
- **vorhaben** (계획/의도하다), **von** (~로부터/에서), **der Beruf** (직업)

④ 기본패턴의 응용!

p107-11	A) Was machen Sie?	당신은 무엇을 합니까?
p107-12	B) Ich schreibe ein Buch.	나는 책을 씁니다.

p107-13	A) Was sind Sie von Beruf?	당신의 직업은 무엇입니까?
p107-14	B) Ich bin Handwerker.	나는 수공업자입니다.

- **schreiben** (쓰다), **das Buch** (책), **der Beruf** (직업), **der Handwerker** (수공업자)

Learn foreign language!
GERMAN

Part 3. It's a completely new way to learn foreign language! | Pattern 108

Wo ist ~? [보 이스트 ~?]
~ 어디입니까?

① 기본패턴의 핵심!

❶ 의문사 **wo** 는 '어디'입니다.
❷ **Wo ist ~?** 는 '~ 어디입니까?'입니다.
❸ 의문사가 있는 의문문의 어순은 '의문사 + 동사 + (주어)?'입니다.
❹ **Wo tut es weh?** 는 '어디가 아픕니까?'이며,
Es tut weh ~? 는 '~가 아픕니다.'입니다.

② 기본패턴의 연습!

p108-01	Wo ist die Toilette?	화장실은 어디입니까?
p108-02	Wo ist der Eingang?	입구는 어디입니까?
p108-03	Wo ist der Chef?	사장님은 어디에 있습니까?
p108-04	Wo sind Sie?	당신은 어디에 있습니까?
p108-05	Wo wohnen Sie?	당신은 어디에 삽니까?
p108-06	Wo arbeiten Sie?	당신은 어디에서 일합니까?
p108-07	Wo liegt das?	그것은 어디에 있습니까?
p108-08	Wo tut es weh?	어디가 아픕니까?

● **die Toilette** (화장실), **der Eingang** (입구), **der Chef** (사장/주방장), **wohnen** (거주하다), **arbeiten** (일하다), **liegen** (있다/놓여있다), **tun** (하다/작용하다), **weh** (아픈)

The basics of grammar and sentence construction!
The most useful phrases and expressions!

pattern ally

네 번째 섹션 : 핵심문법 패턴!

4th Section 은 **핵심문법**을 **정리**했습니다.
독일어 문법의 **핵심**을 이루는 요소를 활용한 **핵심 패턴**들입니다.

P 108

③ 기본패턴의 확장!

p108-09	**Wohin gehen Sie?**	당신은 어디로 갑니까?
p108-10	**Woher kommen Sie?**	당신은 어디에서 옵니까?

● **wohin** (어디로), **gehen** (가다), **woher** (어디로부터), **kommen** (오다)

④ 기본패턴의 응용!

p108-11	**A) Wo ist die Toilette?**	화장실은 어디입니까?
p108-12	**B) Am Ende des Ganges rechts.**	복도의 끝 오른쪽이요.

p108-13	**A) Woher kommen Sie?**	당신은 어디에서 옵니까?
p108-14	**B) Ich komme aus Argentinien.**	나는 아르헨티나에서 왔습니다.

● **kommen aus ~** (~ 출신이다)
● **an** (~에), **das Ende** (끝/종점), **der Gang** (통로), **rechts** (오른쪽에), **links** (왼쪽에), **das Argentinien** (아르헨티나)

Learn foreign language!
GERMAN

Part 3. It's a completely new way to learn foreign language! | Pattern 109

Wann ist ~? [반 이스트 ~?]
~ 언제입니까?

① 기본패턴의 핵심!

- ❶ 의문사 **wann** 은 '언제'입니다.
- ❷ **Wann ist ~?** 는 '~ 언제입니까?'입니다.
- ❸ 의문사가 있는 의문문의 어순은 '의문사 + 동사 + (주어)?'입니다.
- ❹ **Wann haben ~?** 은 '언제 ~ 가지고 있습니까?' > '~ 언제입니까?'가 됩니다.

② 기본패턴의 연습!

p109-01	**Wann ist die Sitzung?**	회의는 언제입니까?
p109-02	**Wann ist Ihr Termin?**	당신의 약속은 언제입니까?
p109-03	**Wann kommen Sie?**	당신은 언제 옵니까?
p109-04	**Wann haben Sie Geburtstag?**	당신은 생일이 언제입니까?
p109-05	**Wann haben Sie Dienst?**	당신은 언제 근무입니까?
p109-06	**Wann haben Sie Dienstschluss?**	당신은 언제 근무종료합니까?
p109-07	**Wann beginnt das Konzert?**	콘서트는 언제 시작합니까?
p109-08	**Wann treffen wir uns?**	우리는 언제 만납니까?

● **die Sitzung** (회의), **Ihr** (당신의), **der Termin** (약속), **kommen** (오다), **haben** (가지다), **der Geburtstag** (생일), **der Dienst** (근무), **der Dienstschluss** (근무종료), **beginnen** (시작하다), **das Konzert** (콘서트), **sich treffen** (서로 만나다)

The basics of grammar and sentence construction!
The most useful phrases and expressions!

pattern

네 번째 섹션 : 핵심문법 패턴!

4th Section 은 **핵심문법**을 **정리**했습니다.
독일어 문법의 **핵심**을 이루는 요소를 활용한 **핵심 패턴**들입니다.

P 109

③ 기본패턴의 확장!

p109-09	Wann kommt der Bus an?	버스는 언제 도착합니까?
p109-10	Wann fährt der Zug ab?	기차는 언제 출발합니까?

- **ankommen** (도착하다 : 분리동사), **abfahren** (출발하다 : 분리동사) :
분리동사는 동사의 전철이 분리되어 문장 맨 뒤로 갑니다.
- **der Bus** (버스), **der Zug** (기차)

④ 기본패턴의 응용!

p109-11	A) Wann beginnt die Sitzung?	회의는 언제 시작합니까?
p109-12	B) Sie beginnt morgens um 8.00 Uhr.	그것은 아침 8시에 시작합니다.

p109-13	A) Wann fährt der Zug ab?	기차는 언제 출발합니까?
p109-14	B) Er fährt um dreizehn Uhr ab.	그것은13시에 출발합니다.

- **morgens** (아침에), **um ~ Uhr** (~시에), **acht** (8), **dreizehn** (13)

Learn foreign language!
GERMAN

Part 3. It's a completely new way to learn foreign language! | Pattern 110

Wie ist ~? [비 이스트 ~?]
~ 어떻습니까?

① 기본패턴의 핵심!

❶ 의문사 **wie** 는 '어떻게'입니다.
❷ **Wie ist ~?** 는 '~ 어떻습니까?'입니다.
❸ 의문사가 있는 의문문의 어순은 '의문사 + 동사 + (주어)?'입니다.
❹ **Wie heißen Sie?** (당신은 어떻게 부릅니까? > 이름이 어떻게 됩니까?)
❺ **Wie geht es Ihnen?** (당신은 어떻습니까? > 어떻게 지내세요?)

② 기본패턴의 연습!

p110-01	**Wie ist das Wetter?**	날씨는 어떻습니까?
p110-02	**Wie heißen Sie?**	당신은 어떻게 부릅니까? (이름이 어떻게 됩니까?)
p110-03	**Wie funktioniert das?**	그것은 어떻게 작동합니까?
p110-04	**Wie schreibt man das?**	그것을 어떻게 씁니까?
p110-05	**Wie komme ich dahin?**	나는 그곳으로 어떻게 갑니까?
p110-06	**Wie finden Sie Korea?**	당신은 한국을 어떻게 생각합니까?
p110-07	**Wie finden Sie Ihr neues Büro?**	당신은 당신의 새로운 사무실을 어떻게 생각합니까?
p110-08	**Wie geht es Ihnen?**	당신은 어떻습니까? (안녕하세요?)

● **das Wetter** (날씨), **heißen** (부르다), **funktionieren** (작동하다), **schreiben** (쓰다), **man** (사람/사람들 : 일반적인 주어), **kommen** (오다), **dahin** (거기로), **finden** (생각하다/발견하다), **das Korea** (한국), **Ihr** (당신의), **neu** (새로운), **das Büro** (사무실)

The basics of grammar and sentence construction!
The most useful phrases and expressions!

네 번째 섹션 : 핵심문법 패턴!

4th Section 은 **핵심문법**을 **정리**했습니다.
독일어 문법의 **핵심**을 이루는 요소를 활용한 **핵심 패턴**들입니다.

P 110

③ 기본패턴의 확장!

p110-09 **Wie denken Sie darüber?** 당신은 그것에 대해 어떻게 생각합니까?

p110-10 **Ich weiß nicht, wie man Auto fährt.** 나는 자동차를 어떻게 운전하는지 모릅니다.

- **denken über ~** (~에 대해 생각하다)
- **Ich weiß nicht, wie ~.** (나는 모른다, 어떻게 ~하는지를.)
- **denken** (생각하다), **darüber** (그것에 대하여), **das Auto** (자동차), **fahren** (운전하다)

④ 기본패턴의 응용!

p110-11 **A) Wie geht es Ihnen?** 어떻게 지내세요?

p110-12 **B) Es geht mir gut. Und Ihnen?** 잘 지냅니다. 당신은요?

p110-13 **A) Fahren Sie mit dem Auto?** 자동차를 운전해서 가십니까?

p110-14 **B) Ich weiß nicht, wie man Auto fährt.** 나는 어떻게 운전하는지 모릅니다.

- **mit dem Auto** (자동차로)

Part 3. It's a completely new way to learn foreign language! | Pattern 111

Wie lange ist ~? [비 랑에 이스트 ~?]

얼마나 오래 ~입니까?

① 기본패턴의 핵심!

❶ 의문사 **wie lange** 는 '얼마나 오래/길게'입니다.
❷ 의문사가 있는 의문문의 어순은 '의문사 + 동사 + (주어)?'입니다.
❸ **wie** 와 결합하는 다양한 표현들이 있습니다.
wie lange ~? (얼마나 오래), **wie viel ~?** (얼마나 많은), **wie spät ~?** (얼마나 늦게),
wie groß ~? (얼마나 큰), **wie teuer ~?** (얼마나 비싼), **wie schnell ~?** (얼마나 빠른)

② 기본패턴의 연습!

p111-01	**Wie lange ist es?**	얼마나 깁니까?
p111-02	**Wie lange dauert es?**	얼마나 오래 걸립니까?
p111-03	**Wie lange bleiben Sie hier?**	당신은 여기에 얼마나 오래 머뭅니까?
p111-04	**Wie viel kostet das?**	그것은 얼마나 많이 비쌉니까?
p111-05	**Wie spät ist es?**	몇 시입니까?
p111-06	**Wie groß sind Sie?**	당신은 (키가) 얼마나 큽니까?
p111-07	**Wie teuer ist das?**	그것은 얼마나 비쌉니까?
p111-08	**Wie schnell fährt das Auto?**	그 차는 얼마나 빨리 달립니까?

● **dauern** (지속되다), **bleiben** (머물다), **kosten** (값이다),
fahren (운전하다), **das Auto** (자동차)

네 번째 섹션 : 핵심문법 패턴!

4th Section 은 **핵심문법**을 **정리**했습니다.
독일어 문법의 **핵심**을 이루는 요소를 활용한 **핵심 패턴**들입니다.

P 111

③ 기본패턴의 확장!

p111-09	**Wie viele Kinder haben Sie?**	당신은 아이가 몇입니까?
p111-10	**Wie viele Sprachen sprechen Sie?**	당신은 얼마나 많은 언어를 말합니까?

- **wie viele** (얼마나 많은) 다음에는 복수명사가 옵니다.
- **das Kind** (아이), **die Sprache** (말/언어), **sprechen** (말하다)

④ 기본패턴의 응용!

p111-11	**A) Wie groß sind Sie?**	당신은 얼마나 큽니까?
p111-12	**B) Ich bin ein Meter achtzig groß.**	나는 1m 80 cm입니다.

p111-13	**A) Wie viele Koffer haben Sie?**	당신은 얼마나 많은 가방을 가지고 있습니까?
p111-14	**B) Ich habe zwei Koffer.**	나는 가방 2개를 가지고 있습니다.

- **der Meter** (미터), **achtzig** (80), **der Koffer** (여행용 가방), **zwei** (2)

The focus is on **conversation** and **communication**.

Start **speaking languages** immediately using **essential phrases**.

Learn foreign language!
GERMAN

Part 3. It's a completely new way to learn foreign language! | Pattern 112

Warum ist ~? [바룸 이스트 ~?]
왜 ~입니까?

① 기본패턴의 핵심!

❶ 의문사 **warum** 은 '왜/무엇 때문에'입니다.
❷ **Warum ist ~?** 는 '왜 ~입니까?'입니다.
❸ 의문사가 있는 의문문의 어순은 '의문사 + 동사 + (주어)?'입니다.

② 기본패턴의 연습!

p112-01	**Warum ist das so?**	그것은 왜 그렇습니까?
p112-02	**Warum dauert es so lange?**	그것은 왜 그렇게 오래 걸립니까?
p112-03	**Warum ist es dunkel?**	왜 어둡습니까?
p112-04	**Warum sind Sie wütend?**	당신은 왜 화가 났습니까?
p112-05	**Warum sind Sie hier?**	당신은 왜 여기에 있습니까?
p112-06	**Warum fragen Sie mich?**	당신은 왜 나에게 질문합니까?
p112-07	**Warum lernen Sie Deutsch?**	당신은 왜 독일어를 배웁니까?
p112-08	**Warum schlafen Sie noch?**	당신은 왜 아직 자고 있습니까?

● **dauern** (지속하다), **lang** (긴), **dunkel** (어두운), **wütend** (성난/화난), **fragen** (질문하다 : 4격동사), **mich** (나를), **lernen** (배우다), **das Deutsch** (독일어), **schlafen** (자다), **noch** (더)

pattern AN

네 번째 섹션 : 핵심문법 패턴!

4th Section 은 **핵심문법**을 **정리**했습니다.
독일어 문법의 **핵심**을 이루는 요소를 활용한 **핵심 패턴**들입니다.

P 112

③ 기본패턴의 확장!

p112-09 Warum warten die Kinder auf Weihnachten? 아이들은 왜 크리스마스를 기다립니까?

p112-10 Warum reden wir darüber? 우리는 왜 그것에 대해 이야기합니까?

- **warten auf ~** (~을 기다리다), **reden über ~** (~에 대해 말하다)
- **das Kind** (아이), **das Weihnachten** (크리스마스), **darüber** (그것에 대해)

④ 기본패턴의 응용!

p112-11 A) Warum lernen Sie Deutsch? 당신은 왜 독일어를 배웁니까?

p112-12 B) Weil ich in Deutschland studieren möchte. 나는 독일에서 공부하고 싶기 때문입니다.

---

p112-13 A) Warum warten die Kinder auf Weihnachten? 아이들은 왜 크리스마스를 기다립니까?

p112-14 B) Weil sie sich auf die Geschenke freuen. 그들은 선물들에 대해 기쁘기 때문입니다.

- **weil** (~ 때문에)는 종속접속사이며, 이때 동사는 후치됩니다. (현재 주문은 생략된 형태)
- **sich freuen auf ~** (~에 대해 기뻐하다)
- **das Deutschland** (독일), **studieren** (연구하다), **möchten** (원하다), **das Kind** (아이), **das Geschenk** (선물)

The focus is on **conversation** and **communication**.

Start **speaking languages** immediately using **essential phrases**.

Learn foreign language!
GERMAN

Part 3. It's a completely new way to learn foreign language! | Pattern 113

Warum ~ nicht? [바룸 ~ 니히트?]
왜 ~ 아닙니까?

① 기본패턴의 핵심!

❶ 의문사 **warum** 은 '왜'입니다.
❷ **Warum ~ nicht?** 는 '왜 ~ 아닙니까?'입니다.
❸ 의문사가 있는 의문문의 어순은 '의문사 + 동사 + (주어)?'입니다.

② 기본패턴의 연습!

p113-01	Warum kommen Sie nicht?	당신은 왜 오지 않습니까?
p113-02	Warum antworten Sie nicht?	당신은 왜 대답하지 않습니까?
p113-03	Warum machen Sie das nicht?	당신은 그것을 왜 하지 않습니까?
p113-04	Warum glauben Sie das nicht?	당신은 그것을 왜 믿지 않습니까?
p113-05	Warum arbeiten Sie heute nicht?	당신은 오늘 왜 일하지 않습니까?
p113-06	Warum schlafen Sie noch nicht?	당신은 왜 아직 안 잡니까?
p113-07	Warum sagen Sie nichts?	당신은 왜 아무것도 말하지 않습니까?
p113-08	Warum nicht?	왜 아닙니까?

● **kommen** (오다), **antworten** (대답하다), **machen** (하다), **glauben** (믿다), **arbeiten** (일하다), **heute** (오늘), **schlafen** (자다), **noch** (아직), **sagen** (말하다), **nichts** (아무것도 아니다)

The basics of grammar and sentence construction!
The most useful phrases and expressions!

네 번째 섹션 : 핵심문법 패턴!

4th Section 은 **핵심문법**을 **정리**했습니다.
독일어 문법의 **핵심**을 이루는 요소를 활용한 **핵심 패턴**들입니다.

P 113

③ 기본패턴의 확장!

p113-09	**Warum spricht niemand darüber?**	왜 아무도 그것에 대해 말하지 않습니까?
p113-10	**Warum essen Sie kein Gemüse?**	당신은 왜 채소를 먹지 않습니까?

- **sprechen** (말하다), **niemand** (아무도 ~ 아니다), **darüber** (그것에 대해), **essen** (먹다), **kein** (하나도 않다), **das Gemüse** (채소)

④ 기본패턴의 응용!

p113-11	**A) Warum arbeiten Sie heute nicht?**	당신은 오늘 왜 일하지 않습니까?
p113-12	**B) Weil ich krank bin.**	나는 아프기 때문입니다.
p113-13	**A) Warum essen Sie kein Gemüse?**	당신은 왜 채소를 먹지 않습니까?
p113-14	**B) Weil es mir nicht schmeckt.**	맛이 없기 때문에요.

- **weil** (~ 때문에)는 종속접속사이며, 이때 동사는 후치됩니다. (현재 주문은 생략된 형태)
- **es schmeckt mir ~** (그것은 나에게 ~ 맛이 난다)
- **krank** (아픈), **mir** (나에게), **schmecken** (맛이 나다)

Learn foreign language!
GERMAN

Part 3. It's a completely new way to learn foreign language! | Pattern 114

Welcher ~? [벨허 ~?]
어떤 ~입니까?

① 기본패턴의 핵심!

❶ 의문사 **welcher ~?** 는 '어떤 ~ 입니까?'입니다.
❷ 의문사가 있는 의문문의 어순은 '의문사 + 동사 + (주어)?'입니다.
❸ **welcher** 는 정관사와 같은 어미변화를 하는 정관사류입니다.
welcher (남성1격), **welche** (여성1격), **welches** (중성1격)
❹ **welcher** 다음에 오는 명사는 생략될 수 있으며, '어떤 ~'이 됩니다.

② 기본패턴의 연습!

p114-01	**Welcher**	**Tag ist heute?**	오늘은 무슨 요일입니까?
p114-02	**Welchen**	**Tag haben wir heute?**	우리는 오늘 무슨 요일을 가지고 있습니까?
p114-03	**Welcher**	**Wagen gehört Ihnen?**	어떤 차가 당신에게 속합니까?
p114-04	**Welche**	**Größe haben Sie?**	당신은 어떤 사이즈입니까?
p114-05	**Welches**	**Wort ist richtig?**	어떤 단어가 맞습니까?
p114-06	**Welches**	**Fach bevorzugen Sie?**	당신은 어떤 분야를 선호합니까?
p114-07	**Welchen**	**empfehlen Sie?**	당신은 어떤 것을 추천하십니까?
p114-08	**Welche**	**ist Ihre Tasche?**	어떤 것이 당신의 핸드백입니까?

● 우리는 오늘 무슨 요일을 가지고 있습니까? > 오늘은 무슨 요일입니까?
● 어떤 차가 당신에게 속합니까? > 어떤 차가 당신의 것입니까?
● **der Tag** (날/일), **heute** (오늘), **der Wagen** (자동차), **gehören** (속하다), **die Größe** (사이즈/양), **das Wort** (단어), **richtig** (맞는), **falsch** (틀린), **das Fach** (분야), **bevorzugen** (선호하다), **empfehlen** (추천하다), **Ihr** (당신의), **die Tasche** (핸드백/가방)

pattern

네 번째 섹션 : 핵심문법 패턴!

4th Section 은 **핵심문법**을 **정리**했습니다.
독일어 문법의 **핵심**을 이루는 요소를 활용한 **핵심 패턴**들입니다.

P 114

③ 기본패턴의 확장!

p114-09 **In welcher Straße wohnen Sie?** 당신은 어떤 거리에 거주합니까?

p114-10 **Zu welchem Zweck studieren Sie?** 당신은 어떤 목적으로 연구합니까?

- **in welcher Straße** (어떤 거리에서), **zu welchem Zweck** (어떤 목적으로)
- **die Straße** (거리), **wohnen** (거주하다), **der Zweck** (목적/목표), **studieren** (연구하다)

④ 기본패턴의 응용!

p114-11 **A) Welchen Tag haben wir heute?** 오늘은 무슨 요일입니까?

p114-12 **B) Heute haben wir Samstag, den 9. Juli.** 오늘은 7월 9일 토요일입니다.

p114-13 **A) Zu welchem Zweck studieren Sie?** 당신은 어떤 목적으로 연구합니까?

p114-14 **B) Ich möchte Lehrer werden.** 나는 교사가 되고 싶습니다.

- **Wir haben den 9. Juli.** 처럼 날짜를 말할 때 4격 정관사 **den** 을 함께 사용합니다.
- **möchten** + 동사원형 (~하고 싶다) 문형에서 동사의 원형은 문장 맨 뒤로 갑니다. (동사후치)
- **der Samstag** (토요일), **Juli** (7월), **der Lehrer** (교사)

Learn foreign language!
GERMAN

Part 3. It's a completely new way to learn foreign language! | Pattern 115

Woher ~? [보헤어 ~?]
어디로부터 ~입니까?

① 기본패턴의 핵심!

❶ 의문사 **woher ~?** 는 '어디로부터/에서 ~입니까?'입니다.
❷ 반대로 의문사 **wohin ~?** 은 '어디로 ~입니까?'입니다.
❸ 의문사가 있는 의문문의 어순은 '의문사 + 동사 + (주어)?'입니다.

② 기본패턴의 연습!

p115-01	Woher	kommen Sie?	당신은 어디로부터 왔습니까?
p115-02	Woher	wissen Sie das?	당신은 어디로부터 그것을 알고 있습니까?
p115-03	Woher	kennen Sie Maria?	당신은 마리아를 어디로부터 알고 있습니까?
p115-04	Woher	kriegen Sie Geld?	당신은 어디로부터 돈을 법니까?
p115-05	Woher	stammt die Idee?	그 아이디어는 어디로부터 유래합니까?
p115-06	Wohin	gehen Sie?	당신은 어디로 갑니까?
p115-07	Wohin	fahren Sie?	당신은 어디로 (운전해서) 갑니까?
p115-08	Wohin	führen Sie mich?	당신은 나를 어디로 데리고 갑니까?

● **kommen** (오다), **wissen** (알다), **kennen** (알고 있다/면식이 있다), **kriegen** (얻다), **das Geld** (돈), **stammen** (근거하다/유래하다), **die Idee** (아이디어), **gehen** (가다), **fahren** (운전하다), **führen** (이끌다/데리고 가다), **mich** (나를)

네 번째 섹션 : 핵심문법 패턴!

4th Section 은 **핵심문법**을 **정리**했습니다.
독일어 문법의 **핵심**을 이루는 요소를 활용한 **핵심 패턴**들입니다.

P 115

③ 기본패턴의 확장!

p115-09 **Ich weiß, woher Sie kommen.** 나는 당신이 어디에서 왔는지 압니다.

p115-10 **Ich weiß nicht, wohin wir jetzt fahren.** 나는 지금 우리가 어디로 가는지 모릅니다.

● **Ich weiß, woher ~.** (나는 어디로부터/에서 ~ 하는지 안다),
Ich weiß nicht, wohin ~. (나는 어디로 ~ 하는지 모른다)
● **woher / wohin** 이 종속접속사로 사용된 경우입니다.
(종속절에서는 동사가 후치됩니다.)

④ 기본패턴의 응용!

p115-11 **A) Woher kriegen Sie Geld?** 당신은 어디에서 돈을 얻습니까?

p115-12 **B) Von der Vermietung meiner Wohnungen.** 나의 주택의 임대로부터요.

---

p115-13 **A) Wohin fahren wir jetzt?** 지금 우리는 어디로 가고 있습니까?

p115-14 **B) Ich weiß nicht, wohin wir jetzt fahren.** 나는 지금 우리가 어디로 가는지 모릅니다.

● **von** (~로부터), **die Vermietung** (임대), **mein** (나의), **die Wohnungen** (방/주택), **jetzt** (지금)

The focus is on **conversation** and **communication**.

Start **speaking languages** immediately using **essential phrases**.

Learn foreign language!
GERMAN

Part 4. It's a completely new way to learn foreign language! | Pattern 116

Ich kann ~. [이히 칸 ~.]
나는 ~ 할 수 있습니다.

① 기본패턴의 핵심!

❶ **können** (~할 수 있다)는 화법조동사입니다.
❷ **Ich kann** + 동사원형.은 '나는 ~ 할 수 있습니다.'입니다.
❸ **können** 동사의 인칭변화형을 활용하여 다양한 주어의 문장을 만들 수 있습니다.
(**Ich kann, Du kannst, Er/Sie/Es kann, Wir können, Ihr könnt, Sie können** 등입니다.)

② 기본패턴의 연습!

p116-01	**Ich kann**	**schwimmen.**	나는 수영할 수 있습니다.
p116-02	**Ich kann**	**nicht tanzen.**	나는 춤을 추지 못합니다.
p116-03	**Ich kann**	**Auto fahren.**	나는 자동차를 운전할 수 있습니다.
p116-04	**Ich kann**	**gut Deutsch sprechen.**	나는 독일어를 잘할 수 있습니다.
p116-05	**Ich kann**	**gar kein Italienisch lesen.**	나는 이탈리아어를 전혀 읽지 못합니다.
p116-06	**Ich kann**	**kaum einschlafen.**	나는 거의 잘 수 없습니다.
p116-07	**Ich kann**	**es kaum erwarten.**	나는 그것을 거의 기대하지 않습니다.
p116-08	**Ich kann**	**schnell Ski fahren.**	나는 스키를 빠르게 탈 수 있습니다.

● **schwimmen** (수영하다), **nicht** (아니다), **tanzen** (춤추다), **das Auto** (자동차), **fahren** (운전하다/타다), **gut** (좋은/우수한), **das Deutsch** (독일어), **sprechen** (말하다), **kein** (하나도 ~않다), **das Italienisch** (이탈리아어), **lesen** (읽다), **kaum** (거의 ~않다), **einschlafen** (잠들다), **erwarten** (기대하다/기다리다), **schnell** (빠른), **der Ski** (스키)

네 번째 섹션 : 핵심문법 패턴!

4th Section 은 **핵심문법**을 **정리**했습니다.
독일어 문법의 **핵심**을 이루는 요소를 활용한 **핵심 패턴**들입니다.

P 116

③ 기본패턴의 확장!

p116-09	**Ich kann nicht.**	나는 할 수 없습니다.
p116-10	**Ohne Arbeitsgenehmigung kann man nicht arbeiten.**	노동허가 없이 일할 수 없습니다.

- 화법조동사를 본동사로 쓸 수도 있습니다. (**Ja, ich kann.** : 네, 나는 할 수 있습니다.)
- **ohne Genehmigung** (허가 없이),
- **die Arbeitsgenehmigung** (노동허가), **die Einreisegenehmigung** (입국허가), **man** (사람/사람들 : 일반주어), **arbeiten** (일하다)

④ 기본패턴의 응용!

p116-11	**A) Bald fahren Sie in Urlaub.**	당신은 곧 휴가를 가는군요.
p116-12	**B) Ich kann es kaum erwarten.**	나는 그것을 거의 기다릴 수가 없네요.

p116-13	**A) Kann ich nach meiner Ankunft in Deutschland sofort arbeiten?**	내가 독일 도착 후에 곧바로 일할 수 있습니까?
p116-14	**B) Ohne Arbeitsgenehmigung kann man in Deutschland nicht arbeiten.**	노동허가 없이는 독일에서 일할 수 없습니다.

- **fahren in Urlaub** (휴가를 가다), **nach der Ankunft** (도착 후에),
- **bald** (곧), **der Urlaub** (휴가), **mein** (나의), **die Ankunft** (도착), **das Deutschland** (독일), **sofort** (즉시)

Learn foreign language!
GERMAN

Part 4. It's a completely new way to learn foreign language! | Pattern 117

Kann ich ~? [칸 이히 ~?]
내가 ~ 할 수 있습니까?

Germ

① 기본패턴의 핵심!

❶ **können** (~할 수 있다)는 화법조동사입니다.
❷ **Kann ich** + 동사원형? (내가 ~ 할 수 있습니까?)는 허락을 구하는 표현입니다.
❸ **können** 동사의 인칭변화형을 활용하여 다양한 주어의 문장을 만들 수 있습니다.
(**Ich kann, Du kannst, Er/Sie/Es kann, Wir können, Ihr könnt, Sie können** 등입니다.)

② 기본패턴의 연습!

p117-01	Kann ich	reinkommen?	내가 들어갈 수 있습니까?
p117-02	Kann ich	das machen?	내가 그것을 할 수 있습니까?
p117-03	Kann ich	kurz hier bleiben?	내가 여기에 잠깐 머물 수 있습니까?
p117-04	Kann ich	das probieren?	내가 그것을 시험삼아 해볼 수 있습니까?
p117-05	Kann ich	hier sitzen?	내가 여기에 앉을 수 있습니까?
p117-06	Kann ich	Ihnen helfen?	내가 당신을 도울 수 있습니까?
p117-07	Kann ich	hier ein Foto machen?	내가 여기서 사진을 찍을 수 있습니까?
p117-08	Kann ich	Sie etwas fragen?	내가 당신에게 무엇을 좀 물을 수 있습니까?

● 내가 당신에게 무엇을 좀 물을 수 있습니까? > 내가 당신에게 무엇을 물어봐도 됩니까?
● **machen ein Foto** (사진을 찍다)
● **reinkommen** (들어가다), **machen** (하다), **kurz** (짧은/잠시), **hier** (여기), **bleiben** (머물다), **probieren** (시험삼아 해보다), **sitzen** (앉다), **helfen** (돕다), **das Foto** (사진), **etwas** (일부분/다소), **fragen** (질문하다)

The basics of grammar and sentence construction!
The most useful phrases and expressions!

pattern ah!

네 번째 섹션 : 핵심문법 패턴!

4th Section 은 **핵심문법**을 **정리**했습니다.
독일어 문법의 **핵심**을 이루는 요소를 활용한 **핵심 패턴**들입니다.

P 117

③ 기본패턴의 확장!

p117-09 **Kann ich das Fenster aufmachen?** 내가 창문을 열 수 있습니까?

p117-10 **Kann ich die Tür zumachen?** 내가 문을 닫을 수 있습니까?

- 내가 창문을 열 수 있습니까? > 내가 창문을 열어도 될까요?
- **das Fenster** (창문), **aufmachen** (열다), **die Tür** (문), **zumachen** (닫다)

④ 기본패턴의 응용!

p117-11 **A) Kann ich das probieren?** 내가 그것을 시험삼아 해볼 수 있습니까?

p117-12 **B) Gerne, bitteschön!** 네 (기꺼이요), 여기 있습니다.

---

p117-13 **A) Wo kann ich meine Arbeitsgenehmigung verlängern?** 어디에서 나의 노동허가를 연장할 수 있습니까?

p117-14 **B) Bei der Ausländerbehörde.** 외국인청에서요.

- **gern** (기꺼이), **bitteschön** (천만에요/(물건을 제시하며) 여기 있습니다),
die Arbeitsgenehmigung (노동허가), **verlängern** (연장하다), **bei** (~에), **die Ausländerbehörde** (외국인청)

The focus is on **conversation** and **communication**.

Start **speaking languages** immediately using **essential phrases**.

Learn foreign language!
GERMAN

Part 4. It's a completely new way to learn foreign language! | Pattern 118

Können Sie ~? [쾬넨 지 ~?]
당신은 ~ 할 수 있습니까?

① 기본패턴의 핵심!

❶ **können** (~할 수 있다)는 화법조동사입니다.
❷ **Können Sie** + 동사원형?은 '당신은 ~할 수 있습니까?'로 부탁의 의미도 됩니다.
❸ **können** 동사의 인칭변화형을 활용하여 다양한 주어의 문장을 만들 수 있습니다.
(**Ich kann, Du kannst, Er/Sie/Es kann, Wir können, Ihr könnt, Sie können** 등입니다.)

② 기본패턴의 연습!

- p118-01 **Können Sie morgen kommen?** 당신은 내일 올 수 있습니까?
- p118-02 **Können Sie Gitarre spielen?** 당신은 기타를 연주할 수 있습니까?
- p118-03 **Können Sie Auto fahren?** 당신은 자동차를 운전할 수 있습니까?
- p118-04 **Können Sie das Fenster öffnen?** 당신은 창문을 열 수 있습니까?
- p118-05 **Können Sie das wiederholen?** 당신은 그것을 반복할 수 있습니까?
- p118-06 **Können Sie hier unterschreiben?** 당신은 여기에 서명해 줄 수 있습니까?
- p118-07 **Können Sie langsamer sprechen?** 당신은 좀 더 천천히 말씀해 줄 수 있습니까?
- p118-08 **Können Sie mir ein Restaurant empfehlen?** 당신은 나에게 레스토랑 하나를 추천해 줄 수 있습니까?

● **Gitarre spielen** (기타를 연주하다), **Auto fahren** (차를 운전하다)
● **morgen** (내일), **kommen** (오다), **die Gitarre** (기타), **spielen** (연주하다), **das Auto** (자동차), **fahren** (운전하다), **das Fenster** (창문), **öffnen** (열다), **wiederholen** (반복하다), **unterschreiben** (서명하다), **langsamer** (좀 더 천천히), **sprechen** (말하다), **das Restaurant** (레스토랑), **empfehlen** (추천하다)

pattern ap

네 번째 섹션 : 핵심문법 패턴!

4th Section 은 **핵심문법**을 **정리**했습니다.
독일어 문법의 **핵심**을 이루는 요소를 활용한 **핵심 패턴**들입니다.

P 118

③ 기본패턴의 확장!

p118-09 **Können Sie Deutsch?** 당신은 독일어를 할 수 있습니까?

p118-10 **Sie können Deutsch sprechen, nicht wahr?** 당신은 독일어를 말할 수 있죠, 그렇지 않나요?

● **Können Sie Deutsch?** 는 **Können Sie Deutsch sprechen?**
(당신은 독일어를 말할 수 있습니까?)와 같은 의미입니다.
● **nicht wahr?** 는 '사실이 아닌가요? > 그렇지 않나요? > 그렇지!' 등 동의를 구하거나,
확인하려고 할 때 사용합니다.
● **das Deutsch** (독일어), **wahr** (진실한)

④ 기본패턴의 응용!

p118-11 **A) Wo kann ich ein Visum bekommen?** 나는 어디에서 비자를 받을 수 있습니까?

p118-12 **B) Sie können sich beim Konsulat erkundigen.** 당신은 영사관에 문의할 수 있습니다.

p118-13 **A) Wo kann ich eine Aufenthaltsgenehmigung beantragen?** 나는 어디에서 체류허가를 신청할 수 있습니까?

p118-14 **B) Sie können sich im Internet informieren.** 당신은 인터넷에서 조회할 수 있습니다.

● **beim Konsulat** (영사관에), **im Internet** (인터넷에서),
● **wo** (어디), **das Visum** (비자), **bekommen** (받다), **das Konsulat** (영사관),
sich erkundigen (문의하다), **die Aufenthaltsgenehmigung** (체류허가),
beantragen (신청하다), **das Internet** (인터넷), **sich informieren** (조회하다)

● The focus is on **conversation** and **communication**.
● Start **speaking languages** immediately using **essential phrases**.

Learn foreign language!
GERMAN

Part 4. It's a completely new way to learn foreign language! | Pattern 119

Ich muss ~. [이히 무쓰 ~.]
나는 ~해야만 합니다.

① 기본패턴의 핵심!

❶ **müssen** (~해야 한다)는 화법조동사입니다.
❷ **Ich muss** + 동사원형.은 '나는 ~ 해야 합니다.'로 의무를 나타냅니다.
❸ **müssen** 동사의 인칭변화형을 활용하여 다양한 주어의 문장을 만들 수 있습니다.
(**Ich muss, Du musst, Er/Sie/Es muss, Wir müssen, Ihr müsst, Sie müssen** 등입니다.)

② 기본패턴의 연습!

p119-01	Ich muss gehen.	나는 가야 합니다.
p119-02	Ich muss sofort rausgehen.	나는 곧 나가야 합니다.
p119-03	Ich muss jetzt schlafen.	나는 지금 자야 합니다.
p119-04	Ich muss Geld verdienen.	나는 돈을 벌어야 합니다.
p119-05	Ich muss nun arbeiten.	나는 이제 일해야 합니다.
p119-06	Ich muss abnehmen.	나는 (체중) 감량해야 합니다.
p119-07	Ich muss überlegen.	나는 숙고해야 합니다.
p119-08	Ich muss schlafen gehen.	나는 자러 가야 합니다.

● **gehen** (가다), **sofort** (즉시), **rausgehen** (나가다), **jetzt** (지금), **schlafen** (자다),
das Geld (돈), **verdienen** (얻다), **nun** (이제), **arbeiten** (일하다),
abnehmen (줄다/축소하다/감량하다), **überlegen** (숙고하다),
schlafen gehen (자러 가다)

pattern

네 번째 섹션 : 핵심문법 패턴!

4th Section 은 **핵심문법**을 **정리**했습니다.
독일어 문법의 **핵심**을 이루는 요소를 활용한 **핵심 패턴**들입니다.

P 119

③ 기본패턴의 확장!

p119-09 **Ich muss bald los.** 나는 곧 떠나야 합니다.

p119-10 **Ich muss zur Arbeit gehen.** 나는 일하러 가야 합니다.

- 화법조동사를 본동사로 쓸 수 있습니다. (**Ja, ich muss.** : 네, 나는 해야 합니다.)
- **zur Arbeit** (일하러)
- **bald** (곧), **los** (나아가다), **die Arbeit** (일/노동)

④ 기본패턴의 응용!

p119-11 **A) Wohin gehen Sie jetzt?** 당신은 지금 어디로 갑니까?

p119-12 **B) Ich muss zum Arzt gehen.** 나는 의사에게 가야 합니다.

---

p119-13 **A) Ich muss unbedingt zunehmen.** 나는 무조건 체중을 늘려야 합니다.

p119-14 **B) Ich empfehle Ihnen, zum Ernährungsberater zu gehen.** 나는 당신에게 추천합니다, 영양사에게 가볼 것을.

- **Ich empfehle, zu ~.** (~할 것을 나는 추천합니다.)
- **zum Arzt** (의사에게), **zum Ernährungsberater** (영양사에게), **zur Schule** (학교에)
- **wohin** (어디로), **jetzt** (지금), **der Arzt** (의사) **unbedingt** (무조건의), **zunehmen** (체중이 늘다), **empfehlen** (추천하다)

Learn foreign language!
GERMAN

Part 4. | Pattern 120

It's a completely new way to learn foreign language!

Sie müssen ~. [지 뮈쎈 ~.]
당신은 ~해야만 합니다.

① 기본패턴의 핵심!

❶ **müssen** (~해야 한다)는 화법조동사입니다.
❷ **Sie müssen** + 동사원형.은 '당신은 ~해야만 합니다.'입니다.
❸ **müssen** 동사의 인칭변화형을 활용하여 다양한 주어의 문장을 만들 수 있습니다.
(**Ich muss, Du musst, Er/Sie/Es muss, Wir müssen, Ihr müsst, Sie müssen** 등입니다.)

② 기본패턴의 연습!

p120-01	Sie müssen	arbeiten.	당신은 일해야만 합니다.
p120-02	Sie müssen	vorsichtig sein.	당신은 조심해야만 합니다.
p120-03	Sie müssen	dahin gehen.	당신은 거기로 가야만 합니다.
p120-04	Sie müssen	gerade reingehen.	당신은 곧 들어가야만 합니다.
p120-05	Sie müssen	nicht mehr lügen.	당신은 더 이상 거짓말해서는 안됩니다.
p120-06	Sie müssen	den Zug nehmen.	당신은 그 기차를 타야만 합니다.
p120-07	Sie müssen	den Film unbedingt sehen.	당신은 그 영화를 무조건 봐야만 합니다.
p120-08	Sie müssen	jetzt schlafen gehen.	당신은 지금 자러 가야만 합니다.

● **arbeiten** (일하다), **vorsichtig** (조심스러운/신중한), **sein** (~이다), **dahin** (거기로), **gehen** (가다), **gerade** (바로 지금/곧바로), **reingehen** (들어가다), **nicht mehr** (더 이상 ~ 아니다), **lügen** (거짓말하다), **der Zug** (기차), **nehmen** (잡다), **der Film** (영화), **unbedingt** (무조건의), **sehen** (보다), **jetzt** (지금), **schlafen gehen** (자러 가다)

pattern ah!

네 번째 섹션 : 핵심문법 패턴!

4th Section 은 **핵심문법**을 **정리**했습니다.
독일어 문법의 **핵심**을 이루는 요소를 활용한 **핵심 패턴**들입니다.

P 120

③ 기본패턴의 확장!

p120-09	Sie müssen jetzt ins Bett gehen.	당신은 지금 침대로 가야만 합니다.
p120-10	Sie müssen heute zur Polizei gehen.	당신은 오늘 경찰서에 가야만 합니다.

- **ins Bett gehen** (침대로 가다 > 자러 가다), **zur Polizei** (경찰서에)
- **das Bett** (침대), **heute** (오늘), **die Polizei** (경찰서)

④ 기본패턴의 응용!

p120-11	A) Sie müssen vorsichtig sein.	당신은 조심해야만 합니다.
p120-12	B) Ja, das bin ich.	네, 나는 그렇게 하겠습니다.

p120-13	A) Wann muss ich zur Polizei gehen?	나는 언제 경찰서에 가야 합니까?
p120-14	B) Sie müssen heute zur Polizei gehen.	당신은 오늘 경찰서에 가야만 합니다.

- **wann** (언제), **die Polizei** (경찰서)

The focus is on **conversation** and **communication**.

Start **speaking languages** immediately using **essential phrases**.

Learn foreign language!
GERMAN

Part 4. It's a completely new way to learn foreign language! | **Pattern 121**

Ich will ~. [이히 빌 ~.]
나는 ~하려고 합니다.

① 기본패턴의 핵심!

❶ **wollen** (~하려고 하다)는 화법조동사입니다.
❷ **Ich will** + 동사원형.은 '나는 ~하려고 합니다.'로 의지를 나타냅니다.
❸ **Ich will.** 로 '나는 원합니다.'라고 말할 수 있습니다.
❹ **wollen** 동사의 인칭변화형을 활용하여 다양한 주어의 문장을 만들 수 있습니다.
(**Ich will, Du willst, Er/Sie/Es will, Wir wollen, Ihr wollt, Sie wollen** 등입니다.)

② 기본패턴의 연습!

p121-01	**Ich will**	**unabhängig sein.**	나는 독립하려고 합니다.
p121-02	**Ich will**	**Deutsch lernen.**	나는 독일어를 배우려고 합니다.
p121-03	**Ich will**	**Journalist werden.**	나는 저널리스트가 되려고 합니다.
p121-04	**Ich will**	**Motorrad fahren.**	나는 오토바이를 타려고 합니다.
p121-05	**Ich will**	**das Auto kaufen.**	나는 자동차를 사려고 합니다.
p121-06	**Ich will**	**Frankfurt besuchen.**	나는 프랑크푸르트를 방문하려고 합니다.
p121-07	**Ich will**	**meine Kenntnisse erweitern.**	나는 나의 지식을 확장하려고 합니다.
p121-08	**Ich will**	**einen PC.**	나는 PC 하나를 원합니다.

● **unabhängig** (독립의), **sein** (~이다), **das Deutsch** (독일어), **lernen** (배우다), **der Journalist** (저널리스트), **werden** (되다), **das Motorrad** (오토바이), **fahren** (타다), **das Auto** (자동차), **kaufen** (사다), **besuchen** (방문하다), **die Kenntnisse** (지식/견문), **mein** (나의), **erweitern** (확장하다), **der PC** (퍼스널컴퓨터/PC)

The most useful **phrases** and **expressions!**
The **basics** of **grammar** and **sentence construction!**

네 번째 섹션 : 핵심문법 패턴!

4th Section 은 **핵심문법**을 **정리**했습니다.
독일어 문법의 **핵심**을 이루는 요소를 활용한 **핵심 패턴**들입니다.

P 121

③ 기본패턴의 확장!

p121-09 Ich will an der Uni Mathematik studieren. 나는 대학교에서 수학을 공부하려고 합니다.

p121-10 Ich will morgen mit Professor Kim reden. 나는 내일 김 교수님과 이야기하려고 합니다.

● **an der Uni** (대학교에서), **mit dem Professor** (교수와 함께),
reden mit ~ (~와 함께 말하다)
● **an** (~에 : 전치사), **die Uni** (**die Universität**) 대학교, **die Mathematik** (수학),
studieren (공부하다), **morgen** (내일), **der Professor** (교수)

④ 기본패턴의 응용!

p121-11 A) Was möchten Sie von Beruf werden? 당신은 어떤 직업인이 되길 원합니까?

p121-12 B) Ich will Journalist werden. 나는 저널리스트가 되려고 합니다.

p121-13 A) Was haben Sie nach dem Kurs vor? 당신은 강습 후에 무엇을 할 것입니까?

p121-14 B) Ich will meine Kenntnisse erweitern. 나는 나의 지식을 확장하려고 합니다.

● **möchten** + 동사원형 (~하는 것을 원하다)
● **Was sind Sie von Beruf?** (당신의 직업은 무엇입니까?), **von Beruf** (직업에 대해)
● **was** (무엇), **der Beruf** (직업), **werden** (되다), **vorhaben** (계획하다 : 분리동사),
nach (~ 후에 : 전치사), **der Kurs** (강좌/강습/코스)

Learn foreign language!
GERMAN

Part 4. It's a completely new way to learn foreign language! | Pattern 122

Ich soll ~. [이히 졸 ~.]
나는 (당연히) ~해야 합니다.

① 기본패턴의 핵심!

❶ **sollen** (당연히 해야 한다)는 화법조동사입니다. **sollen** 은 당위/도덕적인 의무를 나타냅니다.
❷ **Ich soll** + 동사원형.은 '나는 (당연히) ~해야 합니다.'입니다.
❸ **sollen** 동사의 인칭변화형을 활용하여 다양한 주어의 문장을 만들 수 있습니다.
(**Ich soll, Du sollst, Er/Sie/Es soll, Wir sollen, Ihr sollt, Sie sollen** 등입니다.)

② 기본패턴의 연습!

p122-01	**Ich soll**	**das machen.**	나는 그것을 해야 합니다.
p122-02	**Ich soll**	**jetzt gehen.**	나는 지금 가야 합니다.
p122-03	**Ich soll**	**das Museum besuchen.**	나는 박물관을 방문해야 합니다.
p122-04	**Man soll**	**immer die Wahrheit sagen.**	(사람은) 언제나 진실을 말해야 합니다.
p122-05	**Man soll**	**sehen und lernen.**	보고 배워야 합니다.
p122-06	**Man soll**	**den Schwachen helfen.**	약자를 도와야 합니다.
p122-07	**Man soll**	**das Formular ausfüllen.**	서식을 채워야 합니다.
p122-08	**Man soll**	**nicht mit vollem Mund sprechen.**	가득 찬 입으로 이야기해서는 안됩니다.

● **Man soll ~.** (사람/사람들은 당연히 ~해야 한다.) (일반주어는 해석할 때 생략하는 것이 자연스럽습니다.)
● **mit vollem Mund** ((음식물로) 가득찬 입으로)
● **machen** (하다), **jetzt** (지금), **gehen** (가다), **das Museum** (박물관),
besuchen (방문하다), **immer** (항상), **die Wahrheit** (진실), **sagen** (말하다),
sehen (보다), **und** (그리고), **lernen** (배우다), **der Schwache** (약자), **helfen** (돕다),
das Formular (서식), **ausfüllen** (채우다), **voll** (가득 찬), **der Mund** (입), **sprechen** (말하다)

pattern

네 번째 섹션 : 핵심문법 패턴!

4th Section 은 **핵심문법**을 **정리**했습니다.
독일어 문법의 **핵심**을 이루는 요소를 활용한 **핵심 패턴**들입니다.

P 122

③ 기본패턴의 확장!

p122-09 **Man soll über andere nicht schlecht reden.** 다른 사람에 대해 나쁘게 이야기하면 안됩니다.

p122-10 **Man soll niemals aufgeben.** 결코 포기하면 안됩니다.

- **über andere** (다른 사람에 대하여),
- **schlecht** (나쁜), **reden** (말하다), **niemals** (결코 ~이 아니다), **aufgeben** (포기하다)

④ 기본패턴의 응용!

p122-11 **A) Was ist für Sie das Wichtigste im sozialen Miteinander?** 당신에게 있어서 사회적 화합에서 가장 중요한 것은 무엇입니까?

p122-12 **B) Man soll über andere nicht schlecht reden.** 다른 사람에 대해 나쁘게 이야기하면 안됩니다.

---

p122-13 **A) Ich kann und möchte nicht mehr kämpfen.** 나는 더 이상 싸울 수 없고, 싸우고 싶지 않습니다.

p122-14 **B) Man soll niemals aufgeben.** 결코 포기하면 안됩니다.

- **das Wichtigste** (가장 중요한 것), **sozial** (사회적인), **das Miteinander** (협력/화합), **können** (~할 수 있다), **möchten** (~하고 싶다/원하다), **nicht mehr** (더 이상 ~ 아니다), **kämpfen** (싸우다), **niemals** (결코 ~이 아니다)

The focus is on **conversation** and **communication**.

Start **speaking languages** immediately using **essential phrases**.

Part 4. It's a completely new way to learn foreign language! | Pattern 123

Soll ich ~? [졸 이히 ~?]

내가 ~해야 할까요?

① 기본패턴의 핵심!

❶ **sollen** (당연히 해야 한다)는 화법조동사입니다. **sollen** 은 당위/도덕적인 의무를 나타냅니다.
❷ **Soll ich** + 동사원형?은 '내가 ~해야 할까요?'입니다.
❸ **sollen** 동사의 인칭변화형을 활용하여 다양한 주어의 문장을 만들 수 있습니다.
(**Ich soll, Du sollst, Er/Sie/Es soll, Wir sollen, Ihr sollt, Sie sollen** 등입니다.)

② 기본패턴의 연습!

p123-01	Soll ich	es tun?	내가 그것을 해야 할까요?
p123-02	Soll ich	es jetzt tun?	내가 그것을 지금 해야 할까요?
p123-03	Soll ich	das wirklich tun?	내가 그것을 정말로 해야 할까요?
p123-04	Soll ich	die Frage wiederholen?	내가 질문을 반복해야 할까요?
p123-05	Soll ich	den Grund erklären?	내가 이유를 설명해야 할까요?
p123-06	Soll ich	hier auf Sie warten?	내가 당신을 여기서 기다려야 할까요?
p123-07	Soll ich	das Zimmer putzen?	내가 방을 청소해야 할까요?
p123-08	Soll ich	Polizei rufen?	내가 경찰을 불러야 할까요?

● **tun** (하다), **jetzt** (지금), **wirklich** (정말로), **die Frage** (질문), **wiederholen** (반복하다), **der Grund** (이유/근거), **erklären** (설명하다), **hier** (여기), **warten auf ~** (~를 기다리다), **das Zimmer** (방), **putzen** (청소하다), **die Polizei** (경찰), **rufen** (부르다)

pattern ah!

네 번째 섹션 : 핵심문법 패턴!

4th Section 은 **핵심문법**을 **정리**했습니다.
독일어 문법의 **핵심**을 이루는 요소를 활용한 **핵심 패턴**들입니다.

P 123

③ 기본패턴의 확장!

p123-09	**Soll ich auf Englisch antworten?**	내가 영어로 대답해야 합니까?
p123-10	**Soll ich während des Essens nicht lesen?**	식사하는 동안에 (책을) 읽으면 안됩니까?

● **auf Englisch** (영어로), **während des Essens** (식사하는 동안에),
● **das Englisch** (영어), **antworten** (대답하다), **während** (~하는 동안에 : 2격전치사), **das Essen** (식사), **lesen** (읽다)

④ 기본패턴의 응용!

p123-11	**A) Soll ich den Grund erklären?**	내가 이유를 설명해야 할까요?
p123-12	**B) Ja, bitte.**	네, 부탁합니다.

p123-13	**A) Soll ich auf Englisch antworten?**	내가 영어로 대답해야 합니까?
p123-14	**B) Auf jeden Fall.**	물론이죠.

● **auf jeden Fall** (절대로/어쨌든/어떠한 경우에도)
● **ja** (네), **bitte** (부디/제발)

● The focus is on **conversation** and **communication**.
● Start **speaking languages** immediately using **essential phrases**.

Learn foreign language!
GERMAN

Part 4. It's a completely new way to learn foreign language! | Pattern 124

Sie dürfen nicht ~. [지 뒤르펜 니히트 ~.]

당신은 ~하면 안됩니다.

① 기본패턴의 핵심!

❶ **dürfen** (~해도 괜찮다)는 화법조동사입니다. **dürfen** 은 허가/허락을 나타냅니다.
❷ **Sie dürfen nicht** + 동사원형.은 '당신은 ~하면 안됩니다.'입니다.
❸ **dürfen** 동사의 인칭변화형을 활용하여 다양한 주어의 문장을 만들 수 있습니다.
(**Ich darf, Du darfst, Er/Sie/Es darf, Wir dürfen, Ihr dürft, Sie dürfen** 등입니다.)

② 기본패턴의 연습!

p124-01	**Sie dürfen nicht aufgeben.**	당신은 포기하면 안됩니다.
p124-02	**Sie dürfen es nicht anfassen.**	당신은 그것을 만지면 안됩니다.
p124-03	**Sie dürfen hier nicht bleiben.**	당신은 여기에 머물면 안됩니다.
p124-04	**Sie dürfen nicht zuerst anfangen.**	당신은 먼저 시작하면 안됩니다.
p124-05	**Sie dürfen hier nicht rauchen.**	당신은 여기에서 흡연하면 안됩니다.
p124-06	**Sie dürfen hier nicht telefonieren.**	당신은 여기에서 전화하면 안됩니다.
p124-07	**Sie dürfen hier nicht fotografieren.**	당신은 여기에서 촬영하면 안됩니다.
p124-08	**Sie dürfen das Zimmer nicht verlassen.**	당신은 방을 떠나면 안됩니다.

● **nicht** (아니다), **aufgeben** (포기하다), **anfassen** (만지다/붙잡다), **hier** (여기), **bleiben** (머물다), **zuerst** (먼저), **anfangen** (시작하다), **rauchen** (흡연하다), **telefonieren** (전화하다), **fotografieren** (사진찍다), **das Zimmer** (방), **verlassen** (떠나다)

The basics of grammar and sentence construction!
The most useful phrases and expressions!

pattern 40

네 번째 섹션 : 핵심문법 패턴!

4th Section 은 **핵심문법**을 **정리**했습니다.
독일어 문법의 **핵심**을 이루는 요소를 활용한 **핵심 패턴**들입니다.

P 124

③ 기본패턴의 확장!

p124-09	Sie dürfen nicht im Bett bleiben.	당신은 침대에 머무르면 안됩니다.
p124-10	Sie dürfen ohne Visum nicht einreisen.	당신은 비자 없이 입국하면 안됩니다.

- **im Bett bleiben** (침대에 머물다), **ohne Visum** (비자 없이)
- **im = in + dem** (~에서), **das Bett** (침대), **bleiben** (머물다), **ohne** (~이 없이 : 4격전치사), **das Visum** (비자), **einreisen** (입국하다)

④ 기본패턴의 응용!

p124-11	A) Darf man hier parken?	여기에 주차해도 됩니까?
p124-12	B) Sie dürfen hier nicht parken.	당신은 여기에 주차하면 안됩니다.

p124-13	A) Brauche ich ein Visum für Deutschland?	나는 독일에 대한 비자가 필요합니까?
p124-14	B) Sie dürfen ohne Visum nicht einreisen.	당신은 비자 없이 입국하면 안됩니다.

- **man** (사람/사람들 : 일반주어), **parken** (주차하다), **brauchen** (필요하다), **für** (~에 대하여 : 4격전치사), **das Deutschland** (독일)

The focus is on **conversation** and **communication**.

Start **speaking languages** immediately using **essential phrases**

Learn foreign language!
GERMAN

Part 4. It's a completely new way to learn foreign language! | Pattern 125

Darf ich ~? [다르프 이히 ~?]
내가 ~해도 됩니까?

① 기본패턴의 핵심!

❶ **dürfen** (~해도 괜찮다)는 화법조동사입니다. **dürfen** 은 허가/허락을 나타냅니다.
❷ **Darf ich** + 동사원형?은 '내가 ~해도 됩니까?'의 뜻입니다.
❸ **dürfen** 동사의 인칭변화형을 활용하여 다양한 주어의 문장을 만들 수 있습니다.
(**Ich darf, Du darfst, Er/Sie/Es darf, Wir dürfen, Ihr dürft, Sie dürfen** 등입니다.)

② 기본패턴의 연습!

p125-01	**Darf ich**	**bitten?**	내가 부탁해도 됩니까?
p125-02	**Darf ich**	**nachher anrufen?**	내가 나중에 전화해도 됩니까?
p125-03	**Darf ich**	**nachher wiederkommen?**	내가 나중에 다시 와도 됩니까?
p125-04	**Darf ich**	**mal schauen?**	내가 한 번 봐도 됩니까?
p125-05	**Darf ich**	**das anprobieren?**	내가 그것을 입어봐도 됩니까?
p125-06	**Darf ich**	**mich vorstellen?**	내가 (나 자신을) 소개해도 됩니까?
p125-07	**Darf ich**	**Sie etwas fragen?**	내가 당신에게 무엇인가를 질문해도 됩니까?
p125-08	**Darf ich**	**eine Pause machen?**	내가 휴식을 해도 됩니까?

● **eine Pause machen** (휴식하다)
● **bitten** (청하다), **nachher** (나중에/후에), **anrufen** (전화하다), **wiederkommen** (다시 오다), **mal** (번/회), **schauen** (보다/검사하다), **anprobieren** (입어보다), **sich vorstellen** (소개하다), **etwas** (어떤 것), **fragen** (질문하다)

The basics of **grammar** and **sentence construction**!
The most useful **phrases** and **expressions**!

pattern

네 번째 섹션 : 핵심문법 패턴!

4th Section 은 **핵심문법**을 **정리**했습니다.
독일어 문법의 **핵심**을 이루는 요소를 활용한 **핵심 패턴**들입니다.

P 125

③ 기본패턴의 확장!

p125-09	Darf ich Sie zum Essen einladen?	내가 당신을 식사에 초대해도 됩니까?
p125-10	Darf ich Sie für einen Moment unterbrechen?	내가 당신을 잠시만 중단해도 됩니까?

● 내가 당신을 잠시만 중단해도 됩니까? > 잠시 실례해도 됩니까?, 상대방에게 잠시 문의를 할 때 사용합니다.
● **zum Essen** (식사에), **für einen Moment** (잠시/잠깐 동안)
● **das Essen** (식사), **einladen** (초대하다), **der Moment** (순간/동기), **unterbrechen** (중단하다)

④ 기본패턴의 응용!

p125-11	A) Darf ich mal schauen?	내가 한 번 봐도 됩니까?
p125-12	B) Natürlich, kommen Sie näher.	물론이죠. 좀 더 가까이 오세요.

p125-13	A) Darf ich Sie zum Essen einladen?	내가 당신을 식사에 초대해도 됩니까?
p125-14	B) Gerne, danke schön.	기꺼이요, 정말 감사합니다.

● **natürlich** (당연히/물론), **kommen** (오다), **näher** (좀 더 가까이), **gerne** (기꺼이), **danken** (감사하다), **schön** (예쁜/좋은/매우 : 강조의 뜻으로도 사용)

Learn foreign language!
GERMAN

Part 4. It's a completely new way to learn foreign language! | Pattern 126

Ich mag ~. [이히 막 ~.]
나는 ~를 좋아합니다.

① 기본패턴의 핵심!

❶ **mögen** (좋아하다)는 화법조동사입니다만, 단독으로도 많이 사용됩니다.
❷ **Ich mag** + 명사. (나는 ~를 좋아합니다.)
❸ **mögen** 동사의 인칭변화형을 활용하여 다양한 주어의 문장을 만들 수 있습니다.
(**Ich mag, Du magst, Er/Sie/Es mag, Wir mögen, Ihr mögt, Sie mögen** 등입니다.)
❹ **Ich mag** + 동사원형. (나는 ~하는 것을 좋아하다.)처럼 동사가 오면 원형으로 후치됩니다.

② 기본패턴의 연습!

p126-01	**Ich mag Sie.**	나는 당신을 좋아합니다.
p126-02	**Ich mag Kaffee.**	나는 커피를 좋아합니다.
p126-03	**Ich mag Sport.**	나는 스포츠를 좋아합니다.
p126-04	**Ich mag Filme sehr.**	나는 영화를 매우 좋아합니다.
p126-05	**Ich mag Mathe nicht.**	나는 수학을 좋아하지 않습니다.
p126-06	**Ich mag Astrologie lieber.**	나는 점성학을 더 좋아합니다.
p126-07	**Ich mag nichts.**	나는 아무것도 좋아하지 않습니다.
p126-08	**Ich mag reden.**	나는 말하기 좋아합니다.

● **der Kaffee** (커피), **der Sport** (스포츠), **der Film** (영화), **sehr** (매우), **die Mathe** (수학), **die Astrologie** (점성학), **lieber** (보다 더 좋아하는), **nichts** (아무것도 ~ 않다), **reden** (말하다)

pattern

네 번째 섹션 : 핵심문법 패턴!

4th Section 은 **핵심문법**을 **정리**했습니다.
독일어 문법의 **핵심**을 이루는 요소를 활용한 **핵심 패턴**들입니다.

P 126

③ 기본패턴의 확장!

p126-09	Ich mag keinen davon.	나는 그중에서 아무것도 좋아하지 않습니다.
p126-10	Ich mag Sie, weil Sie ehrlich sind.	당신이 정직하기 때문에, 나는 당신을 좋아합니다.

- **weil** (~ 때문에 : 접속사) 종속절의 동사는 후치됩니다.
- **kein** (하나도 아니다), **davon** (그중의), **ehrlich** (정직한/성실한)

④ 기본패턴의 응용!

p126-11	A) Mögen Sie Astronomie?	당신은 천문학을 좋아합니까?
p126-12	B) Ich mag Astrologie lieber.	나는 점성학을 더 좋아합니다.

p126-13	A) Welchen Kuchen mögen Sie?	당신은 어떤 쿠키를 좋아합니까?
p126-14	B) Ich mag keinen davon.	나는 그중에서 아무것도 좋아하지 않습니다.

- **welcher / welches / welche** (어떤) 의문형용사로 후속하는 명사의 성수격에 따라 어미변화를 합니다. **welcher** 는 정관사처럼 어미변화합니다.
- **die Astronomie** (천문학), **die Astrologie** (점성학), **der Kuchen** (쿠키)

The focus is on **conversation** and **communication**.

Start **speaking languages** immediately using **essential phrases**.

Learn foreign language!
GERMAN

Part 4. It's a completely new way to learn foreign language! | Pattern 127

Mögen Sie ~? [뫼겐 지 ~?]
당신은 ~를 좋아합니까?

① 기본패턴의 핵심!

❶ **mögen** (좋아하다/하고 싶다)는 화법조동사입니다.
❷ **Mögen Sie** + 명사?는 '당신은 ~를 좋아합니까?'입니다.
❸ **mögen** 동사의 인칭변화형을 활용하여 다양한 주어의 문장을 만들 수 있습니다.
(**Ich mag, Du magst, Er/Sie/Es mag, Wir mögen, Ihr mögt, Sie mögen** 등입니다.)

② 기본패턴의 연습!

p127-01	**Mögen Sie Sport?**	당신은 스포츠를 좋아합니까?
p127-02	**Mögen Sie Ihre Arbeit?**	당신은 당신의 일을 좋아합니까?
p127-03	**Mögen Sie klassische Musik?**	당신은 클래식 음악을 좋아합니까?
p127-04	**Mögen Sie keine Jazzmusik?**	당신은 재즈음악을 좋아하지 않습니까?
p127-05	**Mögen Sie französisches Essen?**	당신은 프랑스 요리를 좋아합니까?
p127-06	**Mögen Sie deutsche Literatur?**	당신은 독일 문학을 좋아합니까?
p127-07	**Mögen Sie die Kunst der Romantik?**	당신은 낭만주의의 예술을 좋아합니까?
p127-08	**Mögen Sie meine Freunde nicht?**	당신은 나의 친구들을 좋아하지 않습니까?

● **der Sport** (스포츠), **Ihr** (당신의), **die Arbeit** (일/작업), **klassisch** (고전적인/고전주의적인), **die Musik** (음악), **kein** (하나도 ~않다), **die Jazzmusik** (재즈음악), **französisch** (프랑스의), **das Essen** (식사/요리), **deutsch** (독일의), **die Literatur** (문학), **die Kunst** (예술), **die Romantik** (낭만주의), **mein** (나의), **der Freund** (친구)

pattern

네 번째 섹션 : 핵심문법 패턴!

4th Section 은 **핵심문법**을 **정리**했습니다.
독일어 문법의 **핵심**을 이루는 요소를 활용한 **핵심 패턴**들입니다.

P 127

③ 기본패턴의 확장!

p127-09 **Mögen Sie lieber Tee oder Kaffee?** 당신은 차 또는 커피 중에 어떤 것을 더 좋아합니까?

p127-10 **Mögen Sie etwas trinken?** 당신은 뭐 좀 마시고 싶습니까?

- **Mögen Sie etwas trinken?** 처럼 동사가 오면 동사원형으로 후치됩니다.
- **lieber** (보다 마음에 드는), **der Tee** (차), **oder** (혹은/또는), **der Kaffee** (커피), **etwas** (어떤 것/어떤 일), **trinken** (마시다)

④ 기본패턴의 응용!

p127-11 **A) Mögen Sie die Kunst der Renaissance?** 당신은 르네상스의 예술을 좋아합니까?

p127-12 **B) Ja, aber ich bevorzuge die Klassik.** 네, 그렇지만 고전주의를 선호합니다.

---

p127-13 **A) Welches Essen mögen Sie am liebsten?** 당신은 어떤 음식을 가장 좋아합니까?

p127-14 **B) Am liebsten mag ich koreanisches Essen.** 나는 한식을 가장 좋아합니다.

- **welcher / welches / welche** (어떤) 의문형용사로 후속하는 명사의 성수격에 따라 어미변화를 합니다. **welcher** 는 정관사처럼 어미변화합니다.
- **die Renaissance** (르네상스), **ja** (네), **aber** (그러나), **bevorzugen** (선호하다), **die Klassik** (고전주의), **am liebsten** (가장 좋아하는 : 최상급 비교), **koreanisch** (한국의)

5th Section

pattern German

Start speaking languages immediately using essential phrases.

5th Section

다섯 번째 섹션 : 중요문법 패턴!

5th Section 은 **중요문법**을 정리하였습니다.
문법적으로 **난이도**도 높고, **사용빈도**도 높은 **표현**들을 정리했습니다.

5th Section
중요문법 섹션 :

5th Section 은 중요문법을 정리하였습니다.
문법적으로 난이도도 높으면서 매우 자주 사용하는 표현들을 정리했습니다.
(해당 파트의 문법설명은 부록편을 참고하여 주십시오!)

문법내용은 부록부의 설명 정도로만 이해하시고,
우선적으로 패턴 자체에 익숙하도록 연습하시면 좋겠습니다.

Part 01. 명령문, 2줄요약!

❶ 청하거나 동의를 구하는 명령문(청유형 명령문)이 있습니다. (당신 : 존칭2인칭)
❷ 일반적인 명령(너/너희들을 대상으로 함)은 동사의 형태만 바꾸어 주면 됩니다.

Part 02. 시제, 2줄요약!

❶ 독일어에는 현재/과거/현재완료/과거완료/미래/미래완료 등의 시제가 있습니다.
❷ 가장 자주 사용하는 시제인 미래/현재완료의 패턴을 중점적으로 공부합니다.

Part 03. 접속법, 2줄요약!

❶ 독일어 문법의 최상위 개념, 접속법으로 가장 정중한 표현방법을 배웁니다.
❷ 접속법2식의 외교적인 화법/가정법 등을 집중적으로 연습합니다.

It focuses on conversation with fluency and confidence.

Learn foreign language!
GERMAN

Part 1. It's a completely new way to learn foreign language! | Pattern 128

Wollen wir ~? [볼렌 비어 ~?]
우리 ~할까요?

German

The basics of grammar and sentence construction!

① 기본패턴의 핵심!

❶ **wollen** 은 화법조동사입니다. 본동사는 원형의 형태로 문장의 맨 뒤에 옵니다.
❷ **Wollen wir** + 동사원형?은 '우리 ~할까요?'라는 뜻의 일종의 '청하는 형식의 명령문'입니다. (청유형명령문)

② 기본패턴의 연습!

The most useful phrases and expressions!

p128-01	**Wollen wir tanzen?**	우리 춤출까요?
p128-02	**Wollen wir wetten?**	우리 내기할까요?
p128-03	**Wollen wir essen gehen?**	우리 먹으러 갈까요?
p128-04	**Wollen wir Musik hören?**	우리 음악 들을까요?
p128-05	**Wollen wir hier ein Foto machen?**	우리 여기서 사진 한 장 찍을까요?
p128-06	**Wollen wir morgen Fußball spielen?**	우리 내일 축구할까요?
p128-07	**Wollen wir Probleme diskutieren?**	우리 문제점들을 토의할까요?
p128-08	**Wollen wir etwas trinken?**	우리 뭐 좀 마실까요?

● **ein Foto machen** (사진 한 장 찍다)
● **tanzen** (춤추다), **wetten** (내기하다), **essen gehen** (먹으러 가다), **die Musik** (음악), **hören** (듣다), **das Foto** (사진), **machen** (만들다), **morgen** (내일), **der Fußball** (축구), **spielen** (경기하다), **das Problem** (문제/과제), **diskutieren** (토의하다), **etwas** (어떤 것), **trinken** (마시다)

pattern

다섯 번째 섹션 : 중요문법 패턴!

5th Section 은 **중요문법**을 정리하였습니다.
문법적으로 **난이도**도 높고, **사용빈도**도 높은 **표현**들을 정리했습니다.

P 128

③ 기본패턴의 확장!

p128-09	**Wollen wir hier auf ihn warten?**	우리 여기서 그를 기다릴까요?
p128-10	**Wollen wir nach Lösungen suchen?**	우리 해결책들을 찾아볼까요?

- **warten auf** + 4격 (~을 기다리다), **suchen nach Lösungen** (해결책들을 찾다)
- **hier** (여기), **ihn** (그를), **warten** (기다리다), **nach** (향하여/후에), **die Lösung** (해결책), **suchen** (찾다)

④ 기본패턴의 응용!

p128-11	**A) Wollen wir Freunde sein?**	우리 친구할래?
p128-12	**B) Ja, sehr gerne.**	응, 물론이지.

p128-13	**A) Wollen wir mit dem Chef reden?**	우리 사장님과 함께 이야기 해볼까요?
p128-14	**B) Ja, aber erst morgen.**	네, 하지만 내일에나요.

- **der Freund** (친구), **der Chef** (주인/주방장)
- **sehr** (매우), **gerne** (기꺼이), **reden** (이야기하다), **aber** (그러나), **erst** (비로소/처음의), **morgen** (내일의)

Learn foreign language!
GERMAN

Part 1. It's a completely new way to learn foreign language! | Pattern 129

Lassen Sie mich ~! [라쎈 지 미히 ~!]
나를 ~하게 해주세요!

Germ

① 기본패턴의 핵심!

❶ **lassen** 은 영어의 **Let** (~하게 하다)에 해당합니다.
❷ **Lassen Sie mich ~!** 는 '당신이 나를 ~하게 해주세요!'의 뜻입니다.
❸ **mich** 다음에는 형용사/동사가 올 수 있으며, 동사는 원형으로 문장 맨 뒤에 옵니다.
❹ **Lassen Sie** 대신에 2인칭 단수/복수에서는 주어를 생략하고,
Lass mich ~! (너는 나를 ~하게 해라!), **Lasst mich ~!** (너희들은 나를 ~하게 해라!)가 됩니다.

② 기본패턴의 연습!

p129-01	Lassen Sie mich	allein!	(당신이) 나를 홀로 놔두세요!
p129-02	Lassen Sie mich	herein!	나를 들어가게 해주세요!
p129-03	Lassen Sie mich	vorbei!	나를 지나가게 해주세요!
p129-04	Lassen Sie mich	sprechen!	나를 말하게 해주세요!
p129-05	Lassen Sie mich	überlegen!	나를 숙고하게 해주세요!
p129-06	Lassen Sie mich	bezahlen!	나를 지불하게 해주세요!
p129-07	Lassen Sie es mich	nochmal probieren!	나를 다시 한 번 시험하게 해주세요!
p129-08	Lassen Sie mich	das erledigen!	내가 그것을 처리하게 해주세요!

● 나를 지불하게 해주세요! > 내가 낼 수 있게 해주세요!
● **allein** (홀로/단독으로), **herein** (안으로), **vorbei** (지나서/끝나서),
sprechen (말하다), **überlegen** (숙고하다), **bezahlen** (지불하다),
nochmal (다시/또) **probieren** (검사하다/시험하다), **sich erledigen** (처리하다)

● The basics of grammar and sentence construction!
● The most useful phrases and expressions!

다섯 번째 섹션 : 중요문법 패턴!

5th Section 은 **중요문법**을 정리하였습니다.
문법적으로 **난이도**도 높고, **사용빈도**도 높은 **표현**들을 정리했습니다.

P 129

③ 기본패턴의 확장!

p129-09	Lassen Sie mich das erklären!	내가 그것을 설명하게 해주세요!
p129-10	Lassen Sie mich in Ruhe!	나를 가만히 내버려 두세요!

- **sich erklären** (설명하다), **in Ruhe lassen** (가만히 내버려 두다/귀찮게 하지 않다),
- **die Ruhe** (평온/고요)

④ 기본패턴의 응용!

p129-11	A) Lassen Sie mich mal sehen!	한 번 볼 수 있게 해주세요!
p129-12	B) Danke, hier sind die Unterlagen.	감사합니다. 여기 서류들입니다.

---

p129-13	A) Lassen Sie es mich nochmal probieren!	나를 다시 한 번 시험하게 해주세요!
p129-14	B) Gut, ich gebe Ihnen noch eine Chance.	좋습니다. 당신에게 한 번 더 기회를 드리겠습니다.

- **mal** (한 번/좀), **sehen** (보다), **geben** (주다), **danken** (감사하다),
die Unterlage (서류/구비서류), **gut** (좋은), **noch** (더), **die Chance** (기회)

Learn foreign language!
GERMAN

Part 1. It's a completely new way to learn foreign language! | Pattern 130

Seien Sie ~! [자이엔 지 ~!]
당신은 ~하세요!

German

① 기본패턴의 핵심!

1. **seien** 은 **sein** (~이다/하다) 동사의 명령형입니다.
2. **Seien Sie ~!** (당신은 ~하세요!)의 뜻입니다.
3. 2인칭 단수/복수에서는 주어를 생략하고, **Sei ~!** (너는 ~해라!), **Seid ~!** (너희들은 ~해라!)가 됩니다.

② 기본패턴의 연습!

p130-01	Seien Sie vorsichtig!	(당신은) 조심하세요!
p130-02	Seien Sie kreativ!	창조적이세요! (창조적으로 하세요!)
p130-03	Seien Sie vernünftig!	현명해지세요!
p130-04	Seien Sie ruhig!	진정하세요!
p130-05	Seien Sie still!	조용하세요!
p130-06	Seien Sie geduldig!	참으세요!
p130-07	Seien Sie nett!	친절하세요!
p130-08	Seien Sie nicht böse!	화내지 마세요!

● **vorsichtig** (신중한/조심스러운), **kreativ** (창조적인), **vernünftig** (이성적인/현명한), **ruhig** (잔잔한/고요한), **still** (조용한), **geduldig** (인내하는), **nett** (친절한), **nicht** (아니다), **böse** (화난/나쁜)

The basics of grammar and sentence construction!
The most useful phrases and expressions!

pattern

다섯 번째 섹션 : 중요문법 패턴!

5th Section 은 **중요문법**을 정리하였습니다.
문법적으로 **난이도**도 높고, **사용빈도**도 높은 **표현**들을 정리했습니다.

P 130

③ 기본패턴의 확장!

p130-09 **Seien Sie höflich zu allen!** 모두에게 공손하세요!

p130-10 **Seien Sie nicht zu hart!** 너무 엄하게 하지 하세요!

- **zu allen** (모두에게 : 이때의 **zu** 는 3격전치사), **zu hart** (너무 엄한 : 이때의 **zu** 는 강조)
- **höflich** (공손한/예의바른), **hart** (엄격한/가혹한/불친절한)

④ 기본패턴의 응용!

p130-11 **A) Ich mache bald eine Safaritour.** 나는 곧 사파리투어를 합니다.

p130-12 **B) Seien Sie vorsichtig!** 조심하세요!

---

p130-13 **A) Ich weiß nicht, wie ich mit dieser Aufgabe umgehen soll.** 나는 내가 이 과제를 어떻게 다루어야 할지 모르겠습니다.

p130-14 **B) Seien Sie kreativ!** 창조적이세요!

- **Ich weiß nicht, wie ~.** (나는 어떻게 ~ 하는지 모릅니다.)
- **umgehen mit ~** (~을 다루다)
- **machen** (하다), **bald** (곧), **die Safaritour** (사파리투어), **wissen** (알다), **dieser** (이 : 지시대명사), **die Aufgabe** (과제), **sollen** (~해야 한다)

Learn foreign language!
GERMAN

Part 1. It's a completely new way to learn foreign language! | Pattern 131

Kommen Sie ~! [콤멘 지 ~!]
당신은 ~ 오세요!

① 기본패턴의 핵심!

❶ **kommen** (오다), **Kommen Sie ~!** (당신은 ~ 오세요!)로 존칭 명령입니다.
❷ 2인칭 단수/복수에서는 주어를 생략하고,
Komm ~! (너는 ~ 와라!), **Kommt ~!** (너희들은 ~ 와라!)가 됩니다.
❸ **bitte** 를 넣어 좀 더 공손하게 표현할 수 있습니다. (영어의 **please**)

② 기본패턴의 연습!

p131-01	**Kommen Sie**	**schnell!**	(당신은) 빨리 오세요!
p131-02	**Kommen Sie**	**näher!**	좀 더 가까이 오세요!
p131-03	**Kommen Sie**	**morgen!**	내일 오세요!
p131-04	**Kommen Sie**	**allein!**	혼자 오세요!
p131-05	**Kommen Sie**	**bitte hierher!**	이쪽으로 와주십시오!
p131-06	**Kommen Sie**	**bitte herein!**	들어오십시오!
p131-07	**Kommen Sie**	**bitte herunter!**	내려오십시오!
p131-08	**Kommen Sie**	**nicht zu spät!**	너무 늦게 오지 마세요!

● **zu spät** (너무 늦은 : **zu** 는 강조의 뜻)
● **schnell** (빠른), **näher** (더 가까운), **morgen** (내일), **allein** (홀로/고독한),
bitte (부디/제발), **hierher** (여기로), **herein** (이 안으로), **herunter** (이 아래로)

pattern

다섯 번째 섹션 : 중요문법 패턴!

5th Section 은 **중요문법**을 정리하였습니다.
문법적으로 **난이도**도 높고, **사용빈도**도 높은 **표현**들을 정리했습니다.

P 131

③ 기본패턴의 확장!

p131-09	Kommen Sie bitte in mein Zimmer!	나의 방으로 와주십시오!
p131-10	Kommen Sie zur Sache!	본론으로 들어가세요!

- **zur Sache kommen** (본제/본론으로 들어가다)
- **mein** (나의), **das Zimmer** (방), **die Sache** (사물/사건)

④ 기본패턴의 응용!

p131-11	A) Kommen Sie nicht zu spät!	너무 늦게 오지 마세요!
p131-12	B) Ich werde pünktlich da sein.	나는 정확하게 거기에 있을 것입니다.

p131-13	A) Wann soll ich kommen?	나는 언제 와야 합니까?
p131-14	B) Kommen Sie gleich zu mir!	곧바로 나에게 오세요!

- **werden** (되다), **pünktlich** (정확한), **da** (거기에), **wann** (언제), **sollen** (~해야 한다 : 화법조동사), **kommen** (오다), **gleich** (곧), **zu mir** (나에게)

Learn foreign language!
GERMAN

Part 1. It's a completely new way to learn foreign language! | Pattern 132

Sprechen Sie ~! [슈프레헨 지 ~!]
당신은 ~ 말하세요!

① 기본패턴의 핵심!

❶ **sprechen** (말하다), **Sprechen Sie ~!** (당신은 ~ 말하세요!)로 존칭 명령입니다.
❷ 2인칭 단수/복수에서는 주어를 생략하고,
Sprich ~! (너는 ~ 말해라!), **Sprecht ~!** (너희들은 ~ 말해라!)가 됩니다.

② 기본패턴의 연습!

p132-01	Sprechen Sie,	bitte!	(당신은) 말씀해 주세요!
p132-02	Sprechen Sie	deutlich!	똑똑히 말하세요!
p132-03	Sprechen Sie	lauter!	좀 더 크게 말하세요!
p132-04	Sprechen Sie	leiser!	좀 더 작게 말하세요!
p132-05	Sprechen Sie	langsamer!	좀 더 천천히 말하세요!
p132-06	Sprechen Sie	nicht so laut!	그렇게 크게 말하지 마세요!
p132-07	Sprechen Sie	nicht so schnell!	그렇게 빠르게 말하지 마세요!
p132-08	Sprechen Sie	Hochdeutsch!	표준독일어를 말하세요!

● **bitte** 는 정중함을 더하는 표현입니다.
● **laut, leise, langsam** 은 형용사에 **–(e)r** 을 붙여 비교급, '좀 더'의 뜻이 됩니다.
● **deutlich** (명백한/뚜렷한), **laut** (소리가 큰), **leise** (낮은 소리로),
langsam (느린/천천히), **so** (그렇게), **schnell** (빠른), **das Hochdeutsch** (표준독일어/고지독일어)

The basics of grammar and sentence construction!
The most useful phrases and expressions!

pattern

다섯 번째 섹션 : 중요문법 패턴!

5th Section 은 **중요문법**을 정리하였습니다.
문법적으로 **난이도**도 높고, **사용빈도**도 높은 **표현**들을 정리했습니다.

P 132

③ 기본패턴의 확장!

p132-09	Sprechen Sie kein Wort!	말 한마디도 하지 마세요!
p132-10	Sprechen Sie auf Deutsch!	독일어로 말하세요!

- **auf Deutsch** (독일어로)
- **kein** (하나도 않다), **das Wort** (단어), **das Deutsch** (독일어)

④ 기본패턴의 응용!

p132-11	A) Kann ich auf Englisch sprechen?	영어로 말해도 됩니까?
p132-12	B) Sprechen Sie auf Deutsch, bitte!	독일어로 말씀해주세요!

p132-13	A) Ich denke, ...	내 생각에 ...
p132-14	B) Sprechen Sie kein Wort!	말 한마디도 하지 마세요!

- **können** (할 수 있다), **das Englisch** (영어), **denken** (생각하다)

The focus is on **conversation** and **communication**.
Start **speaking languages** immediately using **essential phrases**.

Learn foreign language!
GERMAN

Part 1. It's a completely new way to learn foreign language! | Pattern 133

Machen Sie ~! [마헨 지 ~!]
당신은 ~하세요!

① 기본패턴의 핵심!

❶ **machen** (하다), **Machen Sie ~!** (당신은 ~하세요!)로 존칭명령입니다.
❷ 2인칭 단수/복수에서는 주어를 생략하고,
Mach ~! (너는 ~해라!), **Macht ~!** (너희들은 ~해라!)가 됩니다.
❸ 분리동사는 동사의 전철이 분리되어 문장의 맨 뒤로 보내집니다.

② 기본패턴의 연습!

p133-01	Machen Sie	das Licht an!	(당신은) 불을 켜세요!
p133-02	Machen Sie	das Licht aus!	불을 끄세요!
p133-03	Machen Sie	den Fernseher an!	TV를 켜세요!
p133-04	Machen Sie	den Fernseher aus!	TV를 끄세요!
p133-05	Machen Sie	das Fenster auf!	창문을 여세요!
p133-06	Machen Sie	das Fenster zu!	창문을 닫으세요!
p133-07	Machen Sie	den Vorhang auf!	커튼을 여세요!
p133-08	Machen Sie	den Vorhang zu!	커튼을 닫으세요!

● **das Licht** (빛/등불), **anmachen** (켜다), **ausmachen** (끄다), **der Fernseher** (**TV**), **das Fenster** (창문), **aufmachen** (열다), **zumachen** (닫다), **der Vorhang** (커튼)

The **basics** of **grammar** and **sentence construction**!

The most useful **phrases** and **expressions**!

pattern

다섯 번째 섹션 : 중요문법 패턴!

5th Section 은 **중요문법**을 정리하였습니다.
문법적으로 **난이도**도 높고, **사용빈도**도 높은 **표현**들을 정리했습니다.

P 133

③ 기본패턴의 확장!

p133-09 Machen Sie bitte die Tür auf! 문을 열어 주십시오!

p133-10 Machen Sie bitte die Tür zu! 문을 닫아 주십시오!

- **bitte** (부디/제발)을 넣으면 좀 더 공손한 형태의 명령문이 됩니다.
- **die Tür** (문)

④ 기본패턴의 응용!

p133-11 A) Machen Sie den Fernseher an! TV를 켜세요!

p133-12 B) Ich mache es gleich. 금방 그렇게 할게요.

p133-13 A) Machen Sie bitte die Tür auf! 문을 열어 주십시오!

p133-14 B) Ich muss sie zuerst aufschließen. 나는 먼저 자물쇠를 열어야 합니다.

- **gleich** (곧/바로 즉시), **müssen** (~ 해야만 한다 : 화법조동사), **zuerst** (먼저), **aufschließen** (자물쇠를 열다)

The focus is on **conversation** and **communication**.

Start **speaking languages** immediately using **essential phrases**.

Learn foreign language!
GERMAN

Part 1. It's a completely new way to learn foreign language! | Pattern 134

Geben Sie mir ~! [게벤 지 미어 ~!]
당신은 나에게 ~를 주세요!

① 기본패턴의 핵심!

❶ **geben** (주다)는 주로 **geben** + 3격 + 4격 (~에게 ~을 주다)의 형식으로 사용합니다.
❷ 이렇게 '~에게 ~을 주다' 형태의 동사를 수여동사라고 합니다.
(**zeigen** (보여주다), **bringen** (가져오다), **schenken** (선물하다))
❸ **Geben Sie mir ~!** (당신은 나에게 ~를 주세요!)로 존칭명령입니다.
❹ 2인칭 단수/복수에서는 주어를 생략하고,
Gib mir ~! (너는 나에게 ~를 줘!), **Gebt mir ~!** (너희들은 나에게 ~를 줘!)가 됩니다.

② 기본패턴의 연습!

p134-01	Geben Sie mir	das!	(당신은) 나에게 그것을 주세요!
p134-02	Geben Sie mir	Wasser!	나에게 물을 주세요!
p134-03	Geben Sie mir	etwas Geld!	나에게 돈 좀 주세요!
p134-04	Geben Sie mir	zwei Tage!	나에게 2일(시간)을 주세요!
p134-05	Geben Sie mir	nur ein bisschen!	나에게 아주 조금만 주세요!
p134-06	Geben Sie mir	eine Antwort!	나에게 답을 주세요!
p134-07	Geben Sie mir	Ihre Telefonnummer!	나에게 당신의 전화번호를 주세요!
p134-08	Geben Sie mir	Ihre Adresse!	나에게 당신의 주소를 주세요!

● **das Wasser** (물), **etwas** (어떤 것/무엇/일부분), **das Geld** (돈), **zwei** (2), **der Tag** (날/일), **nur** (단/단지), **ein bisschen** (조금/약간), **die Antwort** (대답), **Ihr** (당신의), **die Telefonnummer** (전화번호), **die Adresse** (주소)

pattern

다섯 번째 섹션 : 중요문법 패턴!

5th Section 은 **중요문법**을 정리하였습니다.
문법적으로 **난이도**도 높고, **사용빈도**도 높은 **표현**들을 정리했습니다.

P 134

③ 기본패턴의 확장!

p134-09 Geben Sie mir ein Blatt Papier! 나에게 종이 한 장을 주세요!

p134-10 Geben Sie mir Zeit, darüber nachzudenken! 나에게 그것에 대해 숙고할 시간을 주세요!

- **ein Blatt Papier** (종이 한 장), **ein Glas Bier** (맥주 한 잔), **eine Dose Cola** (콜라 한 캔), 이처럼 수량을 나타낼 때는 수량사와 함께 표현합니다.
- **Zeit, zu + 동사원형** (~할 시간), **nachdenken über ~** (~에 대해 숙고하다)
- **das Blatt** (장), **das Papier** (종이), **die Zeit** (시간), **darüber** (그것에 대해), **nachdenken** (숙고하다)

④ 기본패턴의 응용!

p134-11 A) Möchten Sie noch etwas trinken? 뭐 좀 더 마시겠습니까?

p134-12 B) Geben Sie mir noch ein Bier! 나에게 맥주 하나 더 주세요!

p134-13 A) Das Ergebnis ist nicht gut genug. 성과가 충분히 좋지 않습니다.

p134-14 B) Geben Sie mir eine zweite Chance! 나에게 두 번째 기회를 주세요!

- **möchten** (원하다), **noch** (더), **etwas** (어떤/약간의), **trinken** (마시다), **das Bier** (맥주), **das Ergebnis** (성과/결과), **gut** (좋은), **genug** (충분한), **zweite** (두 번째), **die Chance** (기회)

Learn foreign language!
GERMAN

Part 1. It's a completely new way to learn foreign language! | Pattern 135

Zeigen Sie mir ~! [차이겐 지 미어 ~!]
당신은 나에게 ~를 보여주세요!

① 기본패턴의 핵심!

❶ **geben** (주다)처럼 **zeigen** (보여주다/알려주다) 동사도 수여동사입니다.
❷ **zeigen** + 3격 + 4격 (~에게 ~을 보여주다)의 형식으로 사용합니다.
❸ **Zeigen Sie mir ~!** (당신은 나에게 ~를 보여주세요!)로 존칭명령입니다.
❹ 2인칭 단수/복수에서는 주어를 생략하고,
Zeig mir ~! (너는 나에게 ~를 보여줘!), **Zeigt mir ~!** (너희들은 나에게 ~를 보여줘!)가 됩니다.

② 기본패턴의 연습!

- p135-01 **Zeigen Sie mir das!** (당신은) 나에게 그것을 보여주세요!
- p135-02 **Zeigen Sie mir das Auto!** 나에게 자동차를 보여주세요!
- p135-03 **Zeigen Sie mir ein Foto!** 나에게 사진을 보여주세요!
- p135-04 **Zeigen Sie mir das Bild!** 나에게 그림을 보여주세요!
- p135-05 **Zeigen Sie mir Ihren Pass!** 나에게 당신의 여권을 보여주세요!
- p135-06 **Zeigen Sie mir Ihren Ausweis!** 나에게 당신의 신분증을 보여주세요!
- p135-07 **Zeigen Sie mir Ihre Karte!** 나에게 당신의 티켓을 보여주세요!
- p135-08 **Zeigen Sie den Führerschein!** 운전면허증을 보여주세요!

● **Zeigen Sie den Führerschein!** 운전면허증을 보여주세요! (교통경찰의 요구 표현)
● **das Auto** (자동차), **das Foto** (사진), **das Bild** (그림), **der Pass** (여권),
der Ausweis (신분증), **die Karte** (카드/티켓), **der Führerschein** (운전면허증)

pattern

다섯 번째 섹션 : 중요문법 패턴!

5th Section 은 **중요문법**을 정리하였습니다.
문법적으로 **난이도**도 높고, **사용빈도**도 높은 **표현**들을 정리했습니다.

P 135

③ 기본패턴의 확장!

p135-09 **Zeigen Sie mir etwas Billigeres!** 나에게 좀 더 싼 것을 보여주세요!

p135-10 **Zeigen Sie mir etwas Anderes!** 나에게 좀 다른 것을 보여주세요!

- **etwas** (어떤 것/일부분/약간), **billig** (싼/저렴한), **ander** (다른)
- **Billigeres** (더 싼 것 : 명사)은 **billig** (싼/저렴한 : 형용사) + **-er** (보다 더 : 비교급어미) + **-es** (명사형 어미)
- **Anderes** (다른 것 : 명사)은 형용사 **ander** (다른 : 형용사) + **-es** (명사형 어미)

④ 기본패턴의 응용!

p135-11 **A) Zeigen Sie mir Ihren Führerschein!** 나에게 당신의 운전면허증을 보여주세요!

p135-12 **B) Ich habe ihn nicht dabei.** 나는 그것을 지니고 있지 않습니다.

---

p135-13 **A) Gefällt Ihnen dieses Kleid?** 이 옷이 마음에 드세요?

p135-14 **B) Zeigen Sie mir etwas Anderes!** 나에게 좀 다른 것을 보여주세요!

- **es gefällt** + 3격 (~의 마음에 들다)
- **dabei** (동반하여 곁에 두는/지닌), **dieser** (이 : 지시대명사), **das Kleid** (옷)

The focus is on conversation and communication.
Start speaking languages immediately using essential phrases.

Learn foreign language!
GERMAN

Part 1. It's a completely new way to learn foreign language! | Pattern 136

Bringen Sie mir ~! [브링엔 지 미어 ~!]
당신은 나에게 ~를 가져오세요!

① 기본패턴의 핵심!

❶ **geben** (주다)처럼 **bringen** (가져오다) 동사도 수여동사입니다.
❷ **bringen** + 3격 + 4격 (~에게 ~을 가져오다)의 형식으로 사용합니다.
❸ **Bringen Sie mir ~!** (당신은 나에게 ~를 가져오세요!)로 존칭명령입니다.
❹ 2인칭 단수/복수에서는 주어를 생략하고, **Zeig mir ~!** (너는 나에게 ~를 가져와!), **Zeigt mir ~!** (너희들은 나에게 ~를 가져와!)가 됩니다.

② 기본패턴의 연습!

p136-01 **Bringen Sie es mir!** (당신은) 나에게 그것을 가져오세요!

p136-02 **Bringen Sie mir Wein!** 나에게 와인을 가져오세요!

p136-03 **Bringen Sie mir Frühstück!** 나에게 조식을 가져오세요!

p136-04 **Bringen Sie mir die Zeitschriften!** 나에게 잡지를 가져오세요!

p136-05 **Bringen Sie mir bitte die Zeitung!** 나에게 신문을 가져오십시오!

p136-06 **Bringen Sie mir etwas kaltes Wasser!** 나에게 좀 차가운 물을 가져오세요!

p136-07 **Bringen Sie mir ein Glas Wasser!** 나에게 물 한 잔을 가져오세요!

p136-08 **Bringen Sie mir eine halbe Flasche Wein!** 나에게 와인 반 병을 가져오세요!

- **es + mir** (어순 : 일반명사는 3격 + 4격이지만, 인칭대명사는 4격 + 3격의 순서입니다.)
- **ein Glas Wasser** (물 한 잔), **eine halbe Flasche Wein** (와인 반 병)
- **der Wein** (와인), **das Frühstück** (아침 식사/조식), **die Zeitschrift** (잡지/정간지), **die Zeitung** (신문), **kalt** (차가운), **das Wasser** (물), **das Glas** (유리잔/컵), **halb** (절반의), **die Flasche** (병)

The basics of grammar and sentence construction!
The most useful phrases and expressions!

pattern

다섯 번째 섹션 : 중요문법 패턴!

5th Section 은 **중요문법**을 정리하였습니다.
문법적으로 **난이도**도 높고, **사용빈도**도 높은 **표현**들을 정리했습니다.

P 136

③ 기본패턴의 확장!

p136-09 **Bringen Sie mich zur Polizei!** 나를 경찰서에 데려다 주세요!

p136-10 **Wohin bringen Sie mich hin?** 당신은 나를 어디로 데려 갑니까?

- **Bringen Sie mich ~!** 는 '나를 ~ 데려다주세요!'입니다.
- **zur Polizei** (경찰서에), **zum Arzt** (의사에게)
- **mich** (나를), **der Arzt** (의사), **die Polizei** (경찰서), **wohin** (어디로)

④ 기본패턴의 응용!

p136-11 **A) Was darf ich Ihnen anbieten?** 내가 당신에게 무엇을 제공해드려야 합니까?

p136-12 **B) Bringen Sie mir ein Glas Wasser!** 나에게 물 한 잔을 가져오세요!

p136-13 **A) Haben Sie ein Problem?** 무슨 문제가 있습니까?

p136-14 **B) Bringen Sie mich zur Polizei!** 나를 경찰서에 데려다 주세요!

- **was** (무엇), **dürfen** (~하는 것이 허락되어 있다), **Ihnen** (당신에게), **anbieten** (제공하다/제안하다), **das Problem** (난점/어려움/문제)

Learn foreign language!
GERMAN

Part 1. It's a completely new way to learn foreign language! | Pattern 137

Rufen Sie ~! [루펜 지 ~!]
당신은 ~ 불러주세요!

① 기본패턴의 핵심!

❶ **geben** (주다)처럼 **rufen** (부르다) 동사도 수여동사입니다.
❷ **rufen** + (3격) + 4격 ((~에게) ~를 부르다)의 형식으로 사용합니다.
❸ **Rufen Sie ~!** (당신은 ~를 불러주세요!)로 존칭명령입니다.
❹ 2인칭 단수/복수에서는 주어를 생략하고,
Sei ~! (너는 ~ 불러라!), **Seid ~!** (너희들은 ~ 불러라!)가 됩니다.

② 기본패턴의 연습!

p137-01	Rufen Sie	einen Krankenwagen!	(당신은) 구급차를 불러주세요!
p137-02	Rufen Sie	einen Arzt!	의사를 불러주세요!
p137-03	Rufen Sie	die Polizei!	경찰을 불러주세요!
p137-04	Rufen Sie	die Feuerwehr!	소방차를 불러주세요!
p137-05	Rufen Sie	mir ein Taxi!	나에게 택시를 불러주세요!
p137-06	Rufen Sie	den Lehrer!	교사를 불러주세요!
p137-07	Rufen Sie	den Verantwortlichen!	담당자를 불러주세요!
p137-08	Rufen Sie	den Chef!	지배인을 불러주세요!

● **der Krankenwagen** (구급차), **der Arzt** (의사), **die Polizei** (경찰), **die Feuerwehr** (소방차), **das Taxi** (택시), **der Lehrer** (교사), **der Verantwortliche** (담당자), **der Chef** (지배인/주인)

pattern

다섯 번째 섹션 : 중요문법 패턴!

5th Section 은 **중요문법**을 정리하였습니다.
문법적으로 **난이도**도 높고, **사용빈도**도 높은 **표현**들을 정리했습니다.

P 137

③ 기본패턴의 확장!

p137-09	**Bitte, rufen Sie ein Taxi für mich!**	나를 위해 택시를 불러주십시오!
p137-10	**Rufen Sie einen Arzt, denn ich bin krank!**	나에게 의사를 불러주세요, 내가 아프기 때문입니다!

- **für** + 4격 (~을 위하여 : 4격전치사)
- **denn** (왜냐하면 : 접속사) 종속절의 동사는 후치됩니다.
- **krank** (아픈)

④ 기본패턴의 응용!

p137-11	**A) Rufen Sie mir ein Taxi!**	나에게 택시를 불러주세요!
p137-12	**B) Sofort!**	즉시 (하겠습니다)!

p137-13	**A) Was ist mit Ihnen los?**	당신에게 무슨 일입니까?
p137-14	**B) Rufen Sie einen Arzt, denn ich bin krank!**	나에게 의사를 불러주세요, 나는 아프기 때문입니다!

- **sein** + **mit** +3격 + **los** (~에게 ~가 생기다/있다)
- **sofort** (즉시), **was** (무엇)

Part 2. It's a completely new way to learn foreign language! | Pattern 138

Ich werde ~. [이히 베르데 ~.]
나는 ~가 될 것입니다.

① 기본패턴의 핵심!

❶ **werden** (되다)는 **Ich werde** + 명사/형용사. (나는 ~이 될 것입니다.)로 표현할 수 있습니다.
❷ **Ich werde** + 명사. 는 직업을 나타내고, **Ich werde** + 형용사.는 나의 상태를 표현할 수 있습니다.
❸ **werden** (되다)는 미래시제를 표현하며, 불규칙변화동사입니다.
❹ **werden** 동사의 인칭변화형을 활용하여 다양한 주어의 문장을 만들 수 있습니다.
(**Ich werde, Du wirst, Er/Sie/Es wird, Wir werden, Ihr werdet, Sie werden** 등입니다.)

② 기본패턴의 연습!

p138-01	Ich werde Künstler.	나는 예술가가 될 것입니다.
p138-02	Ich werde Ingenieur.	나는 기술자가 될 것입니다.
p138-03	Ich werde Automechaniker.	나는 자동차정비사가 될 것입니다.
p138-04	Ich werde Kosmonaut.	나는 우주비행사가 될 것입니다.
p138-05	Ich werde gesund.	나는 건강해질 것입니다.
p138-06	Ich werde schlank.	나는 날씬해질 것입니다.
p138-07	Ich werde fett.	나는 살찔 것입니다.
p138-08	Ich werde alt.	나는 나이 들 것입니다.

● **der Künstler** (예술가), **der Ingenieur** (기술자), **der Automechaniker** (자동차정비사), **der Kosmonaut** (우주비행사), **gesund** (건강한), **schlank** (날씬한), **fett** (살찐), **alt** (나이 든)

다섯 번째 섹션 : 중요문법 패턴!

5th Section 은 **중요문법**을 정리하였습니다.
문법적으로 **난이도**도 높고, **사용빈도**도 높은 **표현**들을 정리했습니다.

P 138

③ 기본패턴의 확장!

p138-09	Ich werde Vater.	나는 아빠가 될 것입니다.
p138-10	Ich werde 20.	나는 20(세가)이 됩니다.

- **Ich werde** + 숫자.로 나이를 표현할 수 있습니다.
- **der Vater** (아버지), **zwanzig** (20)

④ 기본패턴의 응용!

p138-11	A) Welchen Beruf möchten Sie lernen?	당신은 어떤 직업을 배우기 원합니까?
p138-12	B) Ich werde Schauspieler.	나는 연기자가 될 것입니다.

p138-13	A) Wie alt werden Sie?	당신은 몇 살이 됩니까?
p138-14	B) Ich werde 20.	나는 20(세가)이 됩니다.

- **welcher / welche / welches** (어떤), **der Beruf** (직업), **möchten** (원하다), **lernen** (배우다), **der Schauspieler** (배우), **wie (Jahre) alt** (몇 살)

Learn foreign language!
GERMAN

Part 2. It's a completely new way to learn foreign language! | Pattern 139

Ich werde ~. [이히 베르데 ~.]
나는 ~할 것입니다.

① 기본패턴의 핵심!

❶ **Ich werde** + 동사원형.은 '나는 ~ 할 것입니다.'입니다.
❷ **Ich werde ~.** 문형에서 동사의 원형은 문장의 맨 뒤에 옵니다.
❸ **werden** (되다)는 미래시제를 표현하며, 불규칙변화동사입니다.
❹ **werden** 동사의 인칭변화형을 활용하여 다양한 주어의 문장을 만들 수 있습니다.
(**Ich werde, Du wirst, Er/Sie/Es wird, Wir werden, Ihr werdet, Sie werden** 등입니다.)

② 기본패턴의 연습!

p139-01	**Ich werde da sein.**	나는 거기에 있을 것입니다.
p139-02	**Ich werde nett sein.**	나는 친절해질 것입니다.
p139-03	**Ich werde brav sein.**	나는 용감해질 것입니다.
p139-04	**Ich werde nicht verlieren.**	나는 지지 않을 것입니다.
p139-05	**Ich werde morgen kommen.**	나는 내일 올 것입니다.
p139-06	**Ich werde bald heiraten.**	나는 곧 결혼할 것입니다.
p139-07	**Ich werde Berlin besuchen.**	나는 베를린을 방문할 것입니다.
p139-08	**Ich werde mein Bestes tun.**	나는 나의 최선을 다할 것입니다.

● **da** (거기에), **sein** (있다/이다), **nett** (친절한), **brav** (용감한), **nicht** (아니다), **verlieren** (지다/잃다), **morgen** (내일), **kommen** (오다), **bald** (곧), **heiraten** (결혼하다), **besuchen** (방문하다), **mein** (나의), **best** (가장 좋은), **das Beste** (가장 좋은 것 : 형용사 **best** 의 명사형), **tun** (하다)

pattern

다섯 번째 섹션 : 중요문법 패턴!

5th Section 은 **중요문법**을 정리하였습니다.
문법적으로 **난이도**도 높고, **사용빈도**도 높은 **표현**들을 정리했습니다.

P 139

③ 기본패턴의 확장!

p139-09 Ich werde eine Reise nach Europa machen. 나는 유럽으로 여행갈 것입니다.

p139-10 Ich werde als Programmierer arbeiten. 나는 프로그래머로서 일할 것입니다.

- **eine Reise machen** (여행을 하다)
- **nach** (~를 향해), **die Europa** (유럽), **als** (~으로서), **der Programmierer** (프로그래머), **arbeiten** (일하다)

④ 기본패턴의 응용!

p139-11 A) Was werden Sie heute Abend machen? 당신은 오늘 밤 무엇을 할 것입니까?

p139-12 B) Ich werde ins Konzert gehen. 나는 콘서트에 갈 것입니다.

---

p139-13 A) Wo werden Sie ab Januar arbeiten? 당신은 1월부터 어디에서 일합니까?

p139-14 B) Ich werde in einem Büro als Programmierer arbeiten. 나는 사무실에서 프로그래머로 일할 것입니다.

- **ins Konzert gehen** (콘서트에 가다)
- **was** (무엇), **heute** (오늘), **der Abend** (저녁), **machen** (하다), **ins = in + das** (안으로), **die Konzert** (콘서트), **wo** (어디), **ab** (~부터), **der Januar** (1월), **in** (~안에), **das Büro** (사무실)

Learn foreign language!
GERMAN

Part 2. It's a completely new way to learn foreign language! | Pattern 140

Werden Sie ~? [베르덴 지 ~?]

당신은 ~ 할 것입니까?

① 기본패턴의 핵심!

❶ **Werden Sie** + 동사원형?은 '당신은 ~ 할 것입니까?'입니다.
❷ 이때 동사는 원형으로 문장의 맨 뒤에 옵니다.
❸ **werden** (되다)는 미래시제를 표현하며, 불규칙변화동사입니다.
❹ **werden** 동사의 인칭변화형을 활용하여 다양한 주어의 문장을 만들 수 있습니다.
(**Ich werde, Du wirst, Er/Sie/Es wird, Wir werden, Ihr werdet, Sie werden** 등입니다.)

② 기본패턴의 연습!

p140-01	Werden Sie morgen Abend losfahren?	당신은 내일 저녁 출발할 것입니까?
p140-02	Werden Sie morgen einkaufen gehen?	당신은 내일 쇼핑하러 갈 것입니까?
p140-03	Werden Sie später essen gehen?	당신은 나중에 먹으러 갈 것입니까?
p140-04	Werden Sie mich begleiten?	당신은 나를 바래다 줄 것입니까?
p140-05	Werden Sie hier allein übernachten?	당신은 여기서 혼자 숙박할 것입니까?
p140-06	Werden Sie heute Nacht arbeiten?	당신은 오늘 밤 일할 것입니까?
p140-07	Werden Sie mich morgen besuchen?	당신은 내일 나를 방문할 것입니까?
p140-08	Werden Sie eine andere Fremdsprache lernen?	당신은 다른 외국어를 배울 것입니까?

● **morgen** (내일), **der Abend** (저녁), **losfahren** (출발하다), **einkaufen gehen** (사러 가다), **später** (나중에), **essen gehen** (먹으로 가다), **mich** (나를), **begleiten** (동반하다/바래다 주다), **hier** (여기), **allein** (홀로/외로운), **übernachten** (숙박하다), **heute** (오늘), **die Nacht** (밤), **arbeiten** (일하다), **besuchen** (방문하다), **die Fremdsprache** (외국어), **ander** (다른), **lernen** (배우다)

pattern

다섯 번째 섹션 : 중요문법 패턴!

5th Section 은 **중요문법**을 정리하였습니다.
문법적으로 **난이도**도 높고, **사용빈도**도 높은 **표현**들을 정리했습니다.

P 140

③ 기본패턴의 확장!

p140-09 **Werden Sie ein Stipendium erhalten?** 당신은 장학금을 받습니까?

p140-10 **Werden Sie an der Versammlung teilnehmen?** 당신은 회의에 참가합니까?

- **teilnehmen an** (~에 참가하다)
- **das Stipendium** (장학금), **erhalten** (받다/유지하다), **die Versammlung** (회의/모임)

④ 기본패턴의 응용!

p140-11 **A) Werden Sie ein Stipendium erhalten?** 당신은 장학금을 받습니까?

p140-12 **B) Ja, ich habe eine gute Chance.** 네, 나는 좋은 기회 하나를 가지고 있습니다.

p140-13 **A) Werden Sie an der Versammlung teilnehmen?** 당신은 회의에 참가합니까?

p140-14 **B) Ja, alle Mitarbeiter müssen daran teilnehmen.** 네, 모든 동료들은 거기에 참여해야 합니다.

- **haben** (가지다), **gut** (좋은), **die Chance** (기회), **ja** (네), **der Mitarbeiter** (협력자), **müssen** (~해야 한다), **daran** (거기에)

Part 2. It's a completely new way to learn foreign language! | Pattern 141

Ich bin ~ p.p.. [이히 빈 ~.]
나는 ~ 했습니다.

① 기본패턴의 핵심!

❶ **Ich bin + p.p.** (과거분사).로 현재완료 시제를 만듭니다.
❷ **sein** (~이다/있다) / **bleiben** (머물다) / **werden** (되다) 동사는 **sein** 동사로 완료형을 만듭니다.
❸ 장소의 이동, 상태의 변화를 나타내는 동사, 3격지배동사 몇 가지는 **sein** 동사로 완료형을 만듭니다.
❹ **sein** 동사의 인칭변화형을 활용하여 다양한 주어의 문장을 만들 수 있습니다.
(**Ich bin, Du bist, Er/Sie/Es ist, Wir sind, Ihr seid, Sie sind** 등입니다.)

② 기본패턴의 연습!

p141-01 **Ich bin in Deutschland gewesen.** 나는 독일에 있었습니다.

p141-02 **Ich bin ins Museum gegangen.** 나는 박물관에 갔습니다.

p141-03 **Ich bin in Berlin geblieben.** 나는 베를린에 머물렀습니다.

p141-04 **Ich bin nach Deutschland geflogen.** 나는 독일로 날아갔습니다.

p141-05 **Ich bin ins Zimmer gelaufen.** 나는 방으로 달려 들어갔습니다.

p141-06 **Ich bin in Seoul geboren.** 나는 서울에서 태어났습니다.

p141-07 **Ich bin Rechtsanwalt geworden.** 나는 변호사가 되었습니다.

p141-08 **Ich bin gerade 30 geworden.** 나는 막 30(세가)이 되었습니다.

● **in** (~에/안에), **das Deutschland** (독일), **das Museum** (박물관), **gehen** (가다), **bleiben** (머물다), **nach** (~으로/향해), **fliegen** (날다), **das Zimmer** (방), **laufen** (달리다), **gebären** (낳다), **der Rechtsanwalt** (변호사), **werden** (되다), **gerade** (곧/방금), **dreißig** (30)

다섯 번째 섹션 : 중요문법 패턴!

5th Section 은 **중요문법**을 정리하였습니다.
문법적으로 **난이도**도 높고, **사용빈도**도 높은 **표현**들을 정리했습니다.

P 141

③ 기본패턴의 확장!

p141-09	Ich bin gegangen, bevor Sie gekommen sind.	나는 당신이 오기 전에 갔습니다.
p141-10	Ich bin eingeschlafen, sobald ich zurückkam.	나는 오자마자 잠들었습니다.

● 종속접속사 **bevor** (~하기 전에)와 **sobald** (~하자마자) 등이 이끄는 종속절은 동사가 문장 끝에 옵니다. (동사 후치)
● **kommen** (오다), **einschlafen** (잠들다), **zurückkommen** (돌아오다)

④ 기본패턴의 응용!

p141-11	A) Wohin sind Sie geflogen?	당신은 어디로 날아갔습니까?
p141-12	B) Ich bin nach Deutschland geflogen.	나는 독일로 날아갔습니다.
p141-13	A) Sind Sie spät eingeschlafen?	당신은 늦게 잠들었습니까?
p141-14	B) Ich bin eingeschlafen, sobald ich zurückkam.	나는 오자마자 잠들었습니다.

● **wohin** (어디로), **fliegen** (날아가다), **nach** (~를 향해), **das Deutschland** (독일), **spät** (늦은)

Learn foreign language!
GERMAN

Part 2. It's a completely new way to learn foreign language! | Pattern 142

Sind Sie ~ p.p.? [진트 지 ~?]

당신은 ~ 했습니까?

① 기본패턴의 핵심!

❶ **Sind Sie + p.p.?** 는 '당신은 ~ 했습니까?'로 현재완료 의문문입니다.
❷ **sein / bleiben / werden** 동사는 **sein** 동사로 완료형을 만듭니다.
❸ 장소의 이동, 상태의 변화를 나타내는 동사, 3격지배동사 몇 가지는 **sein** 동사로 완료형을 만듭니다.
❹ **sein** 동사의 인칭변화형을 활용하여 다양한 주어의 문장을 만들 수 있습니다.
(**Ich bin, Du bist, Er/Sie/Es ist, Wir sind, Ihr seid, Sie sind** 등입니다.)

② 기본패턴의 연습!

p142-01	Sind Sie hier lange geblieben?	당신은 여기서 오래 머물렀습니까?
p142-02	Sind Sie gestern zu Hause geblieben?	당신은 어제 집에서 머물렀습니까?
p142-03	Sind Sie 30 geworden?	당신은 30(세)가 됩니까?
p142-04	Sind Sie allein dahin gegangen?	당신은 혼자서 거기로 갔습니까?
p142-05	Sind Sie beim Lesen eingeschlafen?	당신은 책을 읽으면서 잠들었습니까?
p142-06	Sind Sie gestern ins Kino gegangen?	당신은 어제 극장에 갔습니까?
p142-07	Sind Sie in Deutschland gewesen?	당신은 독일에 있었습니까?
p142-08	Sind Sie Frau Kim begegnet?	당신은 김 여사를 만났습니까?

● **zu Hause** (집에), **beim Lesen** (독서하면서), **ins Kino** (극장으로)
● **hier** (여기에), **lange** (오래/오랫동안), **bleiben** (머물다), **gestern** (어제), **dahin** (거기로), **zu** (~에), **das Haus** (집), **dreißig** (30), **werden** (되다), **allein** (홀로/혼자서), **gehen** (가다), **das Lesen** (독서), **einschlafen** (잠들다), **das Kino** (영화관), **das Deutschland** (독일), **sein** (~이다/있다), **die Frau** (여성/부인), **begegnen** (만나다)

The basics of grammar and sentence construction!
The most useful phrases and expressions!

pattern

다섯 번째 섹션 : 중요문법 패턴!

5th Section 은 **중요문법**을 정리하였습니다.
문법적으로 **난이도**도 높고, **사용빈도**도 높은 **표현**들을 정리했습니다.

P 142

③ 기본패턴의 확장!

p142-09	Sind Sie in Seoul geboren?	당신은 서울에서 태어났습니까?
p142-10	Sind Sie darüber informiert?	당신은 그것에 대해 알아냈습니까?

- **gebären** (낳다), **darüber** (그것에 대해), **informieren** (조사하다/정보를 수집하다)

④ 기본패턴의 응용!

p142-11	A) Sind Sie gestern zu Hause geblieben?	당신은 어제 집에서 머물렀습니까?
p142-12	B) Nein, ich bin ins Kino gegangen.	아니오, 나는 영화관에 갔습니다.

p142-13	A) Ich bin viel gereist.	나는 많이 여행했습니다.
p142-14	B) Sind Sie in Deutschland gewesen?	당신은 독일에 있었습니까?

- **nein** (아니오), **ja** (네), **viel** (많은), **reisen** (여행하다)

Learn foreign language!
GERMAN

Part 2. It's a completely new way to learn foreign language! | Pattern 143

Ich habe ~ p.p.. [이히 하베 ~.]
나는 ~ 했습니다.

① 기본패턴의 핵심!

❶ **Ich habe + p.p.** (과거분사).는 '나는 ~ 했다.'로 현재완료문입니다.
❷ **haben + p.p.** 로 현재완료를 만드는 경우는 본동사가 '타동사 / 화법조동사 / 재귀동사 / 비인칭동사 / 자동사 몇 가지일 때입니다.
❸ **haben** 동사의 인칭변화형을 활용하여 다양한 주어의 문장을 만들 수 있습니다.
(**Ich habe, Du hast, Er/Sie/Es hat, Wir haben, Ihr habt, Sie haben** 등입니다.)

② 기본패턴의 연습!

p143-01	Ich habe Bier getrunken.	나는 맥주를 마셨습니다.
p143-02	Ich habe eine Tasche gekauft.	나는 핸드백을 샀습니다.
p143-03	Ich habe die Prüfung nicht bestanden.	나는 시험에 합격하지 못했습니다.
p143-04	Ich habe das Spiel gewonnen.	나는 경기를 이겼습니다.
p143-05	Ich habe die Wette verloren.	나는 내기를 졌습니다.
p143-06	Ich habe seit gestern nichts gegessen.	나는 어제부터 아무것도 먹지 않았습니다.
p143-07	Ich habe erfolgreich meinen Abschluss gemacht.	나는 나의 학위(졸업)를 성공적으로 마쳤습니다.
p143-08	Ich habe an der Uni Medienkommunikation studiert.	나는 대학교에서 미디어커뮤니케이션을 공부했습니다.

● **an der Uni** (대학에서), **die Prüfung bestehen** (시험에 합격하다)
● **das Bier** (맥주), **trinken** (마시다), **die Tasche** (가방/핸드백), **kaufen** (사다), **die Prüfung** (시험), **bestehen** (극복하다/견디다), **das Spiel** (경기), **gewinnen** (이기다), **die Wette** (내기), **verlieren** (지다), **seit** (~이후/이래), **gestern** (어제), **essen** (먹다), **erfolgreich** (성공적인), **der Abschluss** (종료/종결), **machen** (하다), **die Universität** (대학교), **die Medienkommunikation** (미디어커뮤니케이션), **studieren** (공부/연구하다)

pattern

다섯 번째 섹션 : 중요문법 패턴!

5th Section 은 **중요문법**을 정리하였습니다.
문법적으로 **난이도**도 높고, **사용빈도**도 높은 **표현**들을 정리했습니다.

P 143

③ 기본패턴의 확장!

p143-09 **Ich habe mich ausführlich darüber informiert.** 나는 그것에 대해 충분히 정보를 수집했습니다.

p143-10 **Ich habe durch meine Praktika viel Erfahrung gesammelt.** 나는 나의 현장실습을 통해 많은 경험을 축적했습니다.

- **sich informieren über ~** (~에 대해 정보를 수집하다)
- **ausführlich** (충분한), **darüber** (그것에 대하여), **durch** (~을 통하여), **das Praktika** (현장실습), **viel** (많은), **die Erfahrung** (경험), **sammeln** (모으다)

④ 기본패턴의 응용!

p143-11 **A) Warum kommen Sie so spät?** 당신은 왜 그렇게 늦게 옵니까?

p143-12 **B) Ich habe verschlafen.** 나는 늦잠 잤습니다.

p143-13 **A) Kennen Sie sich in diesem Bereich gut aus?** 당신은 이 분야에 대해 잘 아십니까?

p143-14 **B) Ich habe überwiegend in diesem Bereich gearbeitet.** 나는 주로 이 분야에서 일했습니다.

- **warum** (왜), **kommen** (오다), **so** (그렇게), **spät** (늦은), **verschlafen** (늦잠 자다), **sich auskennen** (스스로 잘 알다/정통하다), **dieser** (이), **der Bereich** (분야/범위), **gut** (좋은), **überwiegend** (주로), **arbeiten** (일하다)

The focus is on **conversation** and **communication**.

Start **speaking languages** immediately using **essential phrases**.

Learn foreign language!
GERMAN

Part 2. It's a completely new way to learn foreign language! | Pattern 144

Haben Sie ~ p.p.? [하벤 지 ~?]
당신은 ~ 했습니까?

The basics of grammar and sentence construction!

① 기본패턴의 핵심!

❶ **Haben Sie + p.p.?** (**p.p.** 는 과거분사)는 '당신은 ~ 했습니까?'로 현재완료 의문문입니다.
❷ **haben + p.p.** 로 현재완료를 만드는 경우는 본동사가 '타동사 / 화법조동사 /재귀동사 / 비인칭동사 / 자동사 몇 가지일 때입니다.
❸ **haben** 동사의 인칭변화형을 활용하여 다양한 주어의 문장을 만들 수 있습니다.
(**Ich habe, Du hast, Er/Sie/Es hat, Wir haben, Ihr habt, Sie haben** 등입니다.)

② 기본패턴의 연습!

The most useful phrases and expressions!

p144-01	**Haben Sie reserviert?**	당신은 예약했습니까?
p144-02	**Haben Sie gut geschlafen?**	당신은 잘 잤습니까?
p144-03	**Haben Sie mich angerufen?**	당신은 나에게 전화했습니까?
p144-04	**Haben Sie mich wirklich geliebt?**	당신은 정말로 나를 사랑했습니까?
p144-05	**Haben Sie lange Zeit gewartet?**	당신은 오랜 시간 기다렸습니까?
p144-06	**Haben Sie den Film gesehen?**	당신은 그 영화를 봤습니까?
p144-07	**Haben Sie die Nachrichten gehört?**	당신은 그 소식들을 들었습니까?
p144-08	**Haben Sie das Rauchen aufgegeben?**	당신은 흡연을 중지했습니까?

● **reservieren** (예약하다), **gut** (좋은), **schlafen** (잠자다), **anrufen** (전화하다 : 4격동사), **wirklich** (정말로), **lieben** (사랑하다), **lang** (긴), **die Zeit** (시간), **warten** (기다리다), **der Film** (영화), **sehen** (보다), **die Nachricht** (소식), **hören** (듣다), **das Rauchen** (흡연), **aufgeben** (중지하다/포기하다)

pattern

다섯 번째 섹션 : 중요문법 패턴!

5th Section 은 **중요문법**을 정리하였습니다.
문법적으로 **난이도**도 높고, **사용빈도**도 높은 **표현**들을 정리했습니다.

P 144

③ 기본패턴의 확장!

p144-09	Haben Sie davon etwas gehört?	당신은 그것에 대해 무엇인가 들었습니까?
p144-10	Haben Sie darüber nachgedacht?	당신은 그것에 대해 곰곰히 생각해봤습니까?

- **davon** (그것에 대해), **etwas** (어떤 것/ 어떤 일), **darüber** (그것에 대해), **nachdenken** (숙고하다/곰곰히 생각하다)

④ 기본패턴의 응용!

p144-11	A) Haben Sie mich wirklich geliebt?	당신은 정말로 나를 사랑했습니까?
p144-12	B) Ich habe Sie aufrichtig geliebt.	나는 진심으로 당신을 사랑했습니다.

p144-13	A) Haben Sie davon etwas gehört?	당신은 그것에 대해 무엇인가 들었습니까?
p144-14	B) Nein, ich höre das zum ersten Mal.	아니오, 나는 그것을 처음으로 듣습니다.

- **zum ersten Mal** (처음으로)
- **aufrichtig** (진심으로/솔직한), **nein** (아니오), **erst** (맨 처음의), **das Mal** (번/회)

Learn foreign language!
GERMAN

Part 2. It's a completely new way to learn foreign language! | Pattern 145

Ich werde ~ p.p.. [이히 베르데 ~.]
나는 ~ 되었습니다.

① 기본패턴의 핵심!

❶ **werden + (von + 3격) + p.p.** (p.p. 는 과거분사).는 '~에 의해 ~되다.'로 수동문입니다.
❷ **von** + 3격으로 행위의 주체자를 표현할 수 있으며, 이는 생략도 가능합니다.
❸ **werden** 동사의 인칭변화형을 활용하여 다양한 주어의 문장을 만들 수 있습니다.
(**Ich werde, Du wirst, Er/Sie/Es wird, Wir werden, Ihr werdet, Sie werden** 등입니다.)

② 기본패턴의 연습!

p145-01	Ich werde erpresst.	나는 강요되고 있습니다.
p145-02	Ich werde verfolgt.	나는 쫓기고 있습니다.
p145-03	Ich werde geliebt.	나는 사랑받고 있습니다.
p145-04	Ich werde gelobt.	나는 칭찬받고 있습니다.
p145-05	Ich werde kritisiert.	나는 비판받고 있습니다.
p145-06	Ich werde abgelehnt.	나는 거부되고 있습니다.
p145-07	Ich werde gefragt.	나는 질문받습니다.
p145-08	Ich werde abgeholt.	나는 픽업 받습니다.

● **erpressen** (강요하다/협박하다), **verfolgen** (뒤쫓다/압박하다), **lieben** (사랑하다), **loben** (칭찬하다), **kritisieren** (비판하다), **ablehnen** (거부하다), **fragen** (질문하다), **abholen** (마중가다)

The basics of grammar and sentence construction!
The most useful phrases and expressions!

pattern

다섯 번째 섹션 : 중요문법 패턴!

5th Section 은 **중요문법**을 정리하였습니다.
문법적으로 **난이도**도 높고, **사용빈도**도 높은 **표현**들을 정리했습니다.

P 145

③ 기본패턴의 확장!

p145-09 **Ich werde gut empfangen.** 나는 환영받습니다.

p145-10 **Ich werde schlecht behandelt.** 나는 나쁘게 대우받습니다.

- **gut** (좋은), **empfangen** (환영하다/맞아들이다), **schlecht** (나쁜), **behandeln** (대우하다)

④ 기본패턴의 응용!

p145-11 **A) Warum haben Sie Angst?** 당신은 왜 공포가 있습니까?

p145-12 **B) Ich werde erpresst.** 나는 협박 받았습니다.

p145-13 **A) Fahren Sie mit dem Bus nach Hause?** 당신은 버스로 집에 갑니까?

p145-14 **B) Ich werde abgeholt.** 나는 픽업 받습니다.

- **haben Angst vor ~** (~에 대한 공포가 있다), **mit dem Bus** (버스로), **nach Hause** (집으로/집에)
- **warum** (왜), **die Angst** (공포), **fahren** (운전하다), **der Bus** (버스), **das Haus** (집)

Learn foreign language!
GERMAN

Part 3. It's a completely new way to learn foreign language! | Pattern 146

Ich möchte ~. [이히 뫼히테 ~.]
나는 ~를 원합니다.

① 기본패턴의 핵심!

❶ **möchten** (원하다/하고 싶다)는 동사 **mögen** (좋아하다)의 접속법 2식형태입니다.
❷ **Ich möchte** + 명사.는 '나는 ~를 원합니다.'입니다.
❸ **möchten** 동사의 접속법 2식 인칭변화형을 활용하여 다양한 주어의 문장을 만들 수 있습니다.
(**Ich möchte, Du möchtest, Er/Sie/Es möchte, Wir möchten, Ihr möchtet, Sie möchten** 등입니다.)

② 기본패턴의 연습!

p146-01	**Ich möchte das.**	나는 그것을 원합니다.
p146-02	**Ich möchte das nicht.**	나는 그것을 원하지 않습니다.
p146-03	**Ich möchte Kaffee.**	나는 커피를 원합니다.
p146-04	**Ich möchte einen Orangensaft.**	나는 오렌지주스 (하나)를 원합니다.
p146-05	**Ich möchte noch ein Bier.**	나는 맥주 하나 더 원합니다.
p146-06	**Ich möchte eine Pizza.**	나는 피자 하나를 원합니다.
p146-07	**Ich möchte einen Computer.**	나는 컴퓨터 하나를 원합니다.
p146-08	**Ich möchte ein Zimmer.**	나는 방 하나를 원합니다.

● **das** (그것), **nicht** (아니다), **der Kaffee** (커피), **der Orangensaft** (오렌지주스), **der Apfelsaft** (사과주스), **noch** (더), **das Bier** (맥주), **die Pizza** (피자), **der Computer** (컴퓨터), **das Zimmer** (방)

pattern

다섯 번째 섹션 : 중요문법 패턴!

5th Section 은 **중요문법**을 정리하였습니다.
문법적으로 **난이도**도 높고, **사용빈도**도 높은 **표현**들을 정리했습니다.

P 146

③ 기본패턴의 확장!

p146-09	Ich möchte eine Quittung.	나는 영수증을 원합니다.
p146-10	Ich möchte ein Schmerzmittel.	나는 진통제를 원합니다.

- **die Quittung** (영수증), **das Schmerzmittel** (진통제)

④ 기본패턴의 응용!

p146-11	A) Was möchten Sie essen?	당신은 무엇을 먹고 싶습니까?
p146-12	B) Ich möchte eine Pizza.	나는 피자 하나를 원합니다.

p146-13	A) Möchten Sie den Beleg haben?	당신은 서류를 원합니까?
p146-14	B) Ich möchte eine Quittung.	나는 영수증을 원합니다.

- **was** (무엇), **essen** (먹다), **der Beleg** (증서/증거서류), **haben** (가지다)

Learn foreign language!
GERMAN

Part 3. It's a completely new way to learn foreign language! | **Pattern 147**

Ich möchte ~. [이히 뫼히테 ~.]
나는 ~하고 싶습니다.

The **basics** of **grammar** and **sentence construction**!

① 기본패턴의 핵심!

❶ **möchten** (원하다/하고 싶다)는 동사 **mögen** (좋아하다)의 접속법 2식형태입니다.
❷ **Ich möchte** + 동사원형.은 '나는 ~ 하고 싶습니다.'입니다. 동사원형은 문미에 위치합니다.
❸ **möchten** 동사의 접속법 2식 인칭변화형을 활용하여 다양한 주어의 문장을 만들 수 있습니다.
(**Ich möchte, Du möchtest, Er/Sie/Es möchte, Wir möchten, Ihr möchtet, Sie möchten** 등입니다.)

② 기본패턴의 연습!

The most useful **phrases** and **expressions**!

p147-01	**Ich möchte reisen.**	나는 여행하고 싶습니다.
p147-02	**Ich möchte Deutsch lernen.**	나는 독일어를 배우고 싶습니다.
p147-03	**Ich möchte Journalist werden.**	나는 언론인이 되고 싶습니다.
p147-04	**Ich möchte Geschichte studieren.**	나는 역사를 연구하고 싶습니다.
p147-05	**Ich möchte ein Konto eröffnen.**	나는 계좌를 열고 싶습니다.
p147-06	**Ich möchte eine Wohnung mieten.**	나는 집을 임대하고 싶습니다.
p147-07	**Ich möchte meine Fähigkeit erweitern.**	나는 나의 능력을 확장하고 싶습니다.
p147-08	**Ich möchte meine Ausdrucksfähigkeit hervorheben.**	나는 나의 표현력을 강조하고 싶습니다.

● **reisen** (여행하다), **das Deutsch** (독일어), **lernen** (배우다), **der Journalist** (언론인), **werden** (되다), **die Geschichte** (역사/역사학), **studieren** (연구하다), **das Konto** (계좌), **eröffnen** (열다), **die Wohnung** (주택/숙소), **mieten** (임대하다), **mein** (나의), **die Fähigkeit** (능력), **erweitern** (확장하다), **die Ausdrucksfähigkeit** (표현력), **hervorheben** (강조하다)

pattern

다섯 번째 섹션 : 중요문법 패턴!

5th Section 은 **중요문법**을 정리하였습니다.
문법적으로 **난이도**도 높고, **사용빈도**도 높은 **표현**들을 정리했습니다.

P 147

③ 기본패턴의 확장!

p147-09	**Ich möchte mich bei Ihnen bewerben.**	나는 귀사에 지원하고 싶습니다.
p147-10	**Ich möchte mein Wissen bei Ihnen anwenden.**	나는 나의 지식을 귀사에서 사용하고 싶습니다.

- **sich bewerben** (지원하다), **bei Ihnen** (귀하에게/에게서)
- **das Wissen** (지식), **anwenden** (사용하다)

④ 기본패턴의 응용!

p147-11	**A) Was ist Ihr Traumberuf?**	당신의 장래희망은 무엇입니까?
p147-12	**B) Ich möchte Journalist werden.**	나는 언론인이 되고 싶습니다.
p147-13	**A) Was ist Ihr Hauptziel in diesem Unternehmen?**	이 기업에서 당신의 주목표는 무엇입니까?
p147-14	**B) Ich möchte mein Wissen bei Ihnen erweitern.**	나는 나의 지식을 귀사에서 확장하고 싶습니다.

- **der Traumberuf** (장래희망), **das Hauptziel** (주목표), **das Unternehmen** (기업), **erweitern** (확장하다)

Learn foreign language!
GERMAN

Part 3. It's a completely new way to learn foreign language! | Pattern 148

Möchten Sie ~? [뫼히텐 지 ~?]
당신은 ~를 원합니까?

① 기본패턴의 핵심!

❶ **möchten** (원하다/하고 싶다)는 동사 **mögen** (좋아하다)의 접속법 2식형태입니다.
❷ **Möchten Sie** + 명사?는 '당신은 ~를 원합니까?'입니다.
❸ **möchten** 동사의 접속법 2식 인칭변화형을 활용하여 다양한 주어의 문장을 만들 수 있습니다.
(**Ich möchte, Du möchtest, Er/Sie/Es möchte, Wir möchten, Ihr möchtet, Sie möchten** 등입니다.)

② 기본패턴의 연습!

p148-01	**Möchten Sie**	**Brot?**	당신은 빵을 원합니까?
p148-02	**Möchten Sie**	**etwas Kaffee?**	당신은 커피를 좀 원합니까?
p148-03	**Möchten Sie**	**mehr Eis?**	당신은 얼음을 좀 더 원합니까?
p148-04	**Möchten Sie**	**mehr Soße?**	당신은 소스를 좀 더 원합니까?
p148-05	**Möchten Sie**	**einen Apfel?**	당신은 사과 하나를 원합니까?
p148-06	**Möchten Sie**	**eine Tasse Tee?**	당신은 차 한 잔을 원합니까?
p148-07	**Möchten Sie**	**ein Einzelzimmer?**	당신은 싱글룸을 원합니까?
p148-08	**Möchten Sie**	**ein neues Auto?**	당신은 새로운 자동차를 원합니까?

● **das Brot** (빵), **etwas** (어떤 무엇/다소), **der Kaffee** (커피), **mehr** (더), **das Eis** (얼음), **die Soße** (소스), **der Apfel** (사과), **die Tasse** (잔), **der Tee** (차), **das Einzelzimmer** (싱글룸), **neu** (새로운), **das Auto** (자동차)

pattern

다섯 번째 섹션 : 중요문법 패턴!

5th Section 은 **중요문법**을 정리하였습니다.
문법적으로 **난이도**도 높고, **사용빈도**도 높은 **표현**들을 정리했습니다.

P 148

③ 기본패턴의 확장!

p148-09 **Möchten Sie Bier oder Wein?** 당신은 맥주 또는 와인을 원합니까?

p148-10 **Möchten Sie Fleisch oder Fisch?** 당신은 육류 또는 생선을 원합니까?

- **oder** (혹은/또는 : 접속사)
- **das Bier** (맥주), **der Wein** (와인), **das Fleisch** (육류), **der Fisch** (생선)

④ 기본패턴의 응용!

p148-11 **A) Möchten Sie noch ein Glas Wein?** 당신은 와인 한 잔을 더 원합니까?

p148-12 **B) Ja, bitte. Der Wein ist hervorragend.** 네, 부탁합니다. 그 와인은 탁월합니다.

---

p148-13 **A) Möchten Sie wirklich kein Bier?** 당신은 정말로 맥주를 원하지 않습니까?

p148-14 **B) Nein, danke. Ich trinke kein Alkohol.** 아니오, 됐습니다. 나는 술을 마시지 않습니다.

- **noch** (더), **das Glas** (잔), **ja** (네), **bitte** (부탁합니다), **hervorragend** (탁월한), **wirklich** (정말로), **kein** (하나도 ~않다), **nein** (아니오), **danken** (감사하다), **trinken** (마시다), **der Alkohol** (알코올/술)

The focus is on **conversation** and **communication**.

Start **speaking languages** immediately using **essential phrases**.

Learn foreign language!
GERMAN

Part 3. It's a completely new way to learn foreign language! | Pattern 149

Möchten Sie ~? [뫼히텐 지 ~?]
당신은 ~하고 싶습니까?

① 기본패턴의 핵심!

❶ **möchten** (원하다/하고 싶다)는 동사 **mögen** (좋아하다)의 접속법 2식형태입니다.
❷ **Möchten Sie** 동사원형?은 '당신은 ~하고 싶습니까?'이고, 원형동사는 후치됩니다.
❸ **möchten** 동사의 접속법 2식 인칭변화형을 활용하여 다양한 주어의 문장을 만들 수 있습니다.
(**Ich möchte, Du möchtest, Er/Sie/Es möchte, Wir möchten, Ihr möchtet, Sie möchten** 등입니다.)

② 기본패턴의 연습!

p149-01	Möchten Sie	bestellen?	당신은 주문을 원하십니까?
p149-02	Möchten Sie	etwas sagen?	당신은 무엇인가 말하고 싶습니까?
p149-03	Möchten Sie	Milch trinken?	당신은 우유를 마시고 싶습니까?
p149-04	Möchten Sie	Brot essen?	당신은 빵을 드시고 싶습니까?
p149-05	Möchten Sie	Kekse essen?	당신은 비스킷을 드시고 싶습니까?
p149-06	Möchten Sie	eine Nachricht hinterlassen?	당신은 메시지를 남기고 싶습니까?
p149-07	Möchten Sie	die Arbeit haben?	당신은 일자리를 가지고 싶습니까?
p149-08	Möchten Sie	Ihr Abonnement kündigen?	당신은 정기구독을 해지하고 싶습니까?

● **bestellen** (주문하다), **etwas** (어떤 무엇/다소), **sagen** (말하다), **die Milch** (우유), **trinken** (마시다), **das Brot** (빵), **essen** (먹다), **der Keks** (비스킷), **die Nachricht** (메시지), **hinterlassen** (남기다), **die Arbeit** (일/작업), **haben** (가지다), **Ihr** (당신의), **das Abonnement** (정기구독), **kündigen** (해지하다)

pattern

다섯 번째 섹션 : 중요문법 패턴!

5th Section 은 **중요문법**을 정리하였습니다.
문법적으로 **난이도**도 높고, **사용빈도**도 높은 **표현**들을 정리했습니다.

P 149

③ 기본패턴의 확장!

p149-09 **Möchten Sie mit mir tanzen?** 당신은 나와 함께 춤추시겠습니까?

p149-10 **Möchten Sie ein Bier dazu?** 당신은 거기에다 맥주를 원하십니까?

● **mit** (~와 함께 : 3격 전치사), **tanzen** (춤추다), **dazu** (그 외에/거기에 덧붙여서)

④ 기본패턴의 응용!

p149-11 **A) Möchten Sie eine Nachricht hinterlassen?** 당신은 메시지를 남기고 싶습니까?

p149-12 **B) Nein, ich melde mich morgen.** 아니오, 내일 신청하겠습니다.

p149-13 **A) Möchten Sie ein Bier dazu?** 당신은 거기에다 맥주를 원하십니까?

p149-14 **B) Ich trinke lieber einen Weißwein dazu.** 나는 거기에 화이트 와인을 더 마시고 싶습니다.

● **nein** (아니오), **sich melden** (지원/신청하다), **morgen** (내일), **lieber** (오히려/보다 더), **der Weißwein** (화이트 와인)

Learn foreign language!
GERMAN

Part 3. It's a completely new way to learn foreign language! | Pattern 150

Ich hätte gern ~. [이히 헤테 게른 ~.]
나는 ~를 가지고 싶습니다.

① 기본패턴의 핵심!

❶ **hätten** 은 **haben** (가지다) 동사의 접속법 2식 형태입니다.
❷ **Ich hätte gern** + 명사.는 '나는 ~를 기꺼이 가지고 싶다.'입니다.
❸ '나는 ~를 원합니다.'의 정중한 표현입니다.
❹ **haben** 동사의 접속법 2식 인칭변화형을 활용하여 다양한 주어의 문장을 만들 수 있습니다.
(**Ich hätte, Du hättest, Er/Sie/Es hätte, Wir hätten, Ihr hättet, Sie hätten** 등입니다.)

② 기본패턴의 연습!

p150-01	Ich hätte gern	Orangensaft.	나는 오렌지주스를 원합니다.
p150-02	Ich hätte gern	Hühnersuppe.	나는 치킨수프를 원합니다.
p150-03	Ich hätte gern	ein Schinkenbrot.	나는 소시지빵을 원합니다.
p150-04	Ich hätte gern	eine Hotelreservierung.	나는 호텔예약을 원합니다.
p150-05	Ich hätte gern	ein Messer.	나는 나이프를 원합니다. (가져다 주세요.)
p150-06	Ich hätte gern	eine Gabel.	나는 포크를 원합니다.
p150-07	Ich hätte gern	eine Quittung.	나는 영수증을 원합니다.
p150-08	Ich hätte gern	einen Stadtplan.	나는 시내지도를 원합니다.

● **der Orangensaft** (오렌지주스), **die Hühnersuppe** (치킨수프), **das Schinkenbrot** (소시지빵), **die Hotelreservierung** (호텔예약), **das Messer** (나이프), **die Gabel** (포크), **die Quittung** (영수증), **der Stadtplan** (시내지도)

The basics of grammar and sentence construction!
The most useful phrases and expressions!

pattern

다섯 번째 섹션 : 중요문법 패턴!

5th Section 은 **중요문법**을 정리하였습니다.
문법적으로 **난이도**도 높고, **사용빈도**도 높은 **표현**들을 정리했습니다.

P 150

③ 기본패턴의 확장!

p150-09 Ich hätte gern eine Tasse Tee. 나는 차 한 잔을 원합니다.

p150-10 Ich hätte gern mein eigenes Zimmer. 나는 나 자신의 방을 원합니다.

● **die Tasse** (잔), **der Tee** (차), **mein** (나의), **eigen** (자신의), **das Zimmer** (방)

④ 기본패턴의 응용!

p150-11 A) Was kann ich für Sie tun? 무엇을 도와드릴까요?

p150-12 B) Ich hätte gern eine Hotelreservierung. 나는 호텔예약을 원합니다.

p150-13 A) Möchten Sie ein Mehrbettzimmer? 당신은 다인실을 원합니까?

p150-14 B) Ich hätte gern ein Einzelzimmer. 나는 1인실을 원합니다.

● **was** (무엇), **können** (할 수 있다), **für** (~위하여), **tun** (하다), **die Hotelreservierung** (호텔예약), **möchten** (~원합니다), **das Mehrbettzimmer** (다인실), **das Einzelzimmer** (싱글룸)

Learn foreign language!
GERMAN

Part 3. It's a completely new way to learn foreign language! | Pattern 151

Könnten Sie ~? [쾬텐 지 ~?]
당신은 ~해주실 수 있습니까?

German

① 기본패턴의 핵심!

❶ **könnten** 은 **können** (할 수 있다) 동사의 접속법 2식 형태입니다.
❷ **Könnten Sie ~?** 는 '당신은 ~해주실 수 있습니까?' (~해주시겠습니까?)입니다.
❸ **mir** (나에게)를 넣으면 '당신은 나에게 ~해주실 수 있습니까?'가 됩니다.
❹ **können** 동사의 접속법 2식 인칭변화형을 활용하여 다양한 주어의 문장을 만들 수 있습니다.
(**Ich könnte, Du könntest, Er/Sie/Es könnte, Wir könnten, Ihr könntet, Sie könnten** 등입니다.)

② 기본패턴의 연습!

p151-01	Könnten Sie	lauter sprechen?	(당신은) 좀 더 크게 말씀해주실 수 있습니까?
p151-02	Könnten Sie	das wiederholen?	그것을 반복해주실 수 있습니까?
p151-03	Könnten Sie	langsamer fahren?	좀 더 천천히 운전해주실 수 있습니까?
p151-04	Könnten Sie	das erklären?	그것을 설명해주실 수 있습니까?
p151-05	Könnten Sie	mir das zeigen?	그것을 나에게 보여주실 수 있습니까?
p151-06	Könnten Sie	mir das bringen?	그것을 나에게 가져다줄 수 있습니까?
p151-07	Könnten Sie	mir eine E-mail senden?	나에게 이메일 한 통을 보내줄 수 있습니까?
p151-08	Könnten Sie	mir helfen?	나를 도와주실 수 있습니까?

● **lauter** (좀 더 소리가 큰 : **–er** 비교급어미), **langsamer** (좀 더 천천히 : **–er** 비교급어미),
● **sprechen** (말하다), **wiederholen** (반복하다), **fahren** (운전하다), **erklären** (설명하다),
zeigen (보여주다), **bringen** (가져오다), **die E-mail** (이메일), **senden** (보내다), **helfen** (돕다 : 4격지배동사)

The basics of grammar and sentence construction!
The most useful phrases and expressions!

pattern

다섯 번째 섹션 : 중요문법 패턴!

5th Section 은 **중요문법**을 정리하였습니다.
문법적으로 **난이도**도 높고, **사용빈도**도 높은 **표현**들을 정리했습니다.

P 151

③ 기본패턴의 확장!

p151-09 **Könnten Sie mir bitte einen Rat geben?** 나에게 조언해주실 수 있습니까?

p151-10 **Könnten Sie es nochmals mit der Nummer versuchen?** 그 번호로 다시 한 번 시도해주실 수 있습니까?

- **einen Rat geben** (조언을 하다), **mit der Nummer** (그 번호로)
- **der Rat** (조언/충고), **geben** (주다), **nochmals** (다시), **die Nummer** (번호), **versuchen** (하다/시도하다)

④ 기본패턴의 응용!

p151-11 **A) Könnten Sie das erklären?** 그것을 설명해주실 수 있습니까?

p151-12 **B) Ja, ich versuche es mit einfachen Worten.** 네, 쉬운 단어들로 해보겠습니다.

---

p151-13 **A) Könnten Sie mir eine E-mail senden?** 나에게 이메일 한 통을 보내줄 수 있습니까?

p151-14 **B) Ja, ich sende Ihnen die Information per E-mail.** 네, 당신에게 이메일로 정보를 보내드리겠습니다.

- **mit einfachen Worten** (쉬운 단어들로)
- **ja** (네), **mit** (~와 함께), **das Wort** (단어), **einfach** (단순한/쉬운), **Ihnen** (당신에게), **die Information** (정보), **per** (~으로)

Learn foreign language!
GERMAN

Part 3. It's a completely new way to learn foreign language! | Pattern 152

Ich würde ~. [이히 뷔르데 ~.]
나는 ~하고 싶습니다.

① 기본패턴의 핵심!

❶ **würden** 은 **werden** (되다) 동사의 접속법 2식 형태입니다.
❷ **Ich würde** 동사원형.은 정중한 형태의 '나는 ~하고 싶습니다.'입니다.
❸ **werden** 동사의 접속법 2식 인칭변화형을 활용하여 다양한 주어의 문장을 만들 수 있습니다.
(**Ich würde, Du würdest, Er/Sie/Es würde, Wir würden, Ihr würdet, Sie würden** 등입니다.)
❹ **Ich würde mich freuen, zu** + 동사원형.은 '나는 ~하는 것이 기쁘겠습니다.'입니다.

② 기본패턴의 연습!

p152-01	Ich würde schlafen.	나는 자고 싶습니다.
p152-02	Ich würde fernsehen.	나는 TV를 보고 싶습니다.
p152-03	Ich würde gern mitkommen.	나는 기꺼이 같이 가고 싶습니다.
p152-04	Ich würde gern teilnehmen.	나는 기꺼이 참여하고 싶습니다.
p152-05	Ich würde mich sehr freuen.	나는 매우 기쁘겠습니다.
p152-06	Ich würde mich freuen, Sie zu sehen.	당신을 보는 것이 나는 기쁘겠습니다.
p152-07	Ich würde mich freuen, Ihnen zu helfen.	당신을 돕는 것이 나는 기쁘겠습니다.
p152-08	Ich würde mich freuen, Sie bald wiederzusehen.	당신을 곧 다시 보는 것이 나는기쁘겠습니다.

● **schlafen** (자다), **fernsehen** (**TV** 를 보다), **gern** (기꺼이/즐겨), **mitkommen** (함께 오다/가다), **teilnehmen** (참여하다), **sehr** (매우), **sich freuen** (스스로 기뻐하다), **sehen** (보다), **helfen** (돕다), **bald** (곧), **wiederzusehen** (다시 보다)

● The **basics** of **grammar** and **sentence construction**!
● The most useful **phrases** and **expressions**!

pattern

다섯 번째 섹션 : 중요문법 패턴!

5th Section 은 **중요문법**을 정리하였습니다.
문법적으로 **난이도**도 높고, **사용빈도**도 높은 **표현**들을 정리했습니다.

P 152

③ 기본패턴의 확장!

p152-09	Ich würde mich freuen, bei Ihnen zu arbeiten.	귀사에서 일하는 것이 나는 기쁘겠습니다.
p152-10	Ich würde mich freuen, von Ihnen zu hören.	당신에 대해 (소식) 듣는 것이 나는 기쁘겠습니다.

● **bei Ihnen** (당신에게서/귀사에서), **arbeiten** (일하다), **von Ihnen** (당신에 대해서), **hören** (듣다)

④ 기본패턴의 응용!

p152-11	A) Möchten Sie mitkommen?	당신은 동행하고 싶습니까?
p152-12	B) Ich würde gern mitkommen.	나는 기꺼이 같이 가고 싶습니다.
p152-13	A) Ich wünsche Ihnen einen guten Rückflug.	나는 당신에게 좋은 귀항을 기원합니다.
p152-14	B) Ich würde mich freuen, von Ihnen zu hören.	당신에 대해 (소식) 듣는 것이 나는 기쁘겠습니다.

● **möchten** (~하고 싶다), **mitkommen** (동행하다), **wünschen** (바라다/기원하다), **Ihnen** (당신에게), **gut** (좋은), **der Rückflug** (귀항/귀환 비행)

Learn foreign language!
GERMAN

Part 3. It's a completely new way to learn foreign language! | Pattern 153

Würden Sie bitte ~? [뷔르덴 지 비테 ~?]
당신은 ~해주시겠습니까?

① 기본패턴의 핵심!

❶ **würden** 은 **werden** (되다) 동사의 접속법 2식 형태입니다.
❷ **Würden Sie bitte ~?** 는 '당신은 ~해주시겠습니까?'의 매우 정중한 어법입니다.
❸ **werden** 동사의 접속법 2식 인칭변화형을 활용하여 다양한 주어의 문장을 만들 수 있습니다.
(**Ich würde, Du würdest, Er/Sie/Es würde, Wir würden, Ihr würdet, Sie würden** 등입니다.)

② 기본패턴의 연습!

p153-01	Würden Sie bitte gehen?	(당신은) 가주시겠습니까?
p153-02	Würden Sie bitte aufpassen?	주의해주시겠습니까?
p153-03	Würden Sie bitte mitkommen?	함께 가시겠습니까?
p153-04	Würden Sie bitte später wieder kommen?	나중에 다시 오시겠습니까?
p153-05	Würden Sie ein Autogramm geben?	사인을 해주시겠습니까?
p153-06	Würden Sie bitte hier unterschreiben?	여기에 서명해주시겠습니까?
p153-07	Würden Sie bitte dieses Formular ausfüllen?	이 서식을 채워주시겠습니까?
p153-08	Würden Sie bitte langsamer sprechen?	좀 더 천천히 말씀해주시겠습니까?

● **gehen** (가다), **aufpassen** (주의하다), **mitkommen** (함께 오다/가다), **später** (나중에), **wieder** (또/다시), **kommen** (오다), **das Autogramm** (서명/사인), **geben** (주다), **hier** (여기), **unterschreiben** (서명하다), **dieser / diese / dieses** (이/이것 : 지시대명사), **das Formular** (서식), **ausfüllen** (채우다), **langsamer** (좀 더 천천히), **sprechen** (말하다)

다섯 번째 섹션 : 중요문법 패턴!

5th Section 은 **중요문법**을 정리하였습니다.
문법적으로 **난이도**도 높고, **사용빈도**도 높은 **표현**들을 정리했습니다.

P 153

③ 기본패턴의 확장!

p153-09 **Würden Sie bitte das Fenster öffnen?** 창문을 열어주시겠습니까?

p153-10 **Würden Sie bitte die Tür schließen?** 문을 잠가주시겠습니까?

● **öffnen** (열다), **das Fenster** (창문), **die Tür** (문), **schließen** (잠그다)

④ 기본패턴의 응용!

p153-11 **A) Würden Sie bitte mitkommen?** 함께 가시겠습니까?

p153-12 **B) Ich begleite Sie gerne.** 당신을 기꺼이 따르겠습니다.

---

p153-13 **A) Würden Sie bitte dieses Formular ausfüllen?** 이 서식을 채워주시겠습니까?

p153-14 **B) Ja, das mache ich gleich.** 네, 바로 하겠습니다.

● **begleiten** (동반하다/곁에 따르다), **gerne** (기꺼이), **ja** (네), **machen** (하다/만들다), **gleich** (곧)

The focus is on **conversation** and **communication**.
Start **speaking languages** immediately using **essential phrases**.

Learn foreign language!
GERMAN

Part 3. It's a completely new way to learn foreign language! | Pattern 154

Würden Sie mir ~? [뷔르덴 지 미어 ~?]
당신은 나에게 ~해주시겠습니까?

① 기본패턴의 핵심!

❶ **würden** 은 **werden** (되다) 동사의 접속법 2식 형태입니다.
❷ **Würden Sie mir ~?** 는 '당신은 나에게 ~해주시겠습니까?'의 정중한 요구 표현입니다.
❸ **werden** 동사의 접속법 2식 인칭변화형을 활용하여 다양한 주어의 문장을 만들 수 있습니다.
(**Ich würde, Du würdest, Er/Sie/Es würde, Wir würden, Ihr würdet, Sie würden** 등입니다.)

② 기본패턴의 연습!

p154-01 **Würden Sie mir bitte das Salz geben?** (당신은) 나에게 소금을 주시겠습니까?

p154-02 **Würden Sie mir eine Zigarette geben?** 나에게 담배 하나를 주시겠습니까?

p154-03 **Würden Sie mir bitte ein Taxi rufen?** 나에게 택시를 불러주시겠습니까?

p154-04 **Würden Sie mir diesen Platz freihalten?** 이 자리를 잡아주시겠습니까?

p154-05 **Würden Sie mir bitte den Weg zeigen?** 나에게 길을 가르쳐주시겠습니까?

p154-06 **Würden Sie mir bitte die genaue Uhrzeit sagen?** 나에게 정확한 시간을 말씀해주시겠습니까?

p154-07 **Würden Sie mir bitte folgen?** 나를 따라오시겠습니까?

p154-08 **Würden Sie mir bitte ein wenig helfen?** 나를 약간 도와주시겠습니까?

● **das Salz** (소금), **geben** (주다), **die Zigarette** (담배), **das Taxi** (택시), **rufen** (부르다), **der Platz** (좌석/광장), **freihalten** (비워 놓다), **der Weg** (길), **zeigen** (가르쳐주다), **genau** (정확한), **die Uhrzeit** (시간), **sagen** (말하다), **folgen** (뒤따르다 : 3격동사), **ein wenig** (약간), **helfen** (돕다: 3격동사)

pattern

다섯 번째 섹션 : 중요문법 패턴!

5th Section 은 **중요문법**을 정리하였습니다.
문법적으로 **난이도**도 높고, **사용빈도**도 높은 **표현**들을 정리했습니다.

P 154

③ 기본패턴의 확장!

p154-09 Würden Sie mir erlauben, Ihnen einen Rat zu geben? 당신에게 충고드리는 것을 허락해주시겠습니까?

p154-10 Würden Sie mich einen Moment entschuldigen? 잠시 실례해도 되겠습니까?

- **Würden Sie mir erlauben, zu** + 동사원형? (~하는 것을 나에게 허락해주시겠습니까?)
- **Würden Sie mich entschuldigen?** (나를 용서해주시겠습니까?)
- **erlauben** (허락하다), **der Rat** (조언/충고), **geben** (주다), **mich** (나를), **der Moment** (순간/시점), **entschuldigen** (용서하다 : 4격동사)

④ 기본패턴의 응용!

p154-11 A) Würden Sie mir bitte den Weg zeigen? 나에게 길을 가르쳐주시겠습니까?

p154-12 B) Folgen Sie mir bitte. 나를 따라오십시오.

p154-13 A) Würden Sie mir erlauben, Ihnen einen Rat zu geben? 당신에게 충고드리는 것을 허락해주시겠습니까?

p154-14 B) Ich höre Ihnen zu. 경청하겠습니다.

- **Ihnen** (당신에게), **zuhören** (경청하다)

Learn foreign language!
GERMAN

Part 3. It's a completely new way to learn foreign language! | Pattern 155

An Ihrer Stelle würde ich ~. [안 이어러 슈텔레 뷔르데 이히 ~.]
당신의 입장에 있다면 나는 ~하고 싶습니다.

① 기본패턴의 핵심!

❶ **würden** 은 **werden** (되다) 동사의 접속법 2식 형태입니다.
❷ **an Ihrer Stelle** (당신의 입장에서/당신의 입장이라면), 그래서
An Ihrer Stelle würde ich + 동사원형. 은 '당신의 입장에 있다면 나는 ~하겠습니다.'입니다.
❸ **werden** 동사의 접속법 2식 인칭변화형을 활용하여 다양한 주어의 문장을 만들 수 있습니다.
(**Ich würde, Du würdest, Er/Sie/Es würde, Wir würden, Ihr würdet, Sie würden** 등입니다.)

② 기본패턴의 연습!

- p155-01 **An Ihrer Stelle würde ich das tun.** 당신의 입장이라면 나는 그것을 하겠습니다.
- p155-02 **An Ihrer Stelle würde ich das kaufen.** 당신의 입장이라면 나는 그것을 사겠습니다.
- p155-03 **An Ihrer Stelle würde ich anders handeln.** 당신의 입장이라면 나는 다르게 행동하겠습니다.
- p155-04 **An Ihrer Stelle würde ich nicht aufgeben.** 당신의 입장이라면 나는 포기하지 않겠습니다.
- p155-05 **An Ihrer Stelle würde ich nicht schweigen.** 당신의 입장이라면 나는 침묵하지 않겠습니다.
- p155-06 **An Ihrer Stelle würde ich das ablehnen.** 당신의 입장이라면 나는 그것을 거절하겠습니다.
- p155-07 **An Ihrer Stelle würde ich mir einen Rat holen.** 당신의 입장이라면 나는 충고를 받아들이겠습니다.
- p155-08 **An Ihrer Stelle würde ich das nie mehr machen.** 당신의 입장이라면 나는 그것을 결코 더 이상 하지 않겠습니다.

● **tun** (하다), **kaufen** (사다), **anders** (다른 방법으로), **handeln** (행동하다),
nicht (아니다), **aufgeben** (포기하다), **schweigen** (침묵하다), **ablehnen** (거절하다),
der Rat (조언/충고), **holen** (얻다), **nie mehr** (결코 더 이상 ~않다), **machen** (하다)

pattern

다섯 번째 섹션 : 중요문법 패턴!

5th Section 은 **중요문법**을 정리하였습니다.
문법적으로 **난이도**도 높고, **사용빈도**도 높은 **표현**들을 정리했습니다.

P 155

③ 기본패턴의 확장!

p155-09 An Ihrer Stelle würde ich dem Rat folgen. 당신의 입장이라면 나는 충고를 따르겠습니다.

p155-10 An Ihrer Stelle würde ich das alles neu machen lassen. 당신의 입장이라면 나는 그것을 전부 새로 하게 하겠습니다.

- **lassen** + 동사원형 (~하게 하다/두다)
- **folgen** (~에 뒤따르다/연속하다), **alles** (모든 것), **neu** (새로운)

④ 기본패턴의 응용!

p155-11 A) Was würden Sie an meiner Stelle tun? 당신이 나의 입장에 있다면 무엇을 하시겠습니까?

p155-12 B) An Ihrer Stelle würde ich dem Rat folgen. 당신의 입장에 있다면 나는 충고를 따르겠습니다.

---

p155-13 A) Ich habe den Eindruck, die Arbeit ist umsonst. 나는 그 일이 소용없다는 인상을 가지고 있습니다.

p155-14 B) An Ihrer Stelle würde ich nicht aufgeben. 당신의 입장에 있다면 나는 포기하지 않겠습니다.

- **was** (무엇), **haben** (가지다), **der Eindruck** (인상), **die Arbeit** (일/작업), **umsonst** (헛되이/소용없이)

Learn foreign language!
GERMAN

Part 3. It's a completely new way to learn foreign language! | **Pattern 156**

Ich würde Ihnen raten, zu ~. [이히 뷔르데 이넨 라텐, 추 ~.]
나는 당신에게 ~하는 것을 조언하겠습니다.

① 기본패턴의 핵심!

❶ **würden** 은 **werden** (되다) 동사의 접속법 2식 형태입니다.
❷ **Ich würde Ihnen raten, zu** + 동사원형.은 '나는 당신에게 ~하는 것을 조언하겠습니다.'입니다.
❸ **werden** 동사의 접속법 2식 인칭변화형을 활용하여 다양한 주어의 문장을 만들 수 있습니다.
(**Ich würde, Du würdest, Er/Sie/Es würde, Wir würden, Ihr würdet, Sie würden** 등입니다.)

② 기본패턴의 연습!

p156-01 **Ich würde Ihnen raten, mit dem Rauchen aufzuhören.** 나는 당신에게 금연하는 것을 조언합니다.

p156-02 **Ich würde Ihnen raten, ins Ausland zu reisen.** 나는 당신에게 외국으로 여행하는 것을 조언합니다.

p156-03 **Ich würde Ihnen raten, das Buch zweimal zu lesen.** 나는 당신에게 그 책을 두 번 읽는 것을 조언합니다.

p156-04 **Ich würde Ihnen raten, das Zimmer aufzuräumen.** 나는 당신에게 그 방을 청소하는 것을 조언합니다.

p156-05 **Ich würde Ihnen raten, das Haus nicht zu kaufen.** 나는 당신에게 그 집을 사지 않기를 조언합니다.

p156-06 **Ich würde Ihnen raten, nicht allein dorthin zu gehen.** 나는 당신에게 거기로 혼자서 가지 않기를 조언합니다.

p156-07 **Ich würde Ihnen raten, diese Reise nicht allein zu unternehmen.** 나는 당신에게 이 여행을 혼자서 감행하지 않기를 조언합니다.

p156-08 **Ich würde Ihnen raten, sich bei der Firma nicht zu bewerben.** 나는 당신에게 그 회사에 지원하지 않기를 조언합니다.

● **das Rauchen** (흡연), **aufhören** (중지하다), **das Ausland** (외국), **reisen** (여행하다), **das Buch** (책), **zweimal** (두 번), **lesen** (읽다), **das Zimmer** (방), **aufräumen** (청소하다), **das Haus** (집), **kaufen** (사다), **allein** (혼자서), **dorthin** (거기로), **gehen** (가다), **die Reise** (여행), **unternehmen** (감행하다/시도하다), **bei der Firma** (그 회사에), **die Firma** (회사), **sich bewerben** (지원하다)

The **basics** of **grammar** and **sentence construction**!
The most useful **phrases** and **expressions**!

pattern

다섯 번째 섹션 : 중요문법 패턴!

5th Section 은 **중요문법**을 정리하였습니다.
문법적으로 **난이도**도 높고, **사용빈도**도 높은 **표현**들을 정리했습니다.

P 156

③ 기본패턴의 확장!

p156-09 **Ich würde Ihnen raten, es nochmal zu versuchen.**
나는 당신에게 그것을 다시 시도하는 것을 조언합니다.

p156-10 **Ich würde Ihnen raten, nicht so schnell aufzugeben.**
나는 당신에게 그렇게 빨리 포기하지 않을 것을 조언합니다.

● **nochmal** (다시), **versuchen** (시도하다), **so** (그렇게), **schnell** (빠른), **aufgeben** (포기하다)

④ 기본패턴의 응용!

p156-11 **A) Morgen kommt der Nachmieter.** 내일 다음 세입자가 옵니다.

p156-12 **B) Ich würde Ihnen raten, das Zimmer aufzuräumen.** 나는 당신에게 그 방을 청소하는 것을 조언합니다.

---

p156-13 **A) Diesmal mache ich Urlaub ganz allein in den Bergen.** 나는 이번에 완전히 홀로 산악에서 휴가를 보냅니다.

p156-14 **B) Ich würde Ihnen raten, nicht allein dorthin zu gehen.** 나는 당신에게 거기로 혼자서 가지 않기를 조언합니다.

● **morgen** (내일), **kommen** (오다), **der Nachmieter** (다음 세입자/후계임차인), **diesmal** (이번에), **machen** (하다/만들다), **der Urlaub** (휴가), **ganz** (완전히), **allein** (혼자서), **der Berg** (산), **die Bergen** (산악/산맥)

Learn foreign language!
GERMAN

Part 3. It's a completely new way to learn foreign language! | Pattern 157

Wenn ich ~ wäre! [벤 이히 ~ 베레!]

만약에 내가 ~라면!

① 기본패턴의 핵심!

❶ **Wenn ich ~ wäre!** (접속법2식)은 '만약에 내가 ~라면!'입니다.
❷ **Wenn ich ~ wäre!** 는 비현실화법(가정법)이라고도 합니다.
❸ **sein** 동사의 접속법 2식 인칭변화형을 활용하여 다양한 주어의 문장을 만들 수 있습니다.
(**Ich wäre, Du wär(e)st, Er/Sie/Es wäre, Wir wären, Ihr wär(e)t , Sie wären** 등입니다.)

② 기본패턴의 연습!

p157-01	Wenn ich Sie wäre!	만약에 내가 당신이라면!
p157-02	Wenn ich jünger wäre!	만약에 내가 좀 더 젊다면!
p157-03	Wenn ich intelligent wäre!	만약에 내가 총명하다면!
p157-04	Wenn ich nur reich wäre!	만약에 내가 단지 부자라면!
p157-05	Wenn ich fliegen könnte!	만약에 내가 날 수 있다면!
p157-06	Wenn ich nur Auto fahren könnte!	만약에 내가 차만 운전할 수 있다면!
p157-07	Wenn ich nur Deutsch sprechen könnte!	만약에 내가 독일어만 말할 수 있다면!
p157-08	Wenn ich das nur wüsste!	만약에 내가 그것을 단지 알고 있다면!

● **können** (할 수 있다)의 접속법 2식은 **könnten** 입니다.
● **wissen** (알다)의 접속법 2식은 **wüssten** 입니다.
● **jünger** (더 젊은), **intelligent** (총명한), **nur** (단지), **reich** (부유한), **fliegen** (날다), **das Auto** (자동차), **fahren** (운전하다), **das Deutsch** (독일어), **sprechen** (말하다)

pattern

다섯 번째 섹션 : 중요문법 패턴!

5th Section 은 **중요문법**을 정리하였습니다.
문법적으로 **난이도**도 높고, **사용빈도**도 높은 **표현**들을 정리했습니다.

P 157

③ 기본패턴의 확장!

p157-09 Wenn ich reich wäre, könnte ich Ihnen helfen. 만약에 내가 부자라면, 당신을 도울 수 있을 텐데!

p157-10 Wenn ich Zeit hätte, würde ich zur Schule gehen. 만약에 내가 시간이 있다면, 학교에 갈 텐데!

- '가정절 + 결과절'의 구조입니다. (만약에 ~라면, ~할 텐데!)
결과절은 생략할 수 있으며, 가정절은 독립적으로 사용할 수 있습니다.
- **Wenn ich ~ hätte** (만약 내가 ~을 가지고 있다면), **hätte** 는 **haben** 의 접속법 2식 형태입니다.
- **zur Schule gehen** (학교에 가다)
- **reich** (부유한), **helfen** (돕다), **die Zeit** (시간), **die Schule** (학교), **gehen** (가다)

④ 기본패턴의 응용!

p157-11 A) Was soll ich bloß tun? 나는 대체 무엇을 해야 할까요?

p157-12 B) Wenn ich Sie wäre, würde ich warten. 만약에 내가 당신이라면, 나는 기다리겠습니다.

---

p157-13 A) Ich brauche dringend Geld. 나는 급하게 돈이 필요합니다.

p157-14 B) Wenn ich reich wäre, könnte ich Ihnen helfen. 만약에 내가 부자라면, 당신을 도울 수 있을 텐데!

- **was** (무엇), **sollen** (하여야 한다), **bloß** (단지/대체), **tun** (하다),
warten (기다리다), **brauchen** (필요하다), **dringend** (절박한/급한), **das Geld** (돈)

appendix

pattern German

부록

부록 1. 30분 만에 끝내는 알파벳과 발음법!
부록 2. 문법 핵심 한눈에 요약정리!

It focuses on conversation with fluency and confidence.
focuses conversation with fluency and confidence.
With this book you will learn languages with thousands of customizable phrases.

appendix

pattern German

부록 1.
30분 만에 끝내는 알파벳과 발음법!

보다 더 인상적이고 부담 없는 **알파벳**과 **발음법 학습**을 위해
가장 선호하는 **이름 베스트 100 리스트**를 활용하여 **학습**해 보겠습니다.

부록 1.
30분 만에 끝내는 알파벳과 발음법!

독일 사람 이름으로 알파벳과 발음법을 끝내자!

'자신 있게 말씀드릴 수 있는 독일어에 대한 진실 한 가지!'

보다 더 인상적이고 부담 없는 독일어 알파벳과 발음법 학습을 위해
독일 남녀가 가장 선호하는 이름 베스트 100 리스트를 활용하여 학습해 보겠습니다.
(여러분이 조만간 어차피 만나게 될 독일 사람들의 이름입니다.)
자! 그러면 지금 바로 시작할까요?

appendix

Learn foreign language!
GERMAN

부록 1.
30분 만에 끝내는 알파벳과 발음법!

It's a completely new way to learn foreign language!

1. 독일어 알파벳, 이미 친하다!

마음만 먹으면 바로 시작할 수 있는 언어가 바로 '독일어'입니다.
우리에게 이미 친근한 알파벳이 독일어의 문자입니다.
독일어의 기본 알파벳 (**Das Alphabet**) [다스 알파벳]은 영어와 똑같습니다.

문자를 알고 있다는 것은 언제든지 본격적으로 시작할 수 있다는 뜻입니다.
자! 그러면 알파벳의 이름과 발음값을 알아보겠습니다. ([괄호] 안은 우리말에 가장 가까운 음가입니다.)

a1-00

A a 아- [ㅏ]	**B b** 베- [ㅂ]	**C c** 체- [ㅊ/ㅆ]
D d 데- [ㄷ/ㅌ]	**E e** 에- [ㅔ]	**F f** 에프 [ㅍ]
G g 게- [ㄱ/ㅋ]	**H h** 하 [ㅎ/묵음]	**I i** 이- [ㅣ]
J j 요트 [ㅣ]	**K k** 카- [ㅋ]	**L l** 엘 [ㄹ]
M m 엠 [ㅁ]	**N n** 엔 [ㄴ]	**O o** 오- [ㅗ]
P p 페- [ㅍ]	**Q q** 쿠- [ㅋ]	**R r** 에르 [ㄹ]
S s 에스 [ㅅ/ㅈ]	**T t** 테- [ㅌ]	**U u** 우- [ㅜ]
V v 파우 [ㅂ/ㅍ]	**W w** 베- [ㅂ]	**X x** 익스 [크ㅅ]
Y y 입실론 [ㅣ]	**Z z** 첸 [ㅊ]	

2. 독일어 모음, 깔끔하다!

보다 더 인상적이고 부담 없는 **알파벳**과 **발음법 학습**을 위해
가장 선호하는 **이름 베스트 100 리스트**를 **활용**하여 **학습**해 보겠습니다.

A 01

독일어 모음의 기본은 **A a** (아), **E e** (에), **I i** (이), **O o** (오), **U u** (우)입니다.
음가 역시 그대로 [ㅏ], [ㅔ], [ㅣ], [ㅗ], [ㅜ]입니다. 읽는 그대로 발음됩니다.
영어의 **A** 가 [아, 에, 애, 에이, 어...] 등등 종잡을 수 없는 반면, 독일어의 **A** 는 [아] 딱 한 가지로 발음됩니다.
이렇게 독일어의 알파벳은 기본적으로 하나의 소리를 가집니다.

a2-01	**Klaudia** 클라우디아	a2-02	**Karolin** 카롤린

독일어 대표 모음의 발음법을 한방에 해결해주는 여자 이름입니다.
(참고적으로 대부분 독일 남자 이름은 자음으로 끝나고, 여자 이름은 모음으로 끝납니다.)
자! 그러면 각각의 모음을 알아볼까요?

a2-03	**A a** [아]	**Anna** 안나	a2-04	**E e** [에]	**Erik** 에릭
a2-05	**I i** [이]	**Incs** 이네스	a2-06	**O o** [오]	**Olof** 올로프
a2-07	**U u** [우]	**Uli** 울리			

3. 독일어의 특별한 모음!

독일어에는 특별한 모음들이 있습니다.
먼저 모음이 변해서 만들어진 '변모음'입니다. **Ä ä** (에), **Ö ö** (외), **Ü ü** (위) 3가지가 있습니다.
소리는 **Ä ä** [ㅔ] (**e** 와 같은 소리), **Ö ö** [ㅚ] , **Ü ü** [ㅟ] (반모음 **y** 와 같은 소리)입니다.
다음은 변모음이 들어간 대표적인 독일인의 성씨입니다.

a3-01	**Ä ä** [에]	**Bäcker** 베커	a3-02	**Ö ö** [외]	**Köller** 쾰러
a3-03	**Ü ü** [위]	**Müller** 뮐러			

The focus is on **conversation** and **communication**.

Start **speaking languages** immediately using **essential phrases**.

부록 1.
30분 만에 끝내는 알파벳과 발음법!

j (요트)와 **y** (입실론)은 '반모음'입니다.
j 는 [ㅣ]에 해당하며, 모음과 결합하면 **ja** [야] (네), **jeder** [예더] (누구나) 하는 식이 됩니다.
y 은 [ㅣ/ㅟ] 발음입니다.

a3-04	**J j** [요트]	**Jürgen** 위르겐	a3-05	**Y y** [입실론]	**Yvo** 이보

4. 독일어의 이중모음과 복모음!

이중모음 역시 지극히 상식적으로 발음됩니다. 예를 들면 **au** [아우], **ai** [아이] 하는 식이죠.
단! 약간 신경 써서 발음해야 할 이중모음이 있습니다.
ie 는 [이-]로 하나의 소리처럼 길게 발음합니다.
ei / ey 는 [아이]로, **eu / äu** 는 [오이] (속칭 '오이 발음')으로 발음합니다.
(**äu** 의 **ä** 는 **e** 처럼 발음된다고 했으니 결국 **eu** 와 같은 셈이죠.)
* **ie** [이-]는 이하부터 간단하게 [이]로 표시하겠습니다.

a4-01	**Friedrich** 프리드리히		
a4-02	**Einhard** 아인하르트	a4-03	**Meyer** 마이어 (성씨)
a4-04	**Eugen** 오이겐		

5. 정말 솔직하다, 독일어 자음!

독일어가 특히 박력 넘치게 들리는 이유는 자음의 영향이 큽니다.
독일어 발음을 더욱 맛깔나게 만들어 줄 독일어의 자음 발음법, 역시 굉장히 상식적입니다.
덕분에 대략 몇 가지만 정리하면 자음 역시 간단하게 해결할 수 있습니다.
보다 애정이 필요한 자음부터 순서대로 설명하여 드리겠습니다.
나머지 자음은 우리가 이미 알고 있는 음가 그대로입니다.

pattern

보다 더 인상적이고 부담 없는 **알파벳**과 **발음법 학습**을 위해
가장 선호하는 **이름 베스트 100 리스트**를 **활용**하여 **학습**해 보겠습니다.

A 01

1) **BDG** (베데게)의 두 얼굴!

b (베), **d** (데), **g** (게)는 각각 [ㅂ], [ㄷ], [ㄱ]로 발음됩니다.
단! 단어의 끝에 오면 경음화되어 각각 [ㅍ], [ㅌ], [ㅋ]로 소리납니다.
p (페), **t** (테), **k** (카)처럼 소리 나는 셈이죠.
독일어가 대략 딱딱하게 들리는 결정적인 이유 중 하나입니다.

b (베)	a5-01	**Barbara** 바바라	a5-02	**Gottlieb** 고트리-프
d (데)	a5-03	**Diana** 디아나	a5-04	**Richard** 리하르트
g (게)	a5-05	**Gus** 구스	a5-06	**Georg** 게오르크
p (페)	a5-07	**Peter** 페터		
t (테)	a5-08	**Torsten** 토어스텐		
k (카)	a5-09	**Klaus** 클라우스		

결국 **b-p, d-t, g-k** 는 '한통속이다'라고 생각할 수 있습니다. 영어 단어와 비교해 보면 더욱 확실해집니다.
(예 : 영어 **red** = 독어 **rot**) 그리고 **er/or** 은 [ㅓ]로 읽습니다.

2) **S** (에스)의 다양한 능력!

독일어의 자음 **s** 는 2가지로 발음됩니다. **s** 다음에 모음이 오면 [ㅈ]로 발음하고, 그밖에 경우는 [ㅅ]로 발음합니다.

a5-10	**Sven** 스벤	a5-11	**Sabine** 자비네

s (에스)와 다른 자음이 조합된 것들이 있습니다. **sp** [슈프], **st** [슈트]가 있는데요,
단어의 중간이나 단어 끝에 올 땐 **sp** [스프], **st** [스트]로도 발음됩니다.

a5-12	**Spengler** 슈팽글러	a5-13	**Stefan** 슈테판

부록 1.
30분 만에 끝내는 알파벳과 발음법!

ß (에스체트)는 **ss** 에 해당하는 독일어 특유의 문자입니다.
단어의 중간이나 단어의 끝에서만 쓰이며 **s** [ㅅ/ㅆ]와 같은 발음입니다.

a5-14 **Gauß** 가우쓰

a5-15 **Strauss** 슈트라우쓰

그밖에 **sch** [쉬]는 영어의 **sh** 와 같은 발음이고, **s** 의 또 다른 조합 형태로 **tsch** [취]도 있습니다.

a5-16 **Fischer** 피셔

a5-17 **Deutschland** 도이췰란트 (독일)

'도이취 (**Deutsch**)의 나라 (**Land**)'라는 뜻의 **Deutschland** 는 독일어 발음법 공부의 완전체입니다.
eu [오이] 발음이 있고, **tsch** [취]가 있고 그리고 끝에 **d** 가 [트]로 발음되는 것까지
중요한 발음규칙을 3가지나 한꺼번에 알려주고 있기 때문이죠.

3) **H** (하) 있다가 없기!

단어 첫머리에 오는 **h** (하)는 [ㅎ] 발음입니다. 그렇지만 단어의 중간이나 단어 끝에 올 때는 묵음,
즉 소리가 나지 않으면서 앞에 있는 모음을 길게 발음하게 만듭니다.

a5-18 **Heike** 하이케

a5-19 **Noah** 노아

4) **Q** (쿠), 외로운 건 싫어!

q (쿠)는 단독으로 쓰이지 않고 항상 **u** 와 함께 쓰이며 [크ㅂ]로 소리 납니다.

a5-20 **Quirin** 크비린

보다 더 인상적이고 부담 없는 **알파벳**과 **발음법 학습**을 위해
가장 선호하는 **이름 베스트 100 리스트**를 **활용**하여 **학습**해 보겠습니다.

5) 마지막 친구들 **V W X Z**

독일어 알파벳의 마지막을 장식하고 있는 **v** (파우), **w** (베), **x** (익스), **z** (쳇)은 영어와 살짝 다른 느낌의 자음들입니다.

V : 먼저 **v** (파우)는 **f** [ㅍ]와 같습니다. 영어의 **father** 와 비교하면 독어의 **Vater** 와 서로 사촌지간이라는 것을 짐작해볼 수 있습니다. (단, 외래어의 경우는 영어처럼 [ㅂ]로 소리 납니다.)
W : 그리고 **w** (베)는 [ㅂ] 소리입니다. **b** 가 입술이 닿는 [ㅂ]라면 **w** 는 입술이 닿지 않는 [ㅂ]입니다. 그래서 **Wagner** 는 '바그너' 보다는 '봐그너'라고 발음하는 것이 **b** 와 구별할 수 있습니다. (본서에서는 'ㅂ'로 표기하겠습니다.)
X : **x** (익스) **[ks]** 발음입니다. 실제 우리말로 표기할 때는 [ㄱ ㅅ]로 됩니다.
Z : **z** (쳇) [ㅊ] 발음입니다. 엄밀히 말하면 [ㅉ]와 [ㅊ]의 중간 정도라고 생각하시면 됩니다. (편의상 [ㅊ]로 표기하겠습니다.)

a5-21	**Volker** 폴커	a5-22	**Walter** 발터
a5-23	**Xaver** 크사버	a5-24	**Zilla** 칠라

6. 싹! 독일어 이중사음!

ch (체하)는 독특한 발음법의 소유자입니다. '히' 소리와 '흐' 소리로 구분되는데요,
a, o, u 뒤에 오면 [흐], 나머지 경우는 [히]로 발음합니다.

a6-01	**Bach** 바흐 (성씨)	a6-02	**Dietrich** 디트리히

ng 는 받침소리 [ㅇ]이며, **nk** 는 [ㅇ ㅋ]입니다.

a6-03	**Wolfgang** 볼프강	a6-04	**Frank** 프랑크

이상으로 독일어 주요 발음의 소개를 마칩니다. 발음은 **MP3** 청취/발음 연습자료를 이용하는 것이 가장 좋습니다.

appendix

pattern German

부록 2.
문법 핵심 한눈에 요약정리!

문법 핵심을 한눈에 파악할 수 있도록 **요약정리**했습니다!
궁금한 **문법사항**은 **그때그때** 찾아서 **확인**이 가능합니다.

Start speaking languages immediately using essential phrases.

부록 2.
문법 핵심 한눈에 요약정리!

문법 핵심을 한눈에 파악할 수 있도록 **요약정리**했습니다!
궁금한 **문법사항**은 **그때 그때** 찾아서 **확인**이 가능합니다.

appendix

부록 2.
문법 핵심 한눈에 요약정리!

1. 독일어 인칭대명사

한줄요약 : 독일어 문장의 주어가 될 수 있는 인칭대명사(주격)입니다!

독일어 인칭대명사

ich [이히] 나	**wir** [비어] 우리들
du [두] 너	**ihr** [이어] 너희들
er / sie / es [에어] 그 / [지] 그녀 / [에스] 그것	**sie / Sie** [지] 그들 / [지] 당신/당신들

❶ 독일어 인칭대명사는 문장의 주어가 될 수 있습니다. (주격인칭대명사)
❷ 2인칭 인칭대명사에는 존칭의 Sie (당신)과 친칭 **du** (너)가 있습니다.
❸ 인칭대명사 **Sie** (당신)은 첫글자 **S** 를 항상 대문자로 씁니다.
❹ 인칭대명사 **du** (너)는 친한 사이의 호칭입니다.
나이에 관계없이 친해지면 쓸 수 있고, 부모, 어른, 선생님한테도 사용할 수 있습니다.
❺ 인칭대명사 **sie** 는 3가지가 있습니다. 단수형으로 쓰면 '그녀',
복수형으로 쓰면 '그들/그녀들' 그리고 대문자로 쓴 **Sie** 는 '당신'입니다.
❻ **sie** 는 인칭대명사의 모양이 같더라도,
다음에 오는 동사의 형태가 달라지기 때문에 서로 분명하게 구별이 됩니다.

2. 독일어 **sein** 동사

한줄요약 : 독일어 sein (~이다) 동사는 영어의 be 동사입니다!

sein [자인] ~이다

문법 핵심을 한눈에 파악할 수 있도록 요약정리했습니다!
궁금한 문법사항은 그때그때 찾아서 확인이 가능합니다.

A 02

ich bin ~ [이히 빈 ~] 나는 ~이다	**wir sind ~** [비어 진트 ~] 우리들은 ~이다
du bist ~ [두 비스트 ~] 너는 ~이다	**ihr seid ~** [이어 자이트 ~] 너희들은 ~이다
er / sie / es ist ~ [에어 / 지 / 에스 이스트 ~] 그/그녀/그것은 ~이다	**sie / Sie sind ~** [지 / 지 진트 ~] 그들/당신(당신들)은 ~이다

❶ 독일어 **sein** 동사는 영어의 **be** 동사에 해당합니다.
❷ 영어의 **be** 동사가 **I am, You are, He is ...**인 것처럼,
독일어의 **sein** 동사 역시 인칭에 따라 모양이 다른 일종의 불규칙 동사입니다.
❸ 3인칭 단수는 영어의 **He/She/It is** 처럼 독일어는 모두 **ist** 입니다.
❹ **sein** (~이다) 동사를 암기하실 때는 **ich bin ~, du bist ~, er / sie / es ist ~ ...**처럼
인칭대명사와 함께 통째로 기억하는 것이 좋습니다.
❺ 복수 3인칭 **sie** 와 2인칭 존칭 **Sie** 는 모두 **sind** 입니다.
이는 모든 독일어 동사의 복수 3인칭과 2인칭 존칭 **Sie** 는 동사의 형태가 같다는 뜻이기도 합니다.

3. 독일어 **haben** 동사

한줄요약 : 독일어 haben (가지다) 동사는 영어의 have 동사입니다!

haben [하벤] ~가지고 있다

Ich habe ~ [이히 하베 ~] 나는 ~가지고 있다	**wir haben ~** [비어 하벤 ~] 우리들은 ~가지고 있다
du hast ~ [두 하스트 ~] 너는 ~가지고 있다	**ihr habt ~** [이어 합트 ~] 너희들은 ~가지고 있다
er / sie / es hat ~ [에어 / 지 / 에스 하트 ~] 그/그녀/그것은 ~가지고 있다	**sie / Sie haben ~** [지 / 지 하벤] 그들/당신(당신들)은 ~가지고 있다

부록 2.
문법 핵심 한눈에 요약정리!

❶ 독일어의 **haben** 동사는 영어의 **have** 동사와 같습니다.
❷ **haben** 동사는 인칭에 따라 모양이 달라지는 불규칙 동사이지만,
나름의 규칙성을 발견할 수 있습니다.
❸ 독일어 동사는 거의 대부분 동사의 원형과 복수 1인칭/3인칭의 형태가 같습니다.
❹ 그래서 **haben** 동사 역시 복수 1인칭과 3인칭은 동사의 원형 그대로입니다.
❺ '독일어 규칙동사'를 참고하시면, **haben** 동사는 단수 2인칭 **hast** 와 단수 3인칭 **hat** 를 제외하면,
나머지 모든 인칭변화가 규칙적입니다.

4. 독일어 werden 동사

한줄요약 : 독일어 werden (~되다) 동사를 정리해 드리겠습니다.

werden [베르덴] ~되다

ich werde ~ [이히 베르데 ~] 나는 ~된다	**wir werden ~** [비어 베르덴 ~] 우리들은 ~된다
du wirst ~ [두 비르스트 ~] 너는 ~된다	**ihr werdet ~** [이어 베르데트 ~] 너희들은 ~된다
er / sie / es wird ~ [에어 / 지/ 에스 비르트 ~] 그/그녀/그것은 ~된다	**sie / Sie werden ~** [지 /지 베르덴 ~] 그들/당신(당신들)은 ~된다

❶ 독일어 **werden** 동사는 인칭에 따라 모양이 달라지는 불규칙 동사이지만
haben 동사처럼 나름의 규칙성을 발견할 수 있습니다.
❷ **werden** 의 복수 1인칭과 3인칭은 동사의 원형 그대로이고, 복수 2인칭은 어근에 **–(e)t** 가 붙은 형태이고,
단수 1인칭은 어근에 **–e** 가 붙는다는 것을 알 수 있습니다.
❸ 동사의 변화패턴은 규칙과 불규칙으로 나뉩니다.
haben 과 **werden** 동사는 불규칙동사이지만 규칙적인 변화의 토대 위에 있다고 할 수 있습니다.
❹ 그래서 변화형태를 신경써야 할 부분은 단수 2인칭 **wirst** 와 단수 3인칭 **wird** 뿐입니다.
나머지는 규칙적인 변화를 하기 때문입니다.
❺ **werden** 동사의 복수 2인칭 형태 **werdet** 는 동사의 어근 **werd** 에 어미 **-t** 를 붙이는 과정에서 발음 상의 편의를
위해 사이에 **e** 를 첨가한 경우입니다. 이렇게 독일어는 발음의 편의를 위해 모음을 추가하는 경우가 있습니다.

문법 핵심을 한눈에 파악할 수 있도록 **요약정리**했습니다!
궁금한 **문법사항**은 **그때그때** 찾아서 **확인**이 가능합니다.

A
02

5. 독일어 동사의 인칭변화 (규칙동사)

한줄요약 : 독일어 동사의 대부분은 인칭에 따라서 규칙적인 어미변화를 합니다!

인칭	인칭어미	**lernen** (배우다)	**gehen** (가다)
ich 나	**-e**	**lerne** [레르네]	**gehe** [게에]
du 너	**-st**	**lernst** [레른스트]	**gehst** [게에스트]
er/sie/es 그/그녀/그것	**-t**	**lernt** [레른트]	**geht** [게에트]
wir 우리들	**-en**	**lernen** [레르넨]	**gehen** [게엔]
ihr 너희들	**-t**	**lernt** [레른트]	**geht** [게에트]
sie/Sie 그들/당신	**-en**	**lernen** [레르넨]	**gehen** [게엔]

❶ 독일어 동사는 '어간과 어미'로 이루어져 있습니다.
거의 대부분 '어간+**en**'의 형태입니다.
❷ 모든 독일어 동사는 인칭에 따라 어미변화를 합니다.
전체 독일어 동사 중 약 80%가 규칙적으로 어미변화를 하는 '규칙변화동사'입니다.
❸ 발음을 편하게 하기 위해 어미 앞에 **-e** 를 첨가하기도 합니다.
❹ **lernen** (배우다) 동사의 어간은 **lern** 이고, **gehen** (가다) 동사의 어간은 **geh** 입니다.

6. 독일어 동사의 인칭변화 (불규칙동사)

한줄요약 : 독일어 동사의 일부는 인칭에 따라 불규칙적인 변화를 합니다!

부록 2.
문법 핵심 한눈에 요약정리!

인칭	인칭어미	**sprechen** (말하다)	**fahren** (운전하다)
ich 나	**-e**	**spreche** [슈프레헤]	**fahre** [파레]
du 너	**-st**	**sprichst** [슈프리히스트]	**fährst** [페르스트]
er/sie/es 그/그녀/그것	**-t**	**spricht** [슈프리히트]	**fährt** [페르트]
wir 우리들	**-en**	**sprechen** [슈프레헨]	**fahren** [파렌]
ihr 너희들	**-t**	**sprecht** [슈프레히트]	**fahrt** [파르트]
sie/Sie 그들/당신	**-en**	**sprechen** [슈프레헨]	**fahren** [파렌]

❶ 독일어 동사는 인칭에 따라 어미변화를 합니다.
❷ 일부 독일어 동사는 인칭변화를 할때 어간모음도 변합니다.
❸ 주로 단수 2인칭과 3인칭의 어간모음이 변화를 하면서 불규칙동사가 되며,
단수 1인칭과 복수 인칭은 규칙적인 변화를 합니다.
❹ 어간 모음의 변화 패턴에 따라 8~9가지 형태로 불규칙동사변화를 정리할 수 있습니다.
❺ **sprechen** (말하다) 동사의 어간은 **sprech** 인데,
단수 2인칭과 3인칭에서는 어간모음 **e** 가 **i** 로 바뀌면서 각각 **sprichst**, **spricht** 가 됩니다.
❻ **fahren** (운전하다) 동사의 어간은 **fahr** 인데,
단수 2인칭과 3인칭에서는 어간모음 **a** 가 **ä** 로 바뀌면서 각각 **fährst**, **fährt** 가 됩니다.

7. 독일어 명사의 성과 수

한줄요약 : 독일어의 명사는 남성/여성/중성이 있습니다!

독일어 명사의 성과 수

der Mann [데어 만] 남자	**die Frau** [디 프라우] 여자	**das Kind** [다스 킨트] 아이

pattern

문법 핵심을 한눈에 파악할 수 있도록 **요약정리**했습니다!
궁금한 **문법사항**은 **그때그때** 찾아서 **확인**이 가능합니다.

A 02

die Männer
[디 메너] 남자들

die Frauen
[디 프라우엔] 여자들

die Kinder
[디 킨더] 아이들

der Garten
[데어 가르텐] 정원

die Schule
[디 슐레] 학교

das Haus
[다스 하우스] 집

die Gärten
[디 게르텐] 정원들

die Schulen
[디 슐렌] 학교들

die Häuser
[디 호이저] 집들

❶ 독일어의 명사는 항상 첫글자를 대문자로 씁니다.
❷ 독일어 명사는 성, 수, 격이라는 것이 있습니다. 그래서 고유명사(사람 이름, 도시 이름 등)를 제외한 모든 명사는 남성/여성/중성으로 구분됩니다.
❸ 성의 구분은 자연법칙에 따르기도 하지만 대부분 임의적으로 부여되어 있습니다. 예를 들면 '아버지'는 남성, '어머니'는 여성 등으로 자연성을 따릅니다만, '정원'은 남성, '학교'는 여성 등으로 임의적입니다.
❹ 명사의 수는 '단수와 복수'를 말하며, 역시 복수형 관사(**die**)를 통해 구별할 수 있습니다.
❺ 아울러 명사의 단수를 복수로 만들 때는 여러가지 방법이 있습니다.
위의 명사들의 단수형과 복수형을 비교해 보면, 단수와 복수의 형태가 같은 것, 어간 모음이 변화하는 것, 복수형 어미(**-er, -en** 등)가 붙는 경우 등이 있습니다.
❻ 명사의 복수형을 만드는 방법은 4가지 패턴이 있습니다만, 명사가 나오면 그때그때 암기해 두는 것이 좋습니다.

8. 독일어 정관사

한줄요약 : 독일어 정관사는 모두 16개입니다!

독일어 정관사

	단수			복수
	남성	여성	중성	
1격 ~는	**der** [데어]	**die** [디-]	**das** [다스]	**die** [디-]
2격 ~의	**des** [데스]	**der** [데어]	**des** [데스]	**der** [데어]
3격 ~에게	**dem** [뎀]	**der** [데어]	**dem** [뎀]	**den** [덴]
4격 ~를	**den** [덴]	**die** [디-]	**das** [다스]	**die** [디-]

Learn foreign language!
GERMAN

부록 2.
문법 핵심 한눈에 요약정리!

❶ 영어의 정관사가 **the** 하나라면, 독일어의 정관사는 무려 16개입니다.
❷ 중복되는 것을 제외하면 독일어 정관사는 딱 6가지입니다.
❸ 독일어의 정관사가 이렇게 많은 이유는 독일어의 명사가 남성/여성/중성 등 성을 가지고 있기 때문이기도 하고, '격' 즉, 주격/소유격/여격/목적격('1격/2격/3격/4격'이라고도 칭함) 등으로 역할이 구별되기 때문입니다.
❹ '격'은 각각 '주격'(~는), '소유격'(~의), '여격' (~에게), '목적격'(~를)의 의미를 가집니다.
❺ 때문에 독일어 정관사는 뒤에 오는 명사가 문장 안에서 어떠한 역할을 하는지 정확하게 알려 줄 수 있습니다.
❻ 정관사는 특정한 명사를 지칭할 때 사용하며, '그'라는 뜻입니다.

9. 독일어 부정관사

한줄요약 : 독일어 부정관사는 모두 12가지입니다!

독일어 부정관사

	남성	여성	중성
1격 ~는	**ein** [아인]	**eine** [아이네]	**ein** [아인]
2격 ~의	**eines** [아이네스]	**einer** [아이너]	**eines** [아이네스]
3격 ~에게	**einem** [아이넴]	**einer** [아이너]	**einem** [아이넴]
4격 ~를	**einen** [아이넨]	**eine** [아이네]	**ein** [아인]

❶ 영어의 부정관사가 **a** 하나라면 (**an** 은 발음 상의 이유로 존재할 뿐임), 독일어의 부정관사는 무려 12개입니다.
❷ 중복되는 것을 제외하면 독일어 부정관사의 형태는 딱 6가지입니다.
❸ 독일어의 부정관사 역시 정관사처럼 독일어의 명사가 '성과 격'을 가지고 있기 때문에 다양한 형태가 있습니다.
❹ '격'은 각각 '주격'(~는), '소유격'(~의), '여격' (~에게), '목적격'(~를)의 의미를 가집니다.
❺ 부정관사는 '어떤/하나의'라는 뜻입니다. 부정관사의 복수형은 없습니다.
❻ 부정관사를 닮은 지시대명사들을 '부정관사류'라고 합니다. 부정관사류의 격변화 역시 부정관사와 똑같습니다. (부정관사류 : 소유대명사들과 부정을 나타내는 부정관사 **kein** (아니다))

문법 핵심을 한눈에 파악할 수 있도록 **요약정리**했습니다!
궁금한 **문법사항**은 **그때그때** 찾아서 **확인**이 가능합니다.

A 02

10. 독일어 인칭대명사의 격변화

한줄요약 : 독일어의 인칭대명사는 격에 따라 형태가 다릅니다!

독일어 단수 인칭대명사의 격변화

1격 ~는	**ich** 나는	**du** 너는	**er** 그는	**sie** 그녀는	**es** 그것은
3격 ~에게	**mir** 나에게	**dir** 너에게	**ihm** 그에게	**ihr** 그녀에게	**ihm** 그것에게
4격 ~를	**mich** 나를	**dich** 너를	**ihn** 그를	**sie** 그녀를	**es** 그것을

독일어 복수 인칭대명사의 격변화

1격 ~는	**wir** 우리는	**ihr** 너희는	**sie** 그/그녀/그것들은	**Sie** 당신은
3격 ~에게	**uns** 우리에게	**euch** 너희에게	**ihnen** 그/그녀/그것들에게	**Ihnen** 당신에게
4격 ~를	**uns** 우리를	**euch** 너희를	**sie** 그/그녀/그것들을	**Sie** 당신을

❶ 독일어 인칭대명사는 격이 있습니다. 각각의 격에 따라 형태가 다릅니다.
❷ 영어는 **I** (나는 : 주격), **me** (나를 : 목적격)이 있고, '나에게'는 전치사의 힘을 빌어 **to me** 가 되지만, 독일어는 '나에게'라는 인칭대명사 **mir** 가 별도로 있습니다.
그래서 영어보다 더 많은 인칭대명사의 형태가 존재하는 것입니다.
❸ 인칭대명사 2격(~의)은 소유대명사로 대신합니다. (소유대명사 참고)
❹ 학습하는 방법은 **ich - mir - mich, du - dir – dich, ...** 식으로 묶어서 외우는 것이 좋습니다.
❺ 복수 3인칭은 존칭과 같은 형태이며, 존칭은 대문자로 표기합니다.

Learn foreign language!
GERMAN

부록 2.
문법 핵심 한눈에 요약정리!

It's a completely new way to learn foreign language!

11. 독일어 지시대명사

한줄요약 : 독일어 지시대명사는 정관사류입니다!

독일어 지시대명사

dieser [디저] 이것　**jener** [예너] 저것　**solcher** [졸허] 그런 것

	단수			복수
	남성	여성	중성	
1격 ~는	**dieser** [디저]	**diese** [디제]	**dieses** [디제스]	**diese** [디제]
2격 ~의	**dieses** [디제스]	**dieser** [디저]	**dieses** [디제스]	**dieser** [디저]
3격 ~에게	**diesem** [디젬]	**dieser** [디저]	**diesem** [디젬]	**diesen** [디젠]
4격 ~를	**deisen** [디젠]	**diese** [디제]	**dieses** [디제스]	**diese** [디제]

❶ 독일어의 지시대명사는 '정관사류'입니다. 정관사류는 정관사와 같은 격어미 변화를 합니다.
❷ 그리고 독일어의 정관사(**der/die/das/die**)는 지시대명사로도 쓰입니다.
즉, 정관사가 명사 없이 단독으로 쓰였다면, 앞에서 언급한 명사를 지시하는 역할입니다.
❸ 자주 사용하는 정관사류로는 **dieser** (이것), **jener** (저것), **jeder** (각각의 것), **solcher** (그런 것), **aller** (모든), **welcher** (어떤) 등이 있습니다.

12. 독일어 소유대명사

한줄요약 : 독일어 소유대명사는 부정관사류입니다!

문법 핵심을 한눈에 파악할 수 있도록 **요약정리**했습니다!
궁금한 **문법사항**은 **그때그때** 찾아서 **확인**이 가능합니다.

A 02

독일어 소유대명사

나의	**mein**	[마인]	우리의	**unser**	[운저]
너의	**dein**	[다인]	너희들의	**euer**	[오이어]
그/그것의	**sein**	[자인]	그들의	**ihr**	[이어]
그녀의	**ihr**	[이어]	당신들의	**Ihr**	[이어]

	남성	여성	중성	복수
1격 ~는	**mein** [마인]	**meine** [마이네]	**mein** [마인]	**meine** [마이네]
2격 ~의	**meines** [마이네스]	**meiner** [마이너]	**meines** [마이네스]	**meiner** [마이너]
3격 ~에게	**meinem** [마이넴]	**meiner** [마이너]	**meinem** [마이넴]	**meinen** [마이넨]
4격 ~를	**meinen** [마이넨]	**meine** [마이네]	**mein** [마인]	**meine** [마이네]

❶ 독일어의 소유대명사는 '부정관사류'입니다. 부정관사류는 부정관사와 같은 격어미 변화를 합니다.
❷ 난! 부정관사는 복수형이 없기 때문에 성관사와 같은 어미변화를 합니다.
❸ **mein** 은 **ein** 에 **m-** 만 붙은 형태입니다. 같은 방식으로 **dein**, **sein** ... 등 다른 소유대명사도 같은 어미변화를 합니다.
❹ 독일어의 부정관사표와 비교해 보시면 변화의 패턴을 보다 쉽게 익히실 수 있습니다.

13. 독일어 형용사의 격변화

한줄요약 : 독일어 형용사는 어미변화를 합니다!

1) 독일어 형용사의 강변화

	남성	여성	중성	복수
1격	**guter Kaffee**	**gute Milch**	**gutes Bier**	**gute Kaffee / Milche / Biere**
2격	**guten Kaffees**	**guter Milch**	**guten Biers**	**guter Kaffee / Milche / Biere**
3격	**gutem Kaffee**	**guter Milch**	**gutem Bier**	**guten Kaffee / Milche / Biere**
4격	**guten Kaffee**	**gute Milch**	**gutes Bier**	**gute Kaffee / Milche / Biere**
	(좋은 커피)	(좋은 우유)	(좋은 맥주)	(좋은 커피/우유/맥주들)

부록 2.
문법 핵심 한눈에 요약정리!

2) 독일어 형용사의 약변화

남성1격	**der gute Kaffee** (그 좋은 커피는)	여성1격/4격	**die gute Milch** (그 좋은 우유는/를)
중성1격/4격	**das gute Bier** (그 좋은 맥주를)		

3) 독일어 형용사의 혼합변화

남성1격	**ein guter Kaffee** (하나의 좋은 커피는)	여성1격/4격	**eine gute Milch** (하나의 좋은 우유는/를)
중성1격/4격	**ein gutes Bier** (하나의 좋은 맥주를)		

❶ 독일어의 형용사는 두 가지 특징이 있습니다.
❷ 첫 번째는 형용사가 단독으로 사용될 경우에는 어미변화하지 않습니다. (술어적 용법)
Das Bier ist gut. (그 맥주는 좋다.)
❸ 두 번째는 형용사가 명사 앞에서 명사를 수식하는 부가어적으로 사용될 경우, 이때는 반드시 어미변화를 합니다. (부가어적 용법) **Das ist ein gutes Bier.** (그것은 좋은 맥주다.)
❹ 형용사 어미변화 패턴은 3가지입니다. '형용사 + 명사' 앞에 관사가 없을 때 (강변화), 정관사가 올 때 (약변화), 부정관사가 올 때 (혼합변화) 등 경우에 따라 형용사의 어미가 변화합니다.
❺ 형용사가 명사 앞에서 어미변화를 하는 이유는 형용사가 명사의 정체를 좀 더 명확하게 밝혀주기 위해서입니다.
❻ 형용사 앞에 정관사가 있다면 가장 정확하게 명사의 성/수/격을 밝힐 수 있습니다. 그런데 정관사가 없고, 부정관사가 올 경우에는 형용사 어미는 좀 더 열심히 변화를 해야합니다.
때문에 관사 없이 명사 앞에 형용사만 올 경우, 형용사 어미의 변화가 많을 수밖에 없습니다.
❼ 그래서 이렇게 어미가 많이 변화하는 것을 '형용사의 강변화'라고 하고, 정관사가 함께 와서 조금만 변해도 되는 것을 '형용사의 약변화', 부정관사가 오면 강변화와 약변화를 혼합한 '형용사의 혼합변화'라고 부릅니다.
❽ '형용사의 강변화'는 관사가 없기 때문에 형용사 어미가 거의 정관사 어미처럼 변합니다.
❾ '형용사의 약변화'는 남성1격, 여성1격/4격, 중성1격/4격을 제외하면 모두 형용사 어미가 **-en** 입니다.
❿ '형용사의 혼합변화' 또한 남성1격, 여성1격/4격, 중성1격/4격을 제외하면 모두 형용사 어미가 **-en** 입니다.

14. 독일어 재귀대명사

한줄요약 : 재귀대명사는 재귀동사와 함께 '자기 자신'을 의미할 때 사용합니다!

단수	**ich**	**du**	**er/sie/es, sie**
3격	**mir**	**dir**	**sich**
4격	**mich**	**dich**	**sich**

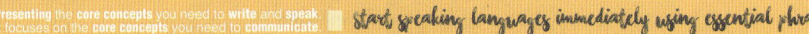

문법 핵심을 한눈에 파악할 수 있도록 **요약정리**했습니다!
궁금한 **문법사항**은 **그때그때** 찾아서 **확인**이 가능합니다.

A
02

복수	**wir**	**ihr**	**sie, Sie**
3격	**uns**	**euch**	**sich**
4격	**uns**	**euch**	**sich**

❶ 재귀대명사는 주어 자신을 지칭할 때 사용합니다.
❷ 재귀대명사는 3격과 4격이 있습니다.
(**Ich wasche mir die Hände**. (나는 손을 씻는다.), **Ich setzte mich auf den Stuhl.** (나는 의자에 앉는다.)
❸ 3인칭 재귀대명사는 단수, 복수 모두 **sich** [지히]입니다.
❹ 재귀대명사는 주로 재귀동사와 함께 결합하여 사용합니다. **setzten** (앉다) > **setzen sich** (자신이 스스로 앉는다)
❺ '복수주어 + 복수재귀대명사'는 '서로 서로'의 뜻입니다. **Wir lieben uns sehr.** (우리는 서로를 매우 사랑합니다.)
❻ 학습법은 단수 1인칭 **ich – mir –mich** [이히 - 미어 - 미히], 단수 2인칭 **du – dir – dich** [두 - 디어 -디히], 복수 1인칭 **wir – uns – uns** [비어 - 운스 -운스], 복수 2인칭 **ihr – euch – euch** [이어 - 오이히 - 오이히]로 암기하면 됩니다. 그 나머지는 모두 **sich** [지히]이고요.

15. 독일어 화법조동사

한줄요약 : 다양하게 말할 수 있도록 도와주는 독일어 화법조동사는 6가지입니다!

독일어 화법조동사

	können ~할 수 있다	**müssen** ~해야만 한다	**wollen** ~하려 한다
ich	**kann**	**muss**	**will**
du	**kannst**	**musst**	**willst**
er/sie/es	**kann**	**muss**	**will**
wir	**können**	**müssen**	**wollen**
ihr	**könnt**	**müsst**	**wollt**
sie/Sie	**können**	**müssen**	**wollen**
	sollen ~해야 한다	**dürfen** ~해도 된다	**mögen** ~을 좋아하다
ich	**soll**	**darf**	**mag**
du	**sollst**	**darfst**	**magst**
er/sie/es	**soll**	**darf**	**mag**
wir	**sollen**	**dürfen**	**mögen**
ihr	**sollt**	**dürft**	**mögt**
sie/Sie	**sollen**	**dürfen**	**mögen**

The focus is on **conversation** and **communication**.

Start **speaking languages** immediately using **essential phrases**.

Learn foreign language!
GERMAN

부록 2.
문법 핵심 한눈에 요약정리!

It's a completely new way to learn foreign language!

❶ 독일어 화법조동사에서 가장 중요한 점은 '어순'입니다.
영어가 '조동사 + 원형동사'의 순서로 이어진다면, 독일어는 원형동사가 문장의 맨 끝에 위치합니다. (동사후치)
Ich kann Deutsch sprechen. [이히 칸 도이취 슈프레헨.] (나는 독일어를 말할 수 있다. :
das Deutsch [도이취] 독일어, **sprechen** [슈프레헨] 말하다)
❷ 독일어 화법조동사의 인칭별 변화에는 패턴이 있습니다. 복수형은 간단합니다.
복수 1인칭/3인칭/존칭이 동일하며, 복수2인칭은 '어근**+t**' 만 해주면 됩니다.
그리고 단수는 단수 1인칭과 3인칭이 각각 같은 형태입니다.
바로 이것에 **-st** 만 붙여주면 단수 2인칭도 해결되는 것이죠.
❸ **können** [쾬넨]은 '~할 수 있다'의 의미로 '가능'을 나타냅니다.
❹ **müssen** [뮈쎈]은 '~해야만 한다'의 의미로 '강제 또는 의무'를 나타냅니다.
❺ **wollen** [볼렌]은 '~하려 한다'의 의미로 '의지'를 나타냅니다.
❻ **sollen** [졸렌]은 '~해야 한다'로 '도덕적 의무'를 나타냅니다.
❼ **dürfen** [뒤르펜]은 '~해도 된다'로 '허가'를 나타냅니다.
❽ **mögen** [뫼겐]은 '~을 좋아하다'는 뜻으로 '기호'를 나타냅니다.

16. 독일어 명령법

한줄요약 : 명령문은 2인칭(단수/복수/존칭)을 향합니다!

	kommen (오다)	**gehen** (가다)	**sprechen** (말하다)
du	**komm**	**geh**	**sprich**
ihr	**kommt**	**geht**	**sprecht**
Sie	**kommen**	**gehen**	**sprechen**

❶ '동사의 원형 + **Sie**(존칭)!'는 공손한 부탁을 나타냅니다. 간편하게 만들 수 있는 유용한 어법입니다.
❷ 명령문은 마지막에 '느낌표'를 찍습니다.
❸ 명령문을 만드는 방법은, 단수 2인칭은 '어간**(e)!**' (**e** 를 붙일 때도 있음), 복수 2인칭 명령은 '어간**+t!**'입니다.
❹ 불규칙동사의 경우, 단수 2인칭 명령형에서 어간 모음이 변화하기도 합니다. (**sprechen > sprich**)
❺ **Komm(e)!** (너) 와!, **Kommt!** (너희들) 와!, **Kommen Sie hierher!** 여기로 오세요!

17. 독일어 시제 (현재완료, 과거완료)

한줄요약 : 가장 많이 사용하는 시제 중 하나가 '현재완료/과거완료'입니다!

현재완료 시제
haben + p.p. (과거분사)
sein + p.p. (과거분사)

문법 핵심을 한눈에 파악할 수 있도록 요약정리했습니다!
궁금한 문법사항은 그때그때 찾아서 확인이 가능합니다.

A 02

과거완료 시제
hatte + p.p. (과거분사)
war + p.p. (과거분사)

❶ 독일어의 시제는 현재, 현재완료, 과거, 과거완료, 미래, 미래완료 등이 있습니다.
❷ 독일어 시제 중 일상회화에서 주로 사용하는 것은 대략
현재 > 현재완료 > 미래 > 과거완료 > 미래완료 > 과거의 순으로 볼 수 있습니다.
❸ 완료시제는 복합시제로 시제조동사를 필요로 합니다.
영어의 **have + p.p., be + p.p.** 처럼 **haben** 과 **sein** 동사가 필요합니다.
❹ 현재완료는 **haben + p.p.** 또는 **sein + p.p.** 로 만듭니다. '장소의 이동', '상태의 변화' 그리고 **sein, werden, bleiben** 동사는 **sein + p.p.** 로 현재완료시제를 만들고 그 나머지는 모두 **haben + p.p.** 로 만듭니다.
❺ **haben + p.p.** 는 '타동사', '화법조동사', '재귀동사', '비인칭동사' 그리고 '자동사 몇 가지'일 때입니다.
❻ 과거분사를 만드는 방법은 규칙동사의 경우 **ge**+어간+**t** 로 만듭니다. (**machen > gemacht**)
❼ 분리동사의 경우는 '전철+ **ge**+어간(또는 어간모음변화)+**t/en**'으로 만듭니다. (**aufstehen > aufgestanden**)
❽ 불규칙동사의 과거분사형은 **ge**+어간(어간모음변화)+**en** 의 형태입니다. (**fahren > gefahren**)
(사전의 독일어 불규칙동사변화표를 참고하시면 됩니다.)

18. 독일어 관계대명사

한줄요약 : 독일어 관계대명사는 서로 관계 있는 두 문장을 하나로 연결해줍니다!

독일어 관계대명사

	단수			복수
	남성	여성	중성	
1격	**der**	**die**	**das**	**die**
2격	**dessen**	**deren**	**dessen**	**deren**
3격	**dem**	**der**	**dem**	**denen**
4격	**den**	**die**	**das**	**die**

❶ 독일어 관계대명사는 정관사를 매우 닮았습니다.
❷ 독일어 관계대명사는 모든 2격과 복수3격을 제외하면 정관사와 똑같습니다.
❸ 관계문은 주절과 관계절로 이루어집니다. 관계절은 관계대명사로 이어지며, 콤마로 연결됩니다.
❹ 관계절은 관계대명사로 시작하며 관계절의 동사는 후치됩니다.
❺ **Ich kenne die Frau.** (나는 그 여자를 안다.) + **Die Frau steht dort.** (그 여자는 저기에 서있다.)
= **Ich kenne die Frau ,die dort steht.** (나는 저기에 서있는 여자를 안다.)

Learn foreign language!
GERMAN

부록 2. 문법 핵심 한눈에 요약정리!

It's a completely new way to learn foreign language!

19. 독일어 접속법 2식

한줄요약 : 독일어 접속법은 독일어에 깊이를 더하는 화법입니다!

	sein	haben	werden	können
ich	wäre	hätte	würde	könnte
du	wärst	hättest	würdest	könntest
er/sie/es	wäre	hätte	würde	könnte
wir	wären	hätten	würden	könnten
ihr	wärt	hättet	würdet	könntet
sie/Sie	wären	hätten	würden	könnten

❶ 독일어의 접속법은 접속법1식(간접화법과 요구화법)과 접속법2식 (완곡어법과 비현실화법)으로 되어 있습니다.
❷ 일상에서는 접속법1식보다 접속법2식이 주로 사용됩니다.
❸ 접속법2식의 비현실화법은 영어의 가정법과 같습니다.
❹ 비현실화법을 만드는 방법은 '접속절 + 조건절.'로 이루어지며, 접속절은 '**werden** 의 접속법 2식 + 동사의 원형' 으로 만들고, 조건절은 '**wenn** ~ 접속법 2식 동사후치.'로 이루어집니다.
(**Ich würde ins Museum gehen, wenn ich zeit hätte.** 만약 내가 시간이 있다면, 박물관에 갈 것이다.)
❺ 완곡어법은 외교적화법으로 예의 바르게 희망을 표현합니다. 완곡어법은 별도의 조건절이 없이 단순히 접속법 동사만으로 표현이 가능합니다. (**Ich hätte gern Kaffee.** 나는 커피를 원합니다.)
❻ 접속법 2식의 완료형은 '시제동사의 과거 접속법 2식 + 과거분사'로 만듭니다. (**wäre + p.p.** 또는 **hätte + p.p.**)

20. 독일어 전치사

한줄요약 : 독일어 전치사는 다양한 격지배 형태가 있습니다.

2격지배 전치사 :

(an)statt	**trotz**	**wáhrend**	**wegen**
~ 대신에	~임에도 불구하고	~ 동안에	~ 때문에

pattern

문법 핵심을 한눈에 파악할 수 있도록 **요약정리**했습니다!
궁금한 **문법사항**은 **그때그때** 찾아서 **확인**이 가능합니다.

A 02

3격지배 전치사 :

aus ~로부터	**bei** ~옆에	**mit** ~와 함께/~으로	**nach** ~이후에/~로 향하여
von ~에서부터/~의	**seit** ~ 이래로	**zu** ~에/~로	

4격지배 전치사 :

durch ~를 통해	**für** ~를 위해/~에 대해	**ohne** ~ 없이	**um** ~ 둘레에/~시에

3-4격지배 전치사 :

an ~ 옆에/~옆으로	**auf** ~위에/~위로	**über** ~위에/~위로	**in** ~안에/~안으로
hinter ~ 뒤에/~뒤로	**unter** ~아래에/~아래로	**vor** ~앞에/~앞으로	**zwischen** ~사이에/~사이로

❶ 전치사 다음에 오는 관사 + 명사는 전치사의 격에 일치하여야 합니다.
❷ 2격전치사는 점차 사용이 줄고 있으며, 구어체에서는 3격으로 말하기도 합니다.
❸ 3격전치사와 4격전치사는 시간/장소 등의 사용에 따라 의미가 달라집니다.
(**nach** : 시간적으로는 '이후에', 장소/공간적으로는 '~향해')
❹ 3-4격 전치사는 정지한 상태를 말할 때는 3격, 움직이는 상태를 말할 때는 4격입니다.
❺ '전치사+관사'는 축약형으로 많이 사용됩니다.
(**an + dem > am, an + das > ans, in + dem > im, zu + der > zur** 등)

21. 독일어 접속사

한줄요약 : 독일어 접속사는 대등접속사와 종속접속사가 있습니다.

대등접속사 :

und 그리고	**aber** 그러나	**oder** 혹은	**denn** 왜냐하면

부록 2.
문법 핵심 한눈에 요약정리!

종속접속사 :

dass ~인 것	**ob** ~인지 아닌지	**da** ~ 때문에	**weil** ~ 때문에
obwohl 비록 ~일지라도	**wenn** 만약에/~했을 때	**als** ~했을 때	**als ob** 마치 ~인 것처럼
bevor ~하기 전에	**nachdem** ~한 다음에	**indem** ~ 하면서	

❶ '대등접속사'는 접속사를 중심으로 좌우의 요소가 대등하다는 뜻입니다.
❷ '종속접속사'는 종속절과 주절을 연결하는 역할을 합니다.
❸ 종속접속사가 이끄는 종속절은 동사가 반드시 후치됩니다.
❹ 아울러 강조를 위해 종속절이 문장의 맨 앞에 올 경우, 주절의 동사는 도치됩니다.
❺ 때를 나타내는 종속접속사는 **wenn** 과 **als** 이며, **als** 는 과거 1회적인 사건을, **wenn** 은 현재 또는 과거의 규칙적인 사건을 나타낼 때 사용합니다.

22. 독일어 어순

한줄요약 : 독일어 어순의 핵심은 동사의 위치입니다!

평서문

1) 주어 + 동사 + ...

Ich lerne Deutsch.
(나는 독일어를 배웁니다.)

2) 주어 + 동사1 + ... + 동사2.

Ich kann Deutsch sprechen.
(나는 독일어를 말할 수 있습니다.)

의문문

1) 동사 + 주어?

Können Sie Deutsch?
(당신은 독일어를 할 수 있습니까?)

2) 의문사 + 동사 + 주어?

Was lernen Sie?
(당신은 무엇을 배웁니까?)

문법 핵심을 한눈에 파악할 수 있도록 **요약정리**했습니다!
궁금한 **문법사항**은 **그때그때** 찾아서 **확인**이 가능합니다.

A 02

종속문

1) 주문 + 종속접속사 + 부문 (동사후치).

Ich weiss, dass Sie Deutsch fleissig lernen.
(나는 당신이 독일어를 열심히 배운다는 것을 압니다.)

2) 종속접속사 + 부문 (동사후치) + 주문 (동사도치)

Wenn Sie mir helfen,
will ich Deutsch fleissig lernen.
(당신이 나를 도와준다면
나는 독일어를 열심히 배울 것입니다.)

❶ 독일어 어순의 핵심은 '동사의 위치'입니다.
❷ 기본적으로 독일어 동사는 문장의 두 번째 위치에 단 한 개만 자리합니다.
화법조동사 문장이나 완료, 미래 등의 시제문의 경우에는 본동사는 후치되고
조동사가 문장의 두 번째 위치에 옵니다.
❸ 의문문은 주어와 동사의 위치가 도치되며, 의문사가 있는 의문문은 의문사가 제일 먼저 오고
두 번째 위치에 동사가 옵니다.
❹ 조동사 + 복합시제의 의문문 역시 본동사는 후치됩니다.
❺ 종속문은 주절의 내용을 보완하는 부속문으로 종속접속사로 연결됩니다. 이때 종속절의 동사는 후치됩니다.
❻ 강조를 위해 종종 종속절을 문두에 놓는 경우가 있습니다.
이 경우 앞에 오는 종속절의 동사는 당연히 후치되고, 콤마로 이어지는 주문은 동사가 도치됩니다.
❼ 대표적인 종속접속사로는 **dass** (~인 것), **weil** (왜냐하면), **wenn** (~했을 때 / 만약에),
als (~했을 때), **nachdem** (~한 이후에), **obwohl** (비록 ~일지라도) 등이 있습니다.

start speaking languages immediately using essential phrases.

Pattern German

국가대표 독일어 회화능력자
MP3 파일자료 무료다운로드 방법!

www. webhard.co.kr 에서
아이디 bookersbergen
비번 9999 로 로그인

국가대표 독일어 회화능력자
폴더비번 9999
MP3 파일 다운로드 하세요!